MW01598911

蘇聯的失敗是制度、文化和精神的三重衰敗

用暴力和謊言來維繫的國家最終只能走向崩潰

面對前車之鑑，夢想「大國崛起」的中國將何去何從？

面對大棒與胡蘿蔔並用的中國，臺灣有沒有「牛犢頂橡樹」的勇氣？

泥足巨人
—— 從蘇聯解體看中國的未來

余杰　著

借鏡蘇聯，鑑照中國

國立政治大學俄羅斯研究所教授　王定士

　　本書的作者—余杰先生，出生於專制的中共政權之下。在思想鉗制、言論禁錮的氛圍下，所表現出寫實且深刻的筆調，讓讀者能如同身歷其境般，體驗與瞭解共黨統治下，國家機器的運作機制及一般人民的生活方式。在章節安排上，作者透過蘇聯改革者、反對者及旁觀者的多方面向重建當時真實的社會背景與情勢，來論述蘇聯解體的原因，試圖藉蘇聯經驗中諸多相似之處，作為今日中國的發展反思的借鏡。更可貴的是，作者在內文中，蒐集並穿插有關照片；這不但可以提升讀者的真實感，同時也為歷史留下了珍貴的見證。筆者認為，本書豐富而生動的實證描述與透視，如果能夠放在該學術領域專業學理的理論模式框架下來觀察，應該更能夠掌握本書所試圖呈現的理念。

　　西方著名的蘇聯學專家弗里德里克（Carl J. Friedrich）與布里辛斯基（Zbigniew K. Brzezinski）對極權主義模式（Totalitarian Model）之內涵歸結出六大表徵：①

　　(一) 對人民全面性之意識形態灌輸。

　　(二) 唯一合法政黨之壟斷領導。

　　(三) 憑藉秘密警察系統對國家之恐怖統治。

---

① Carl J. Friedrich, "The Evolving Theory and Practice of Totalitarian Regimes," in C. Friedrich , Michael Curtis, and Benjamin R. Barber eds., *Totalitarianism in Perspective : Three Views* (New York: Praeger, 1969), p.126.

(四) 對大眾傳媒之嚴密管控。

(五) 壟斷軍權並嚴密管控軍隊。

(六) 建構由中央統籌規劃的計劃經濟體系。

如果我們把這一個定義作為座標，來檢視蘇聯與共產中國政治體制的定位，應該不難發現，史達林治下的蘇聯政治體制與毛澤東治下的中共政權體制，與上述極權主義模式六大特徵的定義幾乎完全吻合；而該兩個共黨政權的其他統治階段，則可以在此一極權主義模式的座標上不同距離的方位上找到他們適當的位置：威權主義模式（Authoritarian Model）、官僚主義模式（Bureaucratic Model）、寡頭政治模式（Oligarchic Model）、現代化模式（Modernization Model）、帝國統治模式（Imperial Model）。[2]

二十世紀期間，一股轉型至民主政體的政治變遷浪潮，迅速席捲全球，衝擊所有專制政權：甫自一九七○年代中葉的南歐、一九八○年代初期的拉丁美洲與部份亞洲地區，進而延燒至非洲撒哈拉沙漠以南，最後於一九八○年代末葉，終於衝垮曾經是牢不可破的共產區塊，包括蘇聯與中東歐等國家，此一銳不可當的政治轉型浪潮，即漢廷頓（Samuel P. Huntington）所謂之「第三波民主化」。[3]

1991年底，曾經領導社會主義陣營與美國爭霸全球的超級強權—蘇聯共產政權—突然崩解。對此，蘇聯史學暨政論家梅德斐介夫（Roy Medvedev）認為，「蘇聯走向民主化是必然的趨勢」；羅馬尼亞裔英國學者幽聶斯古（Ghita Ionescu）評論說，「隨著經濟、社會與政治的發展，在蘇聯出現多元化與民主化，

---

[2]John S. Reshetar, Jr., *The Soviet Polity: Government and politics in the USSR.* New York: Dodd, Mead & Co., 1971, pp. 337-65.

[3]Samuel P. Huntington, *The Third Wave: Democratization in the Last Twentieth Century* (New Heaven, Conn.: Yale University Press, 1991), pp.21-26.

其實並不意外」；另外，捷克學者杜意奇（Karl Deutsch）亦持相同意見，他指出，「多元化的發展與共產體制的崩解乃大勢之所趨」。[4] 一言以蔽之，蘇聯統治的脆弱性及其終歸解體的現象，乃是專制制度壟斷政權的設計與深植人心追求自由的渴望之間，長期矛盾互動發展的必然結果。

余杰先生在本書《泥足巨人——從蘇聯解體看中國的未來》中，提供給我們觀察此一矛盾的關鍵指標，並斷言人民追求自由的力量終必衝垮專制體制的禁錮。本書共分為八章。首先，在其**第一章「蘇聯滅亡的N種說法」**中，作者爬梳各國文獻資料而從制度面、文化面及精神面等三個面向，來對蘇聯由盛轉衰的原因，進行探討與分析。作者認為導致蘇聯解體的因素，絕非單一驅動力所造成。根據本書的分析框架，盤根錯結的民族問題、歷代孕育形成的文化傳統、僵固無效的政經制度等，皆為誘發蘇聯解體的觸媒。當然，蘇聯解體最重要的動因，應可歸結為蘇共政權恐怖統治的崩盤與愚民政策的失效；　旦思想禁錮的控制產生缺口，勢將導致執政當局面對排山倒海而來的民意反撲。當初1917年革命，就是利用此一民心思變之勢推翻帝俄，卻未料在列寧建立所謂的「無產階級專政」74年之後，再度歷史重演，人民不滿的力量敲起蘇聯解體的喪鐘。

第二章「改革者無力回天的悲劇」。作者認為，蘇聯在史達林確立專制統治後，此一恐怖主義的氛圍籠罩整個蘇聯帝國的大地近30年，直至赫魯雪夫上台後，在所謂「鞭屍史達林」（de-Stalinization）的激烈行動下，方才開啟蘇聯改革的契機 (p. 54)。

---

[4] Stephen White, *Russia's Troubled Transition,* in David Potter ed, *Democratization* (Malden, Mass.: Polity Press in association with The Open University, 1997), pp.430-431.

然而，赫氏此一改革的努力，歷經10年又被布里茲涅夫等「新史達林主義者」（neo-Stalinists）所推翻；改革的腳步宣告停滯，改革的方向被扭轉過來。布氏於1982年死後，其繼承者安德洛波夫雖然致力改革，然而由於安氏執政15個月之後就逝世，其剛起步的改革又被繼承者契爾年科擱置。一直要等到13個月後，1985年3月，車氏去世，戈巴契夫上台後，才又重新啟動改革的引擎。作者稱許戈巴契夫能擺脫權力的魔戒 (pp. 62-64)，進行更寬廣、更多面向的改革措施。改革過程的苦悶與痛楚，在一九八○年代末期與一九九○年代初期，俄國國力的快速下滑中，可以見其一斑。其中，許多持不同意見者，譬如雷日柯夫等，皆提出質疑的聲浪 (p. 90)。然而，此一改革之勢沛然莫之能禦，或許正如雅柯夫列夫所說的「一杯不能不吞下的苦酒」(p. 76) 那般苦澀而難以下嚥。

第三章「警察國家的窮途末路」。誠如作者所說的，「動刀之人必死於刀下」 (p. 98)。蘇聯自史達林以降，對政權的鞏固所賴以維繫的，乃是嚴密且繁複的警調特務網絡，對政敵、異己份子予以剷除。許多曾為史達林鞏固權力過程中的劊子手，其中不乏權傾一時的元帥，亦紛紛喪生於那把至高無上的刀下。蘇聯特務系統的惡名昭著，舉世皆知，然仍有若干僥倖餘生、緬懷過往的特務人員拒絕懺悔，繼續為該一血腥制度進行辯駁 (pp. 145-153)。

第四章「那些不屈服的靈魂」。愈是在不堪的、苦難的環境下，愈能顯出格調與精神；人人皆然，知識分子更是如此。俄國文哲托爾斯泰終身奉行此道；雖每受斥責謾罵，仍屢次上書沙皇，希望能對俄國的政體進行改革。惜乎篤信權力的俄國沙皇總是嗤之以鼻、依然故我，而終至滅亡 (pp. 156-162)。沙皇時期為

求有效統治，對書籍文獻採取嚴格的管制。在此一時期，不少知識分子仍堅持真理，甘冒遭受特務機關斬殺之風險，積極出版刊物以讓人民了解真相，實屬不易。杜思妥耶夫斯基就是在那苦難的年代中，少數能勇於撰文發聲，不屈服於沙皇爪牙迫害的先知 (pp. 175-182)。而俄羅斯傳統知識分子此一嶙峋的風骨，也在蘇聯時期高壓統治下屹立不搖，時窮現節。

　　第五章「人面不知何處去，桃花依舊笑春風」。作者藉由探訪普希金故居、托爾斯泰莊園、契訶夫故居、杜思妥耶夫斯基故居與高爾基故居，及參觀相關手稿文卷，以更深入體會在那艱困的年代，先哲堅持真理的情操。其中，作者特別探索蘇聯時期的高爾基，可謂史達林的御用作家，在當時獲得其他學者所未有之禮遇與對待，之後卻又因受史達林所猜忌而被軟禁，成為「被囚禁的海燕」(pp. 232-241)。

　　第六章「旁觀者清」。蘇聯時期，國家為獲得政權的合法性與國際的支持，經常會邀請國際間享譽盛名的人士訪問俄國，並藉此達到政治宣傳的目的。當然，受邀人在俄國境內所參觀見識到的景象往往失真，常為蘇聯所精心營造下的場景。可惜的是，也許受到當時國際間左派思想高張氛圍的感染，許多歸國後的參訪者紛紛違心指陳在俄國所見識的美好與和諧。然其中，仍有具道德勇氣且能細心觀察的受訪者吐露出事實的真相。例如，印度文哲泰戈爾即對蘇聯受限制的言論思想，以及國家對人民的專制統治提出質疑，並指陳蘇聯的行徑與法西斯可謂殊途同歸 (pp. 249-255)。自由主義思想家殷海光，雖未直接在極權國家生活過，然對蔣家政權在台灣的威權統治，亦感受深刻；殷氏曾翻譯美國學者熱希達所著的《怎樣研究蘇俄》，並對該專制政體一針見血批判：「蘇俄不是鐵桶的江山，而是紙紮的房子」(pp. 265-268)。

第七章「雕欄玉砌應猶在，只是朱顏改」。在今日俄羅斯的大都會中，相對於莫斯科的官僚匠氣，聖彼得堡可謂多了份浪漫的人文氣息。聖彼得堡為彼得大帝在其推動西化政策時所建造，因此，聖彼得堡自始即瀰漫濃厚的歐洲風格。在知識的傳遞上更為俄國攝取西方思想的窗口，為啓蒙浪潮在俄國的發祥地。千禧之交，普丁上任後，藉著能源價格高漲之勢，迅速復甦俄羅斯的國力；因此，普丁終其任內在俄國境內一直享有極高的支持度 (p. 292)。然而，身為葉爾欽的接班人，特務系統出生的普丁似乎未能延續葉爾欽的民主化進程，並逐步開俄羅斯的民主倒車。作者譏之為「缺乏轉型正義的偽民主國家」(p. 299)。

第八章「中國與蘇俄的恩怨糾葛」。中國與蘇俄的關係可回溯至民國初年。當時無論為俄國軍事顧問團，或是技術顧問團皆幫助國民政府建構國家機制的雛型。而在援助中國的同時，俄國特務系統則藉機大肆滲透中國。當然，推動共產國際始終為俄國的初衷 (pp. 308-314)。而與台灣淵源最深的莫過於做為人質留置俄國的蔣經國。蔣經國平安歸返後，為蔣介石的當然繼任人選，殆無疑義。蔣經國在台灣妥善運用在俄國所學習的特務情報系統，嚴密監控台灣人民的政治生活與思想模式，從而鞏固蔣氏政權 (pp. 330-334)。於其晚年，在國內外强大要求政治自由化的壓力下，逐漸放鬆對台灣的政治壓制，爾後方有台灣寧靜革命民主化的發生 (pp. 334-5)。

綜觀而言，作者藉由回溯蘇聯歷史的發展軌跡，並嘗試從體制面、文化面及精神面等多重面向，以分析驅動蘇聯解體的因素。同時，透過對當時各階層主要人物手稿文卷的檢視，以瞭解當時俄國的社會情形與發展；並藉蘇聯的經驗返視現今中國政經發展的優劣良窳，從而據此提出相關論點與評述。讀者如果能夠循著此一脈絡研讀本書，就更能夠掌握本書的精義。

目錄

第一章 |
蘇聯滅亡的N種說法
• • •

1.1 為什麼人民熱愛分裂？

　　蘇聯解體的原因很多，民族問題無疑是其中之一：在蘇聯即將終結的時候，它包括五十三個全國性的國家主體（其中有加盟共和國、共和國、自治州和自治區等），這些主體代表著一百二十八個族群。他們都像將身上的刺張開的刺蝟一樣，再也忍受不了與對方同處在一個屋簷之下了。為什麼人民熱愛分裂而不願繼續生活在「祖國美麗的大花園」之中呢？俄羅斯學者季什科夫是研究民族問題的權威，二十世紀九○年代初他曾經出任部長級的「俄羅斯國家民族事務委員會」主席，為葉爾欽處理蘇聯解體後紛繁複雜的民族問題提供諮詢意見。他還長期擔任俄羅斯科學院民族學與人類學研究所所長。季什科夫既有與最高層領導人一起解決民族衝突的豐富的政治經驗，也長期在象牙塔中進行嚴謹而中立的學術研究，他所著之《蘇聯及其解體後的族性、民族主義及衝突》一書，對蘇俄民族問題的起源的回顧、現狀的評估和未來的預測，都堪稱「究天人之際，成一家之言」。對於與蘇俄一樣必須面對棘手的民族問題的中國來說，這是一本極為重要的參考書。西藏、新疆、內蒙等民族問題，已經讓中共窮於應付，再加上雖然不是民族問題、卻比普通的民族問題更為複雜的臺灣問題，如果沒有超越性的智慧，中國的任何一個領導人都將束手無策。

民族問題是蘇聯的阿奇里斯之踵

　　民族問題是怎樣成為蘇聯的阿奇里斯之踵的？季什科夫在本書中以大量的篇幅介紹了從蘇聯建國初期直到解體的民族建構、民族劃分、族際政治、民族語言及文化等方面的經驗與教訓。他指出，普通民眾對「蘇聯」這個國家的認同，對「蘇聯人」這個身分的認同，都是被官方所強加的，而不是從每個人的心靈和頭腦中自然地產生的。蘇聯解體之後僅一年，一份對俄羅斯聯邦居民的民意調查顯示，認為自己是「俄國人」的佔六成左右，而依然認為自己是「蘇聯人」的只有兩成。蘇聯當局曾經以衛國戰爭的勝利、核彈的爆炸、太空船進入太空、莫斯科奧運會等事件和

成就來凝聚「民族自尊心」和「民族自豪感」，也確實取得了一定的效果。但這種刺激只能像讓人吸食鴉片一樣，吸食者獲得的是一種暫時的迷狂感。一旦藥效過去之後，吸食者反而更加清楚地看到自己身處的如此不堪的現實，從而產生更加深切的沮喪感。而下一次的刺激必須施加更大的劑量，才能收到相同的效果。由此，這種「國家認同感」的營造，便進入了一種飲鴆止渴的惡性循環。最後，當蘇聯宣佈

《蘇聯及其解體後的族性、民族主義及衝突》一書指出：民族問題是導致蘇聯解體的重要原因

解體的時候，出現了歷史學家皮霍亞在《蘇聯政權史》中所描繪的狀況——「所有人都反對當局」。讀到這裡，今天揮舞「民族主義」的「雙刃毒劍」（劉曉波語）以維繫統治的合法性的中共當局，可不要繼續玩火自焚了。

「蘇聯人」是蘇共的理論家們憑空捏造出來的一個偽民族概念，正如「中華民族」也是中共的理論家們東施效顰地製造出來的一個偽民族概念一樣。季什科夫指出：「蘇聯的建國史給其人民留下無數傷痛的記憶，也留下引起衝突的種種問題，這些問題在改革時期和後來都表現出來。」也就是說，民族問題從蘇聯一誕生便與之如影隨形，並不是後來才由一小撮「別有用心」的「賣國賊」炮製出來的。當戈巴契夫和葉爾欽掌權的時候，他們以「公開化」政策來挑戰僵化腐朽的舊有的權力模式，而民族問題也隨之從潘朵拉的魔盒中飛出來，此起彼伏、遍地開花，讓他們疲於應付、焦頭爛額。而他們所擁有的權威、聲望、時間和資源，都無法讓他們以一種「庖丁解牛」的方式妥善地解決愈演愈烈的民族衝突。

那麼，當年共產黨人發明的、運作了半個多世紀的「民族區域自治」制度，為什麼會突

俄羅斯發動對格魯吉亞的戰爭，被打死的士兵

然之間失靈呢？是發動機本身老化了，還是對其維修和保養不足呢？對此，季什科夫從以下四個方面作了詳細的分析和論述：首先，蘇聯的確是一個帝國類型的政體，它的歷史標誌，就是領土擴張、殖民地方式的統治，以及用較為優勢的語言和文化對各族群進行文化同化。這一點，中國的歷史也極為相似，即便像元朝和清朝這樣的異族入主中原的朝代，漢族在分享權力方面受到壓抑，但異族統治者用以實現軍事擴張的政治、經濟和文化資源，仍然是取之於漢族。蘇聯取代沙俄之後，列寧、史達林的擴張野心超過歷代沙皇；中華人民共和國取代中華民國之後，毛澤東的擴張野心也超過中國古代的皇帝們。

其次，共產黨的執政對於蘇聯各民族均有長期的影響，尤其在史達林時期。對自然環境的災難性摧毀，以及通過效率低下的、軍事化的經濟發展而使各族群的傳統生存系統遭到破壞。這一點，中國的當代歷史也幾乎是一個更加拙劣翻版：毛澤東時代實行的類似政策，比之史達林更是有過之而無不及。藏族女作家唯色在《殺劫》一書中揭示了「文革」在西藏所掀起的血雨腥風，此一災難讓西藏所經歷過的歷次戰爭亦望塵莫及。而最近半個世紀以來，新疆、內蒙等「自治區」的歷史文化傳統所遭受的戕害和自然環境所遭到的破壞，也同樣罄竹難書。

第三，蘇維埃國家通過其「國際」共產主義意識形態，推行一套半官方的俄語政策，削弱了少數民族希望建立政治文化自治的希望，除非這些企圖得到中央和週邊的各層精英們批准，方可免遭厄運。這一套文化沙龍主義政策，也是中共的領導人一直運用至今的「法寶」。雖然如今共產主義的意識形態已經喪失了吸引力，但中共仍然可以運用其掌握的巨大的物質利益，誘使少數民族中的大部分精英人士加入此一體制之中。

最後一點是，居統治地位的共產黨行政管理機構嚴格規定公民們的日常生活，並漠視與各族文化和價值觀相聯繫的利益。這一點在中國的體現，便是中共在西藏不遺餘力地摧毀藏人的宗教信仰和文化傳統，在國內外用潑婦罵街的語言惡毒攻擊達賴喇嘛。此種做法不禁遭致國際社會的反感，使得圖圖大主教等數十名諾貝爾獎得主聯名致信中共表達抗議，更是造成西藏民眾的離心離德，西藏問題逐漸糾結成一個死結。

對「少數民族」交替使用大棒和胡蘿蔔

蘇聯的前車之鑑，中共並沒有引以為戒。蘇聯的解體，並不是因為蘇聯境內民族眾多：作為移民國家的美國，其境內的種族比蘇聯多得多；原來作為美國國家主體人口的歐洲白人在整個人口中的比例，甚至已經降低到不足百分之五十，而蘇聯直至解體，其境內俄羅斯族的人口始終佔總人口的七成以上。但是，美國的種族問題卻沒有像蘇聯那樣成為危及國家安全乃至導致國家崩潰的重要因素。這是什麼原因呢？季什科夫分析說，導致蘇聯解體的動力之一，是民族分離和民族衝突；而民族分離和民族衝突的產生，源於當局多年來「族體建構」的失敗。這種失敗，是由兩個原因造成的：一是執政者迷信暴力，二是權術壓倒誠意。

蘇聯的大部分統治者都認為，暴力和壓制是對付民族問題的不二法門。季什科夫坦率地指出：「我們國家不是自然而然發展起來的，而是建立在暴力的基礎上。」史達林時代，最殘酷的政策便是強制性的民族遷移。「從一九三○年代中期進行的集體化取得『全面勝利』不久之後，純粹的民族驅逐便開始了。」史達林下令將若干「忠誠度不夠」的民族遷移到自然條件極端

惡劣的區域，讓他們自生自滅，如朝鮮人、卡拉恰伊人、印古什人、車臣人、巴爾卡爾人、卡爾梅爾人、克里米亞韃靼人和梅斯赫特突厥人等，都成為這個政策的犧牲品。從一九三六年到一九五六年之間，有三百五十萬人被迫遷離故土，僅哥薩克人便有一百二十五萬人遇難。「在許多情況下，幾乎沒有人對這樣做的目的做任何說明，而只會鼓吹一通『各民族人民之父』的地緣政治白日夢，還表露出他那種對人發狂的不信任。」其暴政遺留至今，成了難以消除的種族矛盾和仇恨。

其次，蘇聯統治者處理民族的問題，一直是權術壓倒誠意。十月革命之後，布爾什維克政權尚未站穩腳跟，列寧便宣佈民族自決的原則，以贏得其他少數民族的支持。而一旦軍事局面好轉，列寧便立即變臉說，此前的承諾不過是「一張紙」。蘇共領袖熱衷於在各民族之間製造矛盾以到達「分而治之」的目的，並在各民族內部挑動階級對立，將民族問題轉化為階級鬥爭。當然，大棒之外還有胡蘿蔔，那就是中央撥給地方，尤其是貧困地區大筆的援助資金。對此，皮霍亞在《蘇聯政權史》中充滿諷刺意味地寫道：「蘇聯是一個奇特的帝國——『不像帝國的帝國』。如果說帝國的典型特徵是殖民地宗主國依賴周邊地區、殖民地生存，那麼蘇聯則發生了完全相反的情況。蘇聯不單依靠軍事力量得到鞏固；而且為了誘使各共和國廣大的居民留在蘇聯的組成內，中央政府經常向各共和國提供補貼。這種補貼數額極為可觀。」但是，金錢不是萬能

在觀看了一部關於車臣戰爭的俄羅斯電影之後，心如鐵石的普丁亦掩面哭泣

的，蘇共領導人忘記了，「強扭的瓜不甜」才是關於民族問題的一個永恆的「硬道理」。今日的中共領導人，也陷入同樣的誤區之中：當少數民族「鬧事」的時候，他們便惱羞成怒地表示：我們給了你們那麼多錢，你們還不老實！如何對待少數民族，可不像在家中養一隻狗、丟幾根骨頭給它吃那麼簡單。

在處理民族問題上，知識界的愚笨與不道德

由於民族問題的高度敏感性，許多研究民族問題的學者不惜掩蓋真相、扭曲真理以取悅上峰。對此，季什科夫尖銳地批評說：「在衝突造成破裂的社會裡，政治和學術的確出了毛病。在許多方面，這兩個領域表現得那麼蠢笨和不道德，而且這兩個領域又都沒準備好去承認『我們那時錯了』。」蘇聯解體之後，民族問題不僅沒有緩解，反倒如火如荼，席捲昔日蘇聯版圖上的大部分地區。不僅各個已經獨立的共和國之間矛盾重重，而且在俄羅斯聯邦內部，如車臣暴力衝突等，也如同潰瘍一般，讓俄羅斯這個巨人渾身難受。政客的蠱惑人心與民眾的蒙昧，固然是民族問題激化的溫床，但知識精英階層的失職甚至故意信口雌黃，亦難逃其咎，正如季什科夫所反省的那樣：「真正的難題在於整個蘇聯解體後那個空間中，那種卑躬屈膝的傳統和社會科學學術的扭曲技藝。該難題呈現為政治與研究之間缺乏距離，呈現為普遍實行著利用科學的稱號謀求更大的聲望和個人的重要性。」這不也正是對今日中國包括民族研究領域在內的所有社會科學部門的現狀的真實寫照嗎？今天中國的知識分子，有幾個敢於對西藏、新疆和臺灣問題說真話呢？有幾個敢於逆民族主義和民粹主義的潮流呢？有幾個敢於公開認同原住民自決的普世價值呢？

人們寧願選擇「小國富民」，而不願選擇「大國寡民」，這是人之常情。在此背景下，「統一的帝國」只是統治者的春藥，對普通民眾來說毫無價值。經受了長期歧視性的政策，蘇聯境內的各民族紛紛選擇離去，而歷史遺留下來的邊界劃分等問題，導致暴力甚至戰爭頻頻爆發。在悲劇發生之後，季什科夫對知識界的同仁們提出語重心長的忠告，此忠告也應當被中國知識界所聽取：「如果俄羅斯的學者們和其他知識分子照樣還站在以救世主自居的立場上，不克制那種發號施令的傲慢，那麼，他們的夢想將會破滅，而且他們將淪落得不堪一擊。」未來的中國若要實現和平轉型、順利過渡為憲政制度，穩妥地處理民族問題、緩解族群對立、重構國家體制，是其中不可或缺的環節。

二〇〇九年六月九日

1.2 黨的覆滅就是國家的覆滅

　　「對於蘇聯來說，二十世紀是從一個帝國的滅亡開始的；而世紀之末，以蘇聯從世界地理版圖上消失為標誌。」歷史學家魯·格·皮霍亞不無惋惜地發現，沙俄帝國和蘇聯帝國的崩潰構成了二十世紀蘇俄歷史的一首一尾。「八·一九」政變失敗之後，成千上萬示威者封鎖蘇共中央委員會，在這裡工作的官員和工作人員，誰也沒有料到莫斯科居民對他們的憤恨居然如此之大。他們中的大部分人在匆匆銷毀部分絕密檔案之後，不敢從正門出來，而是乘坐連接克里姆林宮和老廣場的一條專門地鐵線路溜走。這一走，便再也回不去了。那麼，將近兩千萬的蘇共黨員、超過四十萬的蘇共基層組織，為什麼沒有挺身而出捍衛黨中央呢？相反，大樓外的抗議者當中的許多人都是蘇共黨員，在此後短短幾個星期裡，便有百分之九十的蘇共黨員宣佈退黨。那麼，為什麼這部貌似強大、使全世界恐懼的「蘇聯領導層」機器突然之間便陷於癱瘓之中？當時剛剛卸任總理職位半年多的雷日科夫，後來也在回憶錄中提出這樣難解之謎：「蘇聯共産黨曾經是國內改革的宣導者，可是過了五年，它卻被趕下了政治舞臺，而它的一千好幾百萬黨員當中，竟沒有一個人站出來捍衛它，這究竟是怎麼搞的呢？」

一號電話簿上的那些人

歷史學家皮霍亞便用《蘇聯政權史》這本磚頭一樣厚的書來回答了這個問題。蘇聯解體前後，他擔任俄羅斯國家檔案館的領導人長達五年之久，得以「近水樓臺先得月」地接觸到當時剛剛轉移到該檔案館的許多重要檔案，其中包括蘇共代表大會和蘇共中央全會的檔案、國際會議和各國共產黨談判的記錄、政治局會議記錄和有關材料以及蘇聯歷任國家元首、共產黨總書記、政府首

〔俄〕魯·格·皮霍亞 著
徐錦棟等译

苏联政权史
(1945 ~ 1991)
東方出版社

《蘇聯政權史》是一部建立在大量絕密檔案之上的信史

腦等人的個人檔案。在此基礎上，皮霍亞寫成《蘇聯政權史》一書，在這本書中，他基本上完成了自己預先設定的任務：「研究哪些人在國家戰後歷史中作出了哪些決定，這些決定是怎樣形成的，國家政權在其各種不同表現形式中怎樣行使權力，為什麼被認為有效的、擁有巨大資源的體制停止了存在。」

與其他學者不同，皮霍亞破解蘇聯政權的黑幕，是從一本保密的《一號自動電話使用用戶名冊》著手的。蘇聯時代，人們都知道有這樣一本手冊，但普通人絕對不可能親眼看到。這本手冊有紅色的硬書皮，封面上印有蘇聯國徽和「政府一號電話系統」的字樣。它每隔一段時間便會重新印刷，因為上面的人員會發生變動：有人新加入其中，有人被排除在外（失勢、退休或去世）。

一號電話系統的用戶，包括蘇共中央政治局成員和蘇共中央書記，一些政治評論家和總編，高級將領和蘇聯科學院主席團成員，各部委領導人，大型工廠廠長和著名大學校長等等。「使用這種電話的官員打一個電話，就可能對某個工業部門或文化部門、對某個工廠或電影製片廠的領導人產生某種後果。」由此可見，「電話權」確實是寡頭政體權力機關常用的一種權力。蘇聯的政治精英夢寐以求的目標，便是自己的名字能名列其中，這意味著他們進入了最高的權力平臺，並且可以享有別墅、警衛、豪華轎車、特供商品等等。在一九九一年六月一日最後一次印發的《一號自動電話系統用戶名冊》中，共有六百多名大人物的姓名。這個群體就是葉爾欽所說的「少數提前進入共產主義的特權階層」。

皮霍亞進而指出，蘇聯的權力集中在國家最高管理層，首先掌握在四個主要部門的領導人手中。這四個主要部門是：老廣場（蘇共中央機關），克里姆林宮（部長會議），盧比揚卡（國家安全委員會）和「阿爾巴特軍區」（國防部）。這四個部門的領導，在大部分情況下又都是蘇共政治局成員。所以，一般人都清楚，政治局是權力的核心。但是，儘管最高權力掌握在政治局，政治局本身卻並非一個經由民主討論而形成決策的機構。換言之，政治局成員的投票權通常是「虛擬」的。在蘇聯歷史上，

個子矮小的史達林在宣傳畫上卻變成了巨人

許多具有重大政治意義的行動命令是由少數幾個領導人作出的。例如，在卡廷槍決波蘭軍官的命令，並未經過政治局討論，而是由史達林、伏羅希洛夫（國防部長）、莫洛托夫（總理、外交部長）和米高揚（副總理、外貿部長）四個人作出的，或者更準確地說，是由史達林一個人作出的。而入侵阿富汗的決定，是在布里茲涅夫的別墅作出的，當時在場的有安德羅波夫（格別烏主席）、烏斯季諾夫（國防部長）、葛羅米柯（外交部長）、契爾年科（蘇共中央辦公廳主任）。這些決定都是事後才在政治局經過一個「追認」的程式。那些在政治局中相對邊緣的成員，類似於中國清代軍機處的「簾子軍機」（剛剛進入軍機處的新人，負責為大家撩起門簾），誰敢表達不同的意見呢？

長駐蘇聯的波蘭記者、作家卡普欽斯基，亦發現蘇聯制度的支柱之一為「電話法令」。他在《帝國》一書中指出，通常是位階較高的官員打電話給部屬下達指示，下級只能執行而不能提出任何疑問。這樣的傳達系統可以確定的是不會留下任何文件記錄，所以無從求證是誰下的決定，責任歸屬無從查證。「電話法令」也可以是反向來實現：任何低級官員在做任何決定前，必定會打電話給高級官員徵求意見。因此，下級打電話的多寡、電話內容的種類和重要性，都能夠讓高官確認自己是否依然重要。許多高官在回憶錄中都說，他們即將下臺的徵兆，便是桌子上電話鈴響的次數越來越少，到最後是完全沉默。這就表明，他本人已經被剔除出了一號電話薄。

以黨治國，後患無窮

蘇聯的極權主義制度，並不完全是「人治」，在七十三年的

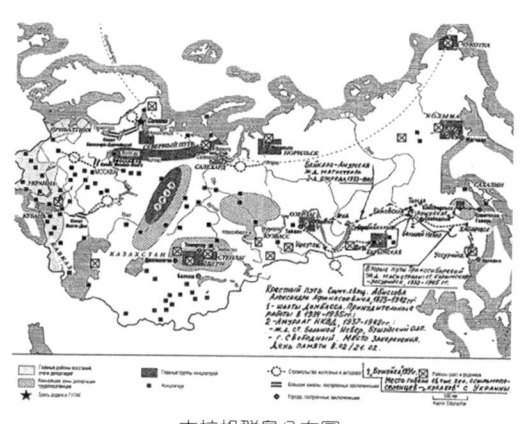

古拉格群島分布圖

統治中，它形成了自己的結構模式，也許可以形容為「黨治」。皮霍亞認為，蘇聯的政權屬於隱藏在黨和國家最高機關的後面，使用蘇維埃選舉的群眾性共產黨組織進行偽裝的寡頭政體。也就是說，共產黨壟斷了權力的源泉，「蘇維埃制度的一個最重要的特徵是，國家制度是靠政治組織起來的。這一制度的核心，正如一九七七年的蘇聯憲法規定的，是共產黨。作為社會政治結構要素之一的多黨制度，是完全遭到排斥的，就像共產黨本身內部不允許存在不同思想派別一樣。蘇聯共產黨的各級組織是將政權的決定傳達到最廣泛階層民眾中去的工具，是思想控制與監督的工具。」這種模式是黨奪權和掌權的關鍵。

　　二十世紀二○年代，中國的共產黨和國民黨都竭力學習此種獨裁黨的組織形式，並在此基礎上建立黨國一體化的權力結構。國民黨沒有學好，畫虎不成反類犬，故而被共產黨打得落花流水，失去大陸政權，退居臺灣；而共產黨對蘇聯體制心領神會，甚至作出若干創造性的發展，故而席捲大陸，以「沒有共產黨就沒有新中國」而自豪。但是，這一權力結構也存在致命弱點，那就是黨政不分，兩者一榮俱榮、一損俱損。

　　在蘇聯，政權的覆滅與黨的覆滅是同步的，甚至在蘇聯解體之前，戈巴契夫就不得不宣佈蘇共是非法組織。而在海峽兩岸，今天的國共兩黨又形成一對有趣的對照：彼岸的國民黨正是因

為黨國一體化尚未徹底，所以才能在民主化過程中脫胎換骨，沒有隨著政權的更迭而徹底消亡，甚至還捲土重來，經由民主選舉再次執政；相反，在此岸的中國大陸，黨國一體化的格局在「六四」屠殺之後的二十年間日益強化，由於掌權者拒絕嘗試政治體制改革，共產黨在未來的變局中極有可能與「新中國」一起「玉石俱焚」，不會有國民黨那麼「好運」，那時候，共產黨才知道求為國民黨而不得是什麼滋味。

在共產主義意識形態還能為政權提供合法性來源、為民眾提供精神支援的時代，這套黨國一體的制度尚能保持高速運轉，即便經歷史達林的大清洗和殘酷的衛國戰爭，亦沒有陷入癱瘓。而當共產黨主義理想破滅之後，這套體制便只能依靠慣性運作，領導人也只能「當一天和尚撞一天鐘」。七〇年代，西伯利亞地區大量的石油、天然氣的發現、開採和出口，讓當局獲得巨額財富，但這些財富都被制度的黑洞吞噬。有了這部分財富，反倒讓當政者如同吸食了麻醉品一樣，認為既然民眾的生活有所改善，制度的危機便被克服了。殊不知，大雪積累越多，雪崩的後果便越嚴重。從意識形態的灌輸到物質的購買，這就是史達林的時代與布里茲涅夫時代的差別，也是毛澤東時代與胡錦濤時代的差別。

另一方面，由於喪失了最起碼的自信，一點星星之火也會令統治者心驚肉跳，布里

布里茲涅夫是最愛慕虛榮的蘇聯領導人，他自己給自己頒發了無數的勳章，據說這些勳章將他壓彎了腰，他不得不祈求上帝再給他多一根肋骨，以便承受這些勳章的重量

茲涅夫和安德羅波夫們將格別烏（即蘇聯的特務機關KGB，大陸譯為克格勃）當作最後一根救命稻草，緊緊抓住不放。皮霍亞論述說：「布里茲涅夫時代，在國家的政治生活中確立了新史達林主義，也就是最嚴厲的思想控制和專政，對任何異端思想加以迫害，徹底提高國家安全委員會在社會中的作用，使其能夠與蘇共中央委員會並駕齊驅，而在許多情況下，其作用甚至超過了蘇共中央委員會。」與之相似，胡錦濤時代，共產黨當局既無力掀起龐大的群眾運動，也沒有信心讓民眾相信官方的意識形態，只能如地下黨般使用秘密警察來逼迫和騷擾異議人士和維權人士，可謂黔驢技窮、抱薪救火也。

無人負責的體制與中樞的「腦死亡」

「八・一九」政變為何在短短三天之內便失敗了？是否政變的發起者們真如戈巴契夫所說，要麼是「沒有骨氣和沒有主見的

「八一九」政變發生之後，時任俄羅斯聯邦總統的葉爾欽對群眾發表講話

無能之輩」，要麼是「精於盤算、等待機會不擇手段為自己撈取好處的投機分子」？皮霍亞的看法有所不同。他指出，參與叛亂的不是一群窩囊廢，他們的政治經驗一點也不亞於政敵，他們幾乎控制了黨務、安全部門、軍隊、立法機構、宣傳部門等所有的要害機關。所以，他們的失敗不是個人的無能或軟弱，而是因為忽視了經過幾年的公開化政策之後，蘇聯社會所發生的種種變化。包括啟動改革的戈巴契夫也對這些變化認識不足，皮霍亞認為：「人在發生變化。這種變化不是在動亂的三天內發生的，而是早就開始了，但是蘇聯領導人只是在蘇聯存在的最後一年的八月底才看到這個變化。」那麼，蘇聯社會的「變化」主要體現在哪些方面呢？

首先，「政治機制的『脊樑骨』（蘇聯共產黨、國家安全委員會、對鎮壓的恐懼）已經斷裂。沒有了『脊樑骨』，這個制度就沒有了生存力。」這也正是今日中國的現狀：秘密警察日漸膨脹，日漸黑社會化；而更多的公民戰勝恐懼，以蔑視的態度應對之。越是依賴秘密警察，中共政權的威信越低，但中共如同染上毒癮一般，不得不飲鴆止渴。

其次，「長期以來，國家的政治領導人過於順利地在實踐中實現了共產黨領導一切的原則——凡事由黨的領導人決定，而負責任卻由其他人承擔。但是，經常運用這樣的原則必然導致願意為別人的愚蠢行為承擔責任的人越來越少。」如車諾比事故、禁酒運動的失敗等等，表明僵化的體制已經無法應對公共危機。對應今天的中國，在甕安事件和巴東事件中，共產黨都陷入一種「無人負責」之境地，地方與中央互相看對方的笑話，中央認為這是整肅地方的契機，而地方認為這是要脅中央的資本。這種因為決策者的「腦死亡」而造成的推諉的局面，讓民眾與當局的矛

「八一九」政變的主要策劃者之一，
蘇聯國防部長亞佐夫

盾越發尖銳。

第三方面的變化，是原來鐵板一塊的統治集團內部的分裂。當蘇聯的機制已經爛掉的時候，叛亂分子又鬧起了事——「是他們把這輛車發動起來，但這輛車承受不了如此重量的壓力，倒塌了，這是他們始料未及的。這一點其實他們是應該料到的。聯盟條約是給予生存希望的救命良藥，但是國家緊急狀態委員會的車卻把它撞翻了。」這種分裂終於給黨國一體化的權力結構以致命打擊。而在今天的中國，當權勢集團將利益瓜分完畢的時候，瓜分者之間必將因分贓不均而產生內訌，這種內訌的結果，必然是中央與地方「相擁而亡」。

昔日，與美國抗衡半個世紀、讓赤潮漫過全球的土地的蘇聯帝國，一夜之間便灰飛煙滅，正如《俄羅斯史》的作者梁贊諾夫斯基和斯坦伯格所指出的那樣，「蘇聯只不過是一個泥足巨人」。今日，腰包日漸豐腴的中共帝國，以「和平崛起」的幌子在國際舞臺上「多財善賈」的中共帝國，同樣也是一個「泥足巨人」，這個「泥足巨人」究竟還能風光到幾時呢？

二〇〇九年六月五日

「六四」二十週年紀念日已過，便衣警察和他們僱傭的無業少年仍然在我家樓下守候。

1.3 蘇聯的失敗是制度與道德的雙重失敗

從二十世紀八〇年代中期在蘇聯開始的以「新思維」和「公開性」為標誌的戈巴契夫改革，早已「蓋棺」而仍無「定論」。這場改革使蘇聯蛻變為俄羅斯，改變了東歐各國的社會形態，並終結了持續半個多世紀的冷戰格局。有人視戈巴契夫為共產主義事業的叛徒，更多人則讚美他為三億人帶來自由。對於這場改革，戈巴契夫更願意用倫理道德和宗教信仰的視角去總結和歸納，他更像是一名睿智的思想家和

戈巴契夫與池田大作對話錄《二十世紀的精神教訓》：他們討論了「制度的危機」，更關注「人的危機」

充滿激情的道德家。他在《二十世紀的精神教訓——戈巴契夫與池田大作對話錄》一書中，和盤托出蘇聯解體和重建聯盟失敗的原因，以及他為何啓動必然導致自己失去權力的改革之路，他宣導的「新思維」背後存在何種精神動力。

蘇聯社會的制度危機與道德危機

在尚未掌握最高權力的時候，戈巴契夫以長期在基層工作的經驗，對蘇聯這艘大船漏洞百出的狀況有了深切瞭解。他熟悉農業方面的事務，親身經歷了史達林時代人為的大饑荒如何奪去村莊裡三分之一人的生命，也深知布里茲涅夫時代處於何種可悲的停滯狀態。當他在權力體系中艱難跋涉之時，不得不對這一切不合理的現狀保持沉默，甚至違心地表態迎合上級；而當他成為「連喪三元」（布里茲涅夫、安德羅波夫、契爾年科）的克里姆林宮的新主人，便開始雷厲風行的政治體制改革，並呼喚蘇聯社會來一次真正意義上的「道德復興」。

要改革，就必須面對制度危機，恢復正在急遽流失的統治的合法性。當「統治集團淪為犯罪集團」的時候，作為最高領袖，有沒有勇氣拿這一群體開刀呢？戈巴契夫認為，這樣的局面和這樣的生活再也不能一成不變地持續下去，他對蘇共對蘇聯人民犯下的罪行充滿負罪感和恥辱感，他坦率地說：「在體驗過史達林主義的悲慘和恐怖之後，在仔細端詳那些無罪的人們的苦惱與悲傷，經歷和忍受過戰後饑餓時代的人們──如我以及與我同齡的人，所追求的幾乎是一種本能的、立志於自由的精神，也就是要擺脫史達林主義的沉重遺產，完全獲得解放。」換言之，擺脫史達林的遺產，在法治和人道的軌道上重建政權，才是解決制度危機的惟一辦法。可惜，歷史沒有留給戈巴契夫充足的時間從容展開此一計畫。

同時，戈巴契夫也將改革看成是拯救蘇聯社會道德淪喪和精神虛無的努力。他觀察到蘇聯社會存在的深刻的「精神危機」：到處流行著悲觀厭世情緒、對馬克思主義承諾的幻想破滅、出現諸如酗酒和犯罪等社會問題、民眾生活水準普遍下降、文化價值和品位的提升與社會主義規範相衝突、再加上蕭條的經濟。所以，他的這一說法是誠實的：「我是經過深思熟慮才訴諸行動的。在前蘇聯時期，我不僅只是為了民主主義，而且還想通過自己的行動實踐來證明民主主義是完全能夠立足於倫理觀的這一事實。」

《時代》封面人物戈巴契夫：他一上臺便意識到，蘇聯不僅在經濟上和政治上破產了，而且在道德上和精神上也破產了

走馬克思的道路，還是走耶穌的道路？

戈巴契夫相信，改革的目的並不局限於保存岌岌可危的蘇共和蘇聯帝國，更在於一個充滿理想主義的遠景。那麼，他的「新思維」究竟「新」在何處呢？

首先，戈巴契夫指出，社會的分歧和矛盾不能用暴力手段來消除，而應通過平等、充分的討論、對話及妥協來化解。過去的蘇聯領導層習慣使用暴力和恐嚇來解決問題，問題暫時解決了，卻留下道德的真空與難以消除的仇恨。他要改變這種做法：「開始就用戰車（坦克）向活生生的人們開炮，將整個國家置於一個恐怖的境地之中，然後，才來考慮怎樣推行民主性改革。我想，

在我的祖國中也只有那些偽君子才幹得出來。『民主主義』與『對付弱勢的人的暴力』是兩個風馬牛不相及的問題。」基於此理念，即便在人身安全受到威脅的情形下，他仍然拒絕政變分子讓他交出權力的要求，因為那些代表黨務、軍方和格別烏利益的頑固派企圖使用軍隊來恢復舊有之「秩序」。「八‧一九」政變的迅速流產，與戈巴契夫的堅強意志及價值持守不無關係。

其次，戈巴契夫堅信，人們再也不能生活在虛偽之中，改革的第一步就是資訊的公開化，讓所有人都有說真話的自由。他大聲宣導公開化，寧願冒著失去權力的危險。他是一名超級勇敢者，他的自豪是完全可以理解的：「在俄羅斯的歷代統治者中，誰也不曾有過此舉，這是對歷來存在的言論審查制度和『文字獄』發出的挑戰書，而我們也因自己的這種倡言而付出巨大的代價。但是，要說我們已經完成了這個歷史的最大使命，這是一點也不誇張的，那種沿襲了多少年，扼殺生氣勃勃的思維方式，毀滅無數才華橫溢的人才的思想審查制度終於在我們手中轟毀了。」

戈巴契夫與母親拉家常，他的家人在史達林時代曾受到殘酷的迫害

在蘇聯歷屆最高領導人當中，戈巴契夫是唯一具有思想家氣質的人。許多人將其誤認為技術官僚，其實他思考最多的問題大都集中在形而上的層面。在改革的過程中，他日漸意識到：「馬克思向人們陳述的語意系統在根本上是與耶穌不同的，並且，它也失去了作為語言的價值，因而被人指責其喪失了語言的真正意義也是有一定道理的。」這樣的認識出自一名

共産黨的總書記，真是石破天驚之語。他清楚地認識到：他的國家應當從馬克思、列寧、史達林、布里茲涅夫的道路上改弦易轍，重新回到耶穌的道路上，恢復人的價值，不再將人看作工具，而將人當作上帝所造的、在這個世界上最寶貴的生命，蘇聯才有可能走出專制的陰影，走向民族精神的復興。

俄羅斯偉大的先知：杜思妥耶夫斯基

何謂「真正的政治家」？

蘇俄的文化傳統中有這樣的精神資源，從杜思妥耶夫斯基到索忍尼辛，雖然飽受摧殘，卻一脈相承。戈巴契夫多次提及杜思妥耶夫斯基的思想資源：「杜思妥耶夫斯基之所以成為天才，就是因為他很早就預測到主張『無神論』者和專於改造『人』的啓蒙主義將會給人類社會帶來威脅性與破壞性的後果。因此，杜思妥耶夫斯基呼籲

索忍尼辛是一位先知式的作家，他以一人敵一國的勇氣揭露了古拉格群島的真相，九〇年代之後他回到俄羅斯，仍然是一名孤獨者。

俄羅斯的民眾應抑制自己的『傲慢』心態，不要脫離或者偏離基督教的倫理及人類社會規範。」杜思妥耶夫斯基的思想正是俄羅斯精神傳統中最有價值的部分，最能為未來提供遠景的部分。這位天才作家敏銳地預見到了未來俄羅斯「人的危機」，以及由這

種「人的危機」帶來的「制度的危機」和「精神的危機」。如果「人的危機」得不到解決，「制度的危機」和「精神的危機」也就難以緩解，俄羅斯則根本無法走出專制的泥沼。而重建人們對公義的信心，重建彼此相愛的社會氛圍，重建一個具有契約精神的公共社會，需要極其漫長的歷程，不是戈巴契夫這一代人就可以完成的。

戈巴契夫是一位理想主義者。他相信社會主義思想起源於基督教，根植於人對正義和平等的永恆追求。他試圖以「民主的社會主義」的價值來擺脫馬克思主義─列寧主義的緊箍咒。他將社會主義價值與全人類價值等量齊觀，樂觀地希望蘇聯人民會再次被社會主義的人道主義理想鼓舞。直到今天，他仍以「民主社會主義者」自居，但這個理想顯然失敗了。他的顧問阿・切爾尼亞耶夫直率地指出，戈巴契夫的這個解釋是偷換概念，當時「幾百萬蘇共黨員的大多數人早就不僅沒有了社會主義信仰，而且連一般普通的思想信仰也沒有了」。對此，《俄羅斯史》的作者、歷史學家梁贊諾夫斯基和斯坦伯格亦指出：「可能有人會欣賞戈巴契夫的理想主義精神，承認他是為數不多的共產主義空想家之一。然而，他的夢想似乎已經不可能實現。」

那麼，戈巴契夫的改革究竟是成功了，還是失敗了？他是成功者，還是失敗者？「迄今為止，在所有的價值衡量表上，喪失權力的統治者都是失敗者。」這是一種馬基亞維利式的權力觀和榮辱觀。然而，在戈巴契夫心靈深處，有一套迥然不同的評估標準，「我不僅有思想準備，而且實際上我有意識地把事情辦成這樣，即到了一定的階段，屆時穩定的民主制度已經建立起來，我國的最高權力機構就可以易手了，從人民選舉出來的一部分人手裡轉交給他們選舉出來的另一部分人手裡。」他當然熱愛

權力，但他更知道：如果繼續壟斷權力，便成了獨裁者，而這是他不願做的，「對於一個真正的政治家來說，其目的不是保衛自己的權力和地位，而是推進國家的進步和民主。」在改革的策略和步驟上，他有過許多失誤，但在改革的本質和目標上始終堅定不移。戈巴契夫將改革看作是「精神革命」，正如池田大作所說：「二十世紀末的今天面對最大的課題並非『制度危機』，而是『人的危機』，可以歸納為是『人的尊敬危機』。高舉『新思維』旗幟的戈巴契夫之所以放棄對意識形態的接近而選擇了道德的追求，我猜想或許就因為他敏銳地感覺到了這樣的要求。」在那個歷史轉折的關頭，戈巴契夫出色地完成了他的使命，以失敗者的名義收穫了成功。

二〇〇五年九月六日

1.4 謊言與暴力不可能達成穩定

蓋達爾著《帝國的消亡》，他認為蘇聯的消亡是其內在發展的必然

近年來，在許多社交場合，我經常被問及一個同樣的問題：中共政權還有多長的壽命？詢問這個問題的，有我的普通讀者，有異議知識分子同道，有體制內的官員，有憂心忡忡的商人，有西方記者和外交官。我通常不會給出一個具體的時間概念，因為我更相信俄羅斯經濟學家、曾經擔任過俄羅斯聯邦總理並以休克療法著稱的蓋達爾的看法：「預測專制制度危機開始的時間頗為困難。有時它很長時間都不到來，但一旦開始便進展急速，比任何人所能預料的都要快。」蓋達爾在其新著《帝國的消亡：當代俄羅斯的教訓》中，通過對蘇聯解體的整個過程的回顧與分析，得出了這樣一個結論：專制不可能達成穩定，專制政權的崩潰是必然的，只是在什麼時間、以什麼樣的方式發生。

這個結論對於今天的中國來說，顯然是富於啓示意義的。中共在建政六十週年之際展開耗資巨大的大閱兵儀式，在十年之前，前中國社會科學院副院長、自由知識分子的領軍人物李慎之以〈風雨蒼黃五十年〉一文規勸五十週年勞民傷財的大閱兵，然而這一苦口的良藥，從江澤民到胡錦濤都不肯服用。那麼，六十週年的大閱兵，會不會是最後一次呢？中共的壽命會比蘇共更長嗎？

休克療法是「刮骨療傷」

蓋達爾在葉爾欽執政初期推動休克療法，並因此遭到極大的非議和批評。幸運的是，他得到了葉爾欽的支持，葉爾欽當時回應反對派說：「我們受到了批評，因為這一關鍵行動的領導者是一個缺乏經驗的年輕團隊，但在我們看來，他們的年輕與活力是一種有價值的因素。為支持這些年輕部長們的改革，我準備冒失去自己職位的危險。」對此，研究蘇東國家轉型問題的匈牙利學者貝拉·格雷什維奇指出：「葉爾欽的支持雖然不足以使蓋達爾的團隊獲得成功，但這種支持卻對蓋達爾團隊推行俄羅斯的穩定措施起到重要作用。」在這本書中，蓋達爾並未以很大的篇幅來為當年的政策辯護，但還是在不經意之間對俄羅斯和中國不同的改革路徑做了比較。作為持自由主義立場的經濟學家，他並不認為俄羅斯人民在九〇年代所經歷

休克療法的倡導者、曾經擔任俄羅斯總理的經濟學家蓋達爾，他的經濟政策飽受批評，然而那是俄羅斯轉型期必須經歷的陣痛

的困境是休克療法導致的。在他看來，早在八○年代中期，蘇聯的政治經濟形勢就已經惡化到無法挽回的地步——「國家背負難以控制的外債、外匯儲備枯竭、消費市場處於災難性的狀況、政治穩定遭到破壞、族際衝突連續不斷。蘇聯領導人並不準備採取挽救財政危局的決定，還在那裡討論改革的計畫。」

蘇聯解體之後，葉爾欽讓蓋達爾啟動休克療法，這是一次「刮骨療傷」：要切除惡性腫瘤，就必然出現大量的失血；而失血之後，身體會變得極度虛弱。但這不能成為譴責醫生的理由。在經歷一段康復期之後，俄羅斯的經濟在二十一世紀初逐步走上正軌。以大歷史的眼光來看，蓋達爾時期的蕭條，並不表明蓋達爾多麼無能；普丁時代的繁榮，也不表明普丁多麼了不起。正是蓋達爾主持的休克療法，讓俄羅斯從七十多年計劃經濟的僵化體系中解脫出來並萌發出活力；正是蓋達爾主持的休克療法，奠定了普丁時代俄羅斯經濟大幅增長的堅實基礎。所以，對於蓋達爾及休克療法，應當作出公正的評價。

中國的「鄧氏改革」換湯不換藥

蓋達爾認為，一般的專制國家，可以將政治改革和經濟改革分開來逐一進行，同時進行反倒無法完成過於複雜的任務；而後社會主義國家與其他專制制度不同，社會主義制度政治體制的結構與日常經濟生活的組織不可分割地聯繫在一起，其經濟管理體制離開極權主義的政治權力便無法運作。對於蘇聯這樣的「後社會主義」國家來說，經濟改革和政治改革必須同步。蓋達爾對蘇聯末期戈巴契夫遲遲未啟動經濟改革頗有非議，他也不認同某些人士對中國模式的熱烈讚美。「只改經濟不改政治」的中國模

式，被某些西方左翼學者當作俄羅斯模式的對立面，他們認為中國的改革是成功的，俄羅斯的改革是失敗的；鄧小平是摸著石頭過河的偉大改革家，蓋達爾則是將俄羅斯拖入深淵的罪魁禍首。

　　蓋達爾指出，經濟自由不可能獨立於政治權利之外。他對「鄧式改革」評價並不高，這種模式只是延緩了專制的崩潰，而沒有從根子上解決問題。他寫道：「我曾不止一次遇到一些左派知識分子，他們總是試圖證明鄧小平是多麼正確，他將經濟改革和政治改革分開，先從建立作用明顯和不斷壯大的市場經濟著手，而沒有提出政治自由化的任務。」中國畸形的市場經濟體系，於國內而言，最大的受益者是官商勾結的特權階層，國民經濟的命脈仍然在他們的掌控之下；於國際社會而言，用學者秦暉的說法，是以一種「低人權模式」挑戰和腐蝕國際經濟體系的健康運作。那些中國模式的「歌德派」，與中共當局的想法一樣，認為中國人的人權就是「生存權」，就是「豬權」，中國人理應幸福地生活在「動物農莊」之中。他們對中國模式的讚美，表面上是熱愛中國，是中國的友好人士，但他們在骨子裡卻是蔑視中國人的種族主義者。他們認為，就人權的國度而言，「中國人與狗不得入內」的牌子還是適用的。這樣，他們才能心安理得地購買鋪天蓋地的廉價的中國產品。基本人權與自由得不到保障的中國老百姓，他們真實的生活狀態和感受究竟如何，包括那些在監獄中因「躲貓貓」而慘死的中國人的命運，卻不是這些西方左派知識分子所關心的。對此，蓋達爾不無諷刺地指出：「對於他們自己準備以什麼樣的代價出賣言論自由的問題，他們不知何故不予回答，反而覺得受到了侮辱。看來，他們認為與別人不同的是，在擁有穩定民主制度的國家中，這些權利之於他們是與生俱來的保障。」

「槍桿子」和「筆桿子」不是萬能的

　　專制不能達成穩定，這既是蓋達爾對昔日蘇聯崩潰的內在原因的深刻洞察，也是對今日沉醉在「大國崛起」的良好感覺中的中國的旁敲側擊。專制為什麼不能達成穩定呢？中國有可能成為以專制達成穩定的惟一的例外嗎？難道中共當局口口聲聲所宣揚的「穩定壓倒一切」是一句空話嗎？中共當局將「穩定」喊得震天響，正說明「不穩定」是觸手可及的現實。蓋達爾在本書中分析了若干垮臺的專制政權，如伊朗的巴勒維政權、智利的皮諾切特政權、古巴的巴蒂斯塔政權、墨西哥、西班牙、葡萄牙、臺灣、南韓以及南斯拉夫等等，他指出，專制的形式與特徵各不相同，但用以維持穩定的無非就是兩大法寶，一是暴力，一是謊言，用毛澤東的話來說，就是「槍桿子」和「筆桿子」。專制失效便是始於暴力和謊言的失效。

　　那麼，暴力是如何失效的呢？蓋達爾指出，依靠暴力奪取和維持政權的制度，就長遠前景而言，通常都是不穩固的，因為「專制制度的領袖人物缺乏掌握國家的合法性和能夠被社會理解並接受的解釋」。如果專制統治者一直掌控著強力機構，他便能採取專制制度慣用的手段壓制社會的不滿情緒，表明他為了保住權力，可以想讓人們流多少血就流多少血。然而在發生危機的情況下，認為現政權不合法和不穩固的看法往往也擴散到列兵、軍士和下級軍官之中。在專制統治者特別需要忠誠的強力機構之際，它們卻按兵不動。蘇聯的「八・一九」政變就是如此，並不是政變的首領缺乏果斷的勇氣而互相推諉，他們當中確實有人下達了開槍的命令，卻未能被執行，因為「在一個業已城市化的發達社會裡很難覓得願意下令用坦克碾壓民眾的指揮官以及同樣願

意執行這種命令的士兵」。

遺憾的是，同樣的情形沒有在一九八九年的中國發生。當時，中國士兵受教育的程度比蘇聯士兵低，獨立思考的能力自然也低，經過長期在軍營中的封閉式的洗腦，他們失去了判斷基本的是非的能力。於是，他

列寧是黨國一體化的蘇聯權力模式的奠基人

們不僅向群眾開槍，而且開著坦克碾壓過去。可見，同樣的專制制度，中國來得比它的老大哥更為酷烈與卑鄙。但是，如果今天再次發生類似的大規模的群眾抗議事件，中共當局能否像二十年前那樣，順利地調動軍隊並確保軍隊執行上級的命令向民眾開槍呢？即便是胡錦濤本人，恐怕也沒有當年鄧小平十足的信心吧？所以，政府官員經常在媒體上宣稱，地方政府在對待群體性事件的時候要慎用「警力」（當然更包括沒有說出來的「軍力」）。因為每用一次暴力，政府的信用便降低了一個額度，這不是一樁可以獲利的買賣。

蘇聯制度的另一個立足點便是謊言。歷史學家德·安·沃爾科戈諾夫指出：「謊言總是留下深刻的痕跡：在記憶中，在人們的心理上，在文化領域。況且謊言總是企圖給自己披上真理的外衣。一旦真理同良心結成聯盟，謊言就會抵擋不住，不能得逞。」蓋達爾在蘇聯崩潰前夕便已發現，運作了七十多年的謊言生產機制已經失效，就連宣傳部門也喪失了繼續欺騙民眾的信心，他們所作的各種拙劣的宣傳，只是給上級擺擺樣子的。用美國學者林茨和斯泰潘在《民主轉型與鞏固的問題：南歐、南美和

後共產主義歐洲》一書的説法，這表明當時的蘇聯進入了一種「衰退式後全能主義」的狀態。普通人更願意相信自由歐洲電臺披露的消息，而認為「《真理報》上無真理，《消息報》上無消息」。當越來越多的真相被老百姓知曉的時候，當局灌輸的觀念便不攻自破：「蘇聯領導人為了替自己的權力尋找論據，則訴諸共產主義意識形態和歷史傳統。公開的，社會公眾已能瞭解到的關於這一制度種種暴行及其形成過程的資訊——這些都使蘇維埃政權殘留的一點合法性蕩然無存。」

在謊言的失效的意義上，今天的中國擁有比昔日的蘇聯更好的技術條件，那就是互聯網的幫助。正如蓋達爾所強調的那樣，資訊全球化是動搖專制制度穩定的重要因素。二十世紀初世界上絕大部分居民都很難想像他們的村莊之外發生了些什麼事情，別的社會機構是如何組成的。二十一世紀使世界連成了整體。「有關發達國家政治制度構成情況的知識盡人皆知。要向民眾特別是向其中年輕的受過教育的一部分人解釋清楚，為什麼他們的同齡人在其他國家享有自由和參與解決國家問題的權利，而他們卻沒有，必須由大權在握的長官們替他們去做這種事情——這是一個無法完成的任務。」中共耗資數百億的金盾工程，無法成為真正的「網路長城」。網路民意日漸凸顯出實際的壓力，迫使胡錦濤、溫家寶多次上網作秀，以安撫網民。但這種作秀究竟能贏得多少民心，大可懷疑。

專制當然不能達成穩定，專制本身就是不穩定的狀態。蘇聯的解體在各階層都準備不充分的時候來臨，它給我們以這樣的啓示：在中國專制制度崩潰的前夜，我們不能守株待兔，而要在各自的領域努力工作，為未來的民主社會做好充分的準備。

二○○九年三月十九日

1.5 蘇聯亡於少數人的陰謀？

　　如今，再回首八〇年代至九〇年代蘇聯步履蹣跚的改革之路，人們不禁會追問：導致蘇聯從世界地圖上消失的根本原因是什麼呢？是戈巴契夫啟動改革才導致蘇聯的解體嗎？是蘇聯統治階層的「自殺行為」嗎？這種看法不僅在俄羅斯國內懷舊的共產主義分子中存在，在西方極端左翼的知識分子中也有不少人真心相信。其中，最具有代表性的一本著作便是大衛·科茲和弗雷德·威爾所撰寫的《來自上層的

關於蘇聯解體的原因，《來自上層的革命》是西方左派知識分子所寫的最缺乏是非善惡判斷的一本書

革命：蘇聯體制的終結》一書。這兩位作者認為，是所謂的「來自上層的革命」導致了蘇聯的解體，也就是說，在由戈巴契夫改革產生的新的政治條件下，大部分位居國家要職的蘇聯黨－國精英，以及其他重要的官方組織，從擁戴社會主義轉向資本主義。他們放棄了共產黨而支持葉爾欽，葉爾欽是領導親資本主義聯盟的共產黨前高級官員，後來成了俄羅斯總統。這兩位作者進而作得出這樣的誅心之論：「他們轉而擁戴資本主義，是由於他們認

識到從社會主義轉變成資本主義能使他們變得更加富有。」

前朝的改革者並非今朝的寡頭

普丁與工業寡頭德里帕斯卡在一起，許多寡頭都與前蘇聯的強力部門有關，而這些部門是反對改革的

這一故作驚世駭俗的論調，實際上是因果顛倒、本末倒置。蘇聯的改革確實是戈巴契夫啓動的自上而下的改革，但這並非出於戈巴契夫及其身邊的少數改革派的突發奇想，相反，

他們是呼應蘇聯大部分民眾的心聲。他們剛開始改革的時候，還試圖「舊瓶裝新酒」，希望能夠保全蘇聯和蘇共的框架。但是隨著改革的不斷深入，他們逐漸發現，舊瓶已經裝不下新酒，這時即便他們想停止改革也來不及了。經濟學家霍布斯邦有一個形象的比喻：「當蘇聯經濟發展的大車廂走了一段距離以後，由於其引擎結構設計的特殊，駕駛人雖然一再猛踩油門意欲加速，引擎卻不快反慢。它的動力設計，本身包含著將其力量消耗殆盡的結構。」對於此種結局，戈巴契夫一開始並未意識到，當他意識到的時候，也只能順應潮流的趨勢而無法改變軌道。改革固然帶來蘇聯的解體以及相當長時期的陣痛，但俄羅斯及若干原蘇聯加盟共和國，不是沉入深淵，而是鳳凰涅槃。民主與自由逐漸成為這些國家的核心價值，公民社會也日漸成長壯大。願意回到蘇聯時

代的人，在民意調查中從來沒有超出一成的比例。

反倒是生活在自由世界的大衛·科茲和弗雷德·威爾，自作多情地為逝去的帝國招魂。《來自上層的革命》一書將改革派妖魔化為一群為了個人利益而不惜摧毀國家的小人。蘇聯解體之後，確實出現一個寡頭階層，他們壟斷蘇聯的經濟和權力命脈，這些人與舊制度之間有著千絲萬縷的聯繫，但這些人並非戈巴契夫時代走在前列的改革派。他們之所以「新舊通吃」，不是改革的錯誤，而是舊制度的慣性造成的。兩名學者故意將這些蘇聯解體後出現的寡頭人物與蘇聯解體前的改革派混為一談。其實，他們是截然不同的兩類人。真正的改革派是一群有理想和信念的人，比如改革派的「三駕馬車」——戈巴契夫、謝瓦爾德納澤、雅科夫列夫，改革不僅沒有促進反倒損害了他們個人的利益。蘇聯解體之後，以世俗的觀點來看，他們都是「失敗者」：戈巴契夫失去權力，成為一介平民，在國內並不太受歡迎；謝瓦爾德納澤當上獨立之後格魯吉亞的總統，但此職位比起蘇聯外長來微不足道，更何況幾年之後又在第二輪的顏色革命中黯然下臺；而雅科夫列夫在蘇聯解體之前便退出政治局和蘇共，以著書立說為生，並成為民間壓力團體的活躍分子。他們沒有一個人是因為將蘇聯搞垮而讓自己獲得好處的。即便是從戈巴契夫手中繼承權力的、有一定威權主義色彩的葉爾欽，在卸任俄羅斯總統職位之後，也完全淡出政壇，瀟灑地過著平民生活，被媒體稱為「全俄羅斯最幸福的退休老頭」。葉爾欽並沒有被揭露出有貪腐的行徑，

電影《再見列寧》海報：願意回到那個「美好的時代」去的是哪些人呢？

他在俄羅斯總統任上的待遇，甚至還比不上他擔任共產黨政治局委員時的待遇。他在回憶錄中說，共產黨時代，他屬於「提前享受共產主義待遇」的特權階層。如果是考慮個人的利益得失，他何必退出蘇共，走西方政治家式的選舉之路呢？他又怎麼會在「八‧一九」政變中，冒著被槍手暗殺的危險，爬上一輛坦克發表演講呢？

不是外來顛覆，而是自身鈣化

大衛‧科茲和弗雷德‧威爾竭力醜化、矮化改革派，並無視蘇聯東歐劇變給幾億人帶來的民主與自由，乃是出於他們反對資本主義的極左派立場。資本主義不是不可以批評，但為了批評資本主義而不惜美化蘇聯的極權制度，漠視古拉格群島中千萬人民的苦難，將獨裁與民主兩種制度一視同仁，作某種「去善惡化」的處理，這就是一種非學術化的、不誠實的態度。蘇聯解體的真實原因，是蘇聯國家意識形態的徹底破產，是史達林主義和布里茲涅夫主義違反人性的本質，是蘇聯經濟體系的鈣化與生鏽最終使其不堪重負而發生內部爆炸。即便沒有出現戈巴契夫式的改革者，繼續執政的是布里茲涅夫式的庸才或安德羅波夫式的幹才，蘇聯仍然會走向崩潰，並且以一種更加糟糕的方式崩潰，這是不以任何人的意志為轉移的。而戈巴契夫宣導的改革，喚醒民眾的自我意識，呼喚民眾早日走出奴役狀態，並且使得社會轉型期未發生大規模暴力衝突。作為改革的先行者，他不應遭到如此污蔑。

大衛‧科茲和弗雷德‧威爾為蘇聯體制辯護，認為蘇聯是被一小群陰謀家所顛覆的，卻無視蘇聯體制本身的危機。英國記者

瑞吉兒・沃克在其研究蘇聯崩潰的名著《震撼世界的六年》中指出，蘇聯共產黨的理念基礎是：只有中央決策者才知道什麼是符合社會最佳利益的，因而蘇聯體制並不是真正為了廣大民眾的利益而設計出來的。沃克從三個方面論證了這個觀點：第一，一九八五年以前，共產黨領導人堅持認為蘇聯社會不存在任何利益衝突。全國人民都團結在「建設社會主義」這一「共同」的目標周圍。結果，與黨的路線相悖

沃克《震撼世界的六年》：這本書記載了蘇聯解體前後的社會、政治、經濟、文化的變遷

的利益無法通過合法管道表達出來，不同社會集團間的利益衝突也沒有得以解決的途徑，所有的利益要求都被壓制著。第二，蘇維埃作為民眾代表機構在實際生活中卻發揮不了任何實質性的作用，由於該機構沒有選拔、任免幹部的權力，所以根本不能成為社會利益的要求和表達管道。第三，「黨—國家」領導體制並不能避免不同利益向它施加壓力，但能施加壓力的只是最強大的利益集團，比如，較大的產業部門、軍隊等。這樣，「黨—國家」領導集體只是有選擇性地聽從一些集團或機構的利益，而不必去傾聽弱勢群體的意見，因為它不受選舉的約束。這三個特徵都存在於蘇聯及其東歐衛星國的意識形態和政治現實中。遺憾的是，大衛・科茲和弗雷德・威爾為了讓標新立異的觀點成立，故意對這些最明顯的事實不屑一顧。

真正的知識分子不會願意被「包養」起來

　　大衛・科茲和弗雷德・威爾在這本書中還對蘇聯的知識分子政策大唱讚歌。他們反問說：「還有一個謎沒有解開，即為什麼會有這麼多的蘇聯知識分子轉而信仰西方式的民主資本主義？蘇聯體制耗費了大量資源，為知識分子們創造了舒適的條件。蘇聯的作家沒必要為了自己的處女作成功發表而飽受冷板凳之苦，學者們也沒必要害怕在學術兼職的苦海中，在薪金微薄的教學工作中迷失自己。難道蘇聯的知識分子在選擇資本主義和自由市場時，為了心靈的自由而忘記了自己的物質利益？」此種看法，不僅在知識上顯示出他們有多麼無知，而且在道德上顯示出他們有多麼無恥。

　　蘇聯的作家只有寫「歌德文學」才能獲得官方的青睞。蘇聯的學者只有從事李森科式的「偽科學」研究才能飛黃騰達。索忍尼辛將他的手稿埋在地下，薩哈羅夫家中連電話都被切斷，這種待遇有多舒適呢？既然你們認為蘇聯知識分子「被國家所包養」的處境那麼優越，那麼你們本人為什麼不移民到蘇聯去呢？當然，今天蘇聯不復存在了，但還有中國、北韓、越南、古巴等類似的國家，你們不必死皮賴活地生活在「自由太多」、「競爭太激烈」的西方世界。此種言行不一、人格分裂的胡說八道，分明就是將包括蘇聯在內的專制國家的知識分子當作是只有物質需求而無精神需求的豬來看待，這種惡劣到了極點的種族主義觀點，與中共當局強調的「人權就是豬權」不謀而合，不能不讓人相當地憤怒。

　　大衛・科茲和弗雷德・威爾難道不曉得薩哈羅夫在蘇聯的遭遇嗎？難道沒有讀過索忍尼辛的《古拉格群島》嗎？難道不知道

安德羅波夫下令修建專門關押異議人士的精神病院嗎？這兩個左派學者願不願意到古拉格群島和精神病院中去體驗一下蘇聯知識分子的「幸福生活」呢？就連反對戈巴契夫改革、被很多人看作是史達林主義者的格別烏第一副主席菲・博布科夫，在其回憶錄《格別烏與政權》中也承認：「黨中央的領導對待知識分子的錯誤態度給我們的國家帶來很大的損害，他們往往要干涉知識分子的創作過程，干涉文

索忍尼辛所著之《古拉格群島》戳破了鐵幕之後的謊言

學和藝術的創作問題，其實他們對這些問題往往一無所知。」這位在格別烏工作了四十五年的高官承認，格別烏參與起草了需要查禁的書籍和需要監視的作家的名單，他埋怨說這些工作本來不是格別烏份內的事。作為蘇共中央的工具，格別烏還參與對薩哈羅夫的迫害，在薩哈羅夫被流放到高爾基市之後，格別烏對其嚴密監控，「為所欲為的不僅是國家的領導人，國家安全機關的負責人也曾經作出過不少遭到譴責的決定。我也不想迴避自己的責任。」他檢討說：「當權者拒絕傾聽這位科學巨匠的話語，不願意和他進行平等的爭論，更不要說和解了。而且更重要的是沒有人願意瞭解他的觀點的精髓。」博布科夫說，他寫回憶錄要做到「決不撒謊」。與這個強硬派的格別烏頭子相比，大衛・科茲和弗雷德・威爾這兩個西方學者，連不說謊的勇氣都沒有，還算什麼學者呢？

　　也許，《來自上層的革命》一書的兩位作者，確實無法理解

這個世界上存在著「為了心靈的自由而忘記了自己的物質利益」的一群人。雅科夫列夫高度評價蘇聯的「不同政見現象」，他認為這些知識分子「整體上是我們所需要的，確實是我們的財富，是一種看得見的精神源泉」。儘管「不同政見者」這個詞語遭到誣衊和扭曲，被黨的宣傳機器「妖魔化」，但在雅科夫列夫看來，「持不同政見者」其實就是「有不同思想的人」。那麼，「有不同的思想」難道是什麼天大的罪過嗎？他反問道：「為什麼思想不一樣就等於犯法和反社會，至少是等於做了某種可恥的罪過？誰根據什麼權力可以規定出一種規矩，即所有人必須而且只能同樣地思考？」

蘇聯領導人一貫的做法，是以蠻橫的方式消滅一切「有不同思想的人」，並將「統一思想」作為教育和宣傳的重要任務。而等待薩哈羅夫、索忍尼辛等人的，是一步步升級的打擊：掀起政治審判浪潮、送進精神病院、驅逐出境、剝奪工作、在大眾媒體上發起暴風驟雨般的攻擊和辱罵。對某一知識分子的迫害，就是對自由思考和主動精神的迫害，這種醜惡行徑引發了另一種十分可怕的現象：「冷漠無情、不問政治和消極情緒不斷增長，雙重道德標準開始氾濫，社會維繫開始瓦解。而所有這一切又使道德、社會、工藝和經濟方面的許多病變現象越來越深重。」這就是蘇聯政權瓦解深層原因之一。遺憾的是，這一原因超出了大衛・科茲和弗雷德・威爾倚靠他們的智力和道德所能理解的範疇。

二○○九年三月二十六日

第二章 ▍
改革者無力回天的悲劇
• • •

2.1 赫魯雪夫：撬動最下面那塊基石的人

　　如同其黑白分明的墓碑一樣，今天赫魯雪夫在俄國和全世界仍然是一個毀譽參半的人物。但他對蘇聯和世界歷史影響之大是無可置疑的。他在蘇聯歷史大約七分之一的時間裡都擔任著執政黨黨魁的職務，他在任的時間比蘇共中央總書記戈巴契夫、安德羅波夫和契爾年科任職時間的總和還長。他領導蘇聯部長會議的時日比馬林科夫、布林加寧、吉洪諾夫和雷日科夫等諸位主席都多。他是蘇聯領導人中少有人在黨政兩個領域長期任職或兼職的人。更為重要的是，蘇聯後期領導人的政治意識恰好是在他領導的十一年內形成的，他在蘇共二十大上所作的批判史達林主義的秘密報告，成了蘇聯歷史的轉捩點。赫魯雪夫的孫女、歷史學家赫魯曉娃在接受《南方人物週刊》記者李宗陶的採訪時指出，二十世紀俄羅斯政治史上有四個重大事件，即一九一七年的十月革命、一九四五年的戰勝納粹德國，一九五六年赫魯雪夫的秘密報告、一九八五年戈巴契夫上臺改革。這種看法並無誇張之處。

史達林主義者自然會詆毀赫魯雪夫

　　就連曾經遭到赫魯雪夫羞辱的現代雕塑家涅伊茲韋斯內都願意為赫魯雪夫設計墓碑，而這一黑白交錯的墓碑形象地表明了赫

葉梅利亞諾夫之《赫魯雪夫傳》認為，赫魯雪夫在表面上的喜劇感背後，是精明強幹的「彼得式」的人物

赫魯雪夫黑白交錯的墓碑：這位最早開始改革的政治家卻遭到了罷黜，但他撬動了史達林體制的根基

魯雪夫在專制與民主之間掙扎的複雜性；然而，自稱「歷史學家」的葉梅利亞諾夫在磚頭一樣厚的《未經修改的檔案：赫魯雪夫傳》一書中，卻塑造了一個完全負面的赫魯雪夫的形象——他是一個反覆無常的小人，也一個玩弄權術的高手，他是一個缺乏文化素養的粗魯的農民，也是一個讓蘇聯這個蒸蒸日上的大國走上下坡路的罪人。葉梅利亞諾夫的父親是史達林時代的高級官員，他本人也是史達林時代的受益者，正如中國軍隊大院的子弟將文革描述成「陽光燦爛的日子」一樣，葉梅利亞諾夫對史達林創造的「黃金時代」戀戀不捨，自然對否定史達林的赫魯雪夫不以為然。

作為一名忠心耿耿的史達林主義者，葉梅利亞諾夫以同樣的《未經修改的檔案》為名，撰寫了上下兩冊的史達林的傳記，對

史達林歌功頌德，即便是古拉格群島和大清洗的罪惡，他也拼命為之辯護，聲稱這是史達林為鞏固政權的不得已的選擇，因此他的書是要將史達林由「魔」還原成「人」；與之對應，葉梅利亞諾夫對赫魯雪夫這個「叛徒」毫不留情，極盡醜化之能事。所謂「未經修改的檔案」，檔案本身可能確實沒有修改過，但作者對檔案的選擇卻有明確的取向，他專門選擇那些對赫魯雪夫不利的檔案，而摒棄那些對赫魯雪夫有利的檔案。如此這般拼湊，一部否定和詆毀赫魯雪夫的傳記便成形了。

首先，葉梅利亞諾夫認為，赫魯雪夫沒有受過完整的教育，缺乏基本的文化、科學和管理知識，所以將國家治理得一塌糊塗。這種看法具有相當的片面性。因為他所肯定的赫魯雪夫的前任與後任，即史達林和布里茲涅夫，同樣沒有接受過系統的教育。另一方面，青年時代的教育資歷並不意味著在擔任高級職務之後就能派上用場，而此後的勤勉自學未嘗不可彌補缺陷、開闊視野，米高揚便如此讚揚赫魯雪夫說：「他是一個真正的天才，就像一顆未經打磨的鑽石。儘管接受的教育有限，但他理解事物和學習東西都很快。他具有領導人的性格——頑強、勇敢，在達成目標的過程中非常執著，敢於挑戰陳規。」而這種有草根經歷的、自學成才的領導人，往往有可能成為大刀闊斧的改革者。在中國，八○年代的改革派領導人胡耀邦和趙紫陽，都與赫魯雪夫有著相似的履歷，都沒有上過名牌大學，但他們好學不倦、不恥下問、為人正派，與知識分子保持良好的關係，也具有改革的激情與勇氣。與之相比，名校畢業的江澤民與胡錦濤，或為技術專家，或為政工幹部，反倒縮手縮腳、僵化保守、拒絕改革、任由腐敗肆虐。可見，教育程度的高低並非判斷領導人領導力的強弱的惟一標準。

其次，葉梅利亞諾夫根據赫魯雪夫在國內和國際上的一些不拘小節的講話和表現，認為赫魯雪夫是一個喜劇角色、一個自以為是的戲子、一個好兵帥克式的人物，「模倣真誠對於赫魯雪夫來說非常典型，這幫助他隱藏真實的情感。同時，長期的遊戲讓他忽視了真理與謊言的界限是怎樣消失的。」這種看法並不符合蘇聯的歷史真相與赫魯雪夫的個性。「生活在面具之下」，的確是所有極權社會中人們的一種自保的本能。被史達林下令槍殺的秘密警察頭子雅戈達，在臨死前說出了幾句真話，他說蘇聯社會是一個「假面舞會」，是由四種演員組成的，「第一種人演『人民崇高的父親』，第二種人演告密者、叛賣者，第三種人演『不幸的女人』，第四種人演『劊子手』。所有這些荒唐的表演都以嚴肅的形式出現，就像表演俏皮的時事諷刺一樣，真是莫名其妙！」赫魯雪夫當然也不例外，在史達林還在世的時候，他不得不曲意奉承；在貝利亞飛揚跋扈的時候，他不得不聯合史達林的「近衛軍」們將其幹掉。在政治鬥爭中，他做過很多違心的事情，說過很多言不由衷的話，這都是不必掩飾和否認的。但當他成為蘇聯最高領導人之後，毅然開啓非史達林化的大門，這絕非做戲。就在他作蘇共二十大報告的時候，有人遞紙條給他，質疑說：「史達林幹這些壞事的時候，你在哪裡呢？」他回答說：「我就坐在你們今天坐的位置上。」這樣的回答顯然是真誠的，不是表演。

誰在為史達林的大清洗辯護？

葉梅利亞諾夫在這本書中致力於破除「二十大神話」。他認為：「赫魯雪夫將真正的事實與許多歪曲歷史真實和邏輯的杜撰

摻雜起來，由此創造的神話成為摧毀社會意識的強大工具，其毀滅性之大還因為二十大的神話是二十世紀最持久的神話之一。」他指出，二十大報告應當對蘇聯日後的崩潰負責：「赫魯雪夫的報告加強了厚顏無恥和不信任的情緒，強有力地推動了蘇聯社會的道德和思想被侵蝕的進程……赫魯雪夫在許多方面重複了西方自『冷戰』初年就對蘇聯當局提出指責的東西。」葉梅利亞諾夫的觀察頗有些見地，確實是赫魯雪夫對史達林的揭露和否定，撬動了蘇聯鐵幕最下面的那塊石頭。但是，在這些指責中，他犯了一個顛倒因果的錯誤：並不是赫魯雪夫讓蘇聯社會的人與人之間失去了信任感，而是赫魯雪夫所批判史達林時代氾濫的謊言和暴力讓人與人之間失去了信任感。

歷史學家沃爾科戈諾夫在《勝利與悲劇》一書中指出：「史達林以自己的整個一生和自己的行動證明，謊言是無縫不鑽的禍害，一切災禍都從謊言開始。暴力、個人專權、官僚制度、教條主義、豈撒主義──這一切都被謊言美化了。」當然，也不是赫魯雪夫或者繼承其事業的戈巴契夫毀掉了蘇聯，而是史達林在蘇聯制度的核心種植下致命的毒素，即便繼承者不是赫魯雪夫、戈巴契夫之類的「叛徒」，而是「史達林二世」、「史達林三世」，蘇聯也不可能獲得「長治久安」。正如美國學者布熱津斯基所指出的那樣，以蘇聯的名義所建立的極權主義制度不僅扼殺了人的主動性和創造性，而且不能汲取後工業社會中內在的必要因素──分散的大眾交流媒介，自由溝通資訊，自發性的相互作用和決策的多中心。這套思想體系「摧垮了人的精神，創造力和自我利益之間休戚與共的關係完全被扭曲了。它切斷了創造力和自我利益之間密切結合的管道」。因此，它的停滯和滅亡是必然的，即便像赫魯雪夫那樣通過局部的改革，亦無法扭轉整個趨勢。

葉梅利亞諾夫企圖挖掘大量的史料來為史達林的政策提供合理的解釋，比如史達林的大清洗是必要的，因為那時蘇聯內部確實隱藏著不計其數的「第五縱隊」。這種說法侮辱了數千萬無辜受難者的靈魂。葉梅利亞諾夫的支持史達林和否定赫魯雪夫的兩部「鉅著」（分量巨大的著作），在史達林的寵臣日丹諾夫講過的一個笑話面前便搖搖欲墜了：「史達林因為丟了菸斗而牢騷滿腹，他說：『誰要是找到它，我會給重賞。』貝利亞在三天之後抓到了十個小偷，而且每個小偷都招認正是自己偷了菸斗。又過了一天，史達林發現了菸斗，原來掉到辦公室的沙發後面去了。」日丹諾夫在講笑話的時候開心地笑著。歷史學家姆列欽評價說：這件有趣的事首先表明了日丹諾夫的特點，同時也表明了貝利亞的特點，以及所有史達林的寵臣和奴才們的特點──為了得到領袖一句稱讚的話，這些絕頂精明的人可以不惜一切代價。對於他們來說，無辜者的生命一文不值。

真正的歷史不能單由勝利者來書寫

　　赫魯雪夫之所以要作二十大報告，之所以要否定史達林，就是要讓蘇聯社會變得正常化，讓生命的尊嚴不至於被如此踐踏。葉梅利亞諾夫經過統計指出，赫魯雪夫掌權十一年所罷黜的高級官員的數量，比史達林掌權二十九年所罷黜的高級官員還要多，由此認為史達林比赫魯雪夫更加「仁慈」。但是，在赫魯雪夫打倒的政敵當中，除了極度危險的貝利亞被槍決之外，如馬林科夫、莫洛托夫、卡岡諾維奇等人，雖然遭到批判和羞辱，但並沒有被逮捕入獄乃至肉體消滅。赫魯雪夫改變了蘇聯的政治鬥爭必然導致消滅對方肉體生命的規則，這難道不是一個巨大的進步

嗎？當然，由於個人和時代的限制，赫魯雪夫沒有意識到蘇聯整個體制的根本性問題，沒有放棄共產黨的若干原則，加之被守舊力量所推翻，他的改革的深度、廣度和成果都有限。如果他知道二十年之後戈巴契夫幫他實現了理想，他將何等欣慰──「消滅了那個早已使我國無法成為富足安康、繁榮富強國家的極權主義體制。在民主變革的道路上實現了突破，自由選舉、出版自由、代表制政權機構、多黨制均已成為現實。社會獲得了自由，政治上和精神上得到了解放。」

歷史不是任人打扮的小姑娘，葉梅利亞諾夫筆下的不是客觀公正的歷史。他對史達林時代的招魂，對從赫魯雪夫到戈巴契夫、葉爾欽等所有的改革家的攻擊，不會得到太多人的認同。他再三強調：「籠統地否定過去不僅意味著強行摧毀人的記憶，污蔑先輩的事業，而且導致破壞社會組織的基礎。」換言之，他要將史達林時代「無比美好」的一面注入人們的大腦之中。然而，赫魯雪夫時代的解凍不也是歷史的一部分嗎？將赫魯雪夫時代描述成一團漆黑，難道不正是作者所否定的「強行摧毀人的記憶」的工作嗎？這是史達林主義者無法自圓其說的歷史悖論。是的，記憶與人類的尊嚴有關，歷史從來不應當為勝利者所壟斷。在葉梅利亞諾夫的歷史觀當中，只有一個無比弘大的、抽象的「帝國」的神位，他迷戀於史達林創建的世界上最大的帝國的餘暉，認為任何干擾這一美景的行為都應當遭到譴責；同時，他完全忽視那些因「帝國」版圖的拓展，而失去自由與生存權的無辜百姓，那一個個鮮活的生命，在他眼中，與在史達林眼中一樣，都是無足輕重的。

所以，我們需要的是另外一種記憶，另外一種歷史。赫魯雪夫固然有諸多缺陷，但他首先站出來否定史達林，讓數百萬計的

冤屈者從古拉格歸來，即便他只做過這一件好事，他就能以失敗者的身分獲得歷史溫暖的敬意。當葉梅利亞諾夫的哈哈鏡式的歷史著作謬種流傳的時候，讓我們牢牢記住戈巴契夫的忠告，竭盡全力地去恢復那種具備基本的善惡、是非與真假判斷的記憶，因為「一個沒有記憶的人是沒有過去的，如果沒有了『記憶』也就不可能有責任感。沒有記憶，就不可能很好地理解自己所生存的時代，更不可能客觀地去看待所經歷的那個時代，結果則是喪失了一切的記憶，永遠也得不到幸福。」

二〇〇八年五月十三日

2.2 戈巴契夫：我終於擺脫了權力的魔戒

戈巴契夫回憶錄《真相與自白》：在歷屆蘇聯領導人的回憶錄中，這是最坦誠的一本

「滾滾長江東逝水，浪花淘盡英雄。是非成敗轉頭空。青山依舊在，幾度夕陽紅。白髮漁樵江渚上，慣看秋月春風。一壺濁酒喜相逢，古今多少事，都付笑談中。」這首《三國演義》的卷首詞，貌似獷達，滿紙皆是虛無與幻滅。中國人的人生觀最實用主義，也最虛無主義。然而，歷史不是任人打扮的小姑娘，人也不是歷史的玩偶。在歷史轉折的關鍵時刻，有人可以用道德的力量和理想的堅持來扭轉乾坤。當我讀到戈巴契夫的回憶錄時，便有「是非成敗，轉頭不空」之感──歷史並不以表面上的成敗論英雄。

一九九一年十二月二十五日晚上的那一幕，至今讓人記憶猶新：戈巴契夫神情黯然地坐在攝影機前，最後一次以蘇聯總統的身分向全國人民發表電視講話。他宣告了蘇聯這個世界上面積最

大的帝國的解體。美聯社的攝影記者劉香成果斷地按下快門，攝下了戈巴契夫猛地將講稿扔到桌子上的那一瞬間，為此他的後背還挨了格別烏特工的一記重拳。那張照片登上了第二天全世界大報的頭版頭條。這一切的發生居然水到渠成：飄揚在克里姆林宮上空的鐮刀和斧頭的蘇聯國旗徐徐落下，紅藍白三色俄羅斯國旗則迅速地升了上去。

十年以後，戈巴契夫出版了回憶錄《真相與自白》，正像他所說的那樣——「我是在盡可能詳細地敘述所發生的一切，希望能夠有助於讀者理解和評價那些動盪歲月在全世界製造政治氣候的人的用心和意圖」。這是一本坦誠之書，與葉爾欽回憶錄中那些激情澎湃、盪氣迴腸的文字相比，戈巴契夫的文字稍稍顯得平淡而樸素，這背後也正暗合著兩人截然不同的性格和氣質。歷史那雙看不見的手，在不同的歷史時期選中了這兩個人，既是巧合，又是必然——沒有戈巴契夫，便沒有葉爾欽；「戈巴契夫時代」與「葉爾欽時代」一樣，都打上深深的個人烙印，又構成一枚硬幣的兩面——既對立又融合。

在歷屆蘇聯領導人當中，戈巴契夫最具歷史感和人道主義精神，對權力的得失最豁達大度。政治家當然以獲得權力為訴求，但政治家的是非功過，並不取決於他掌握權力的大小以及壟斷權力時間的長短。伴隨著改革的深入，戈巴契夫日益痛苦地發現，自己身上竟有那麼多與「新思維」對立的部分，改革也越來越溢出了當初的計畫。在此過程中，戈巴契夫犯了許多錯誤，但是正如作家索爾・舒爾曼在《權力與命運》一書中論述的那樣：「平心而論，我們能夠相信，換上別人就一定能夠比戈巴契夫做得更好嗎？曾幾何時他也說過：『現在進行的改革是範圍很廣泛的改革，也包括對我們自身的改革。我們不是上帝……』這句話首先

是衝他自己講的。從世界範圍的意義上看，他稱得上是前無古人的開路人，而對他這樣的人所犯的錯誤也是可以原諒的。」隨著歲月的流逝，人們因為「距離」而對歷史產生了清醒的認識，也對戈巴契夫有了更加公正的評判。

改革的起點：車諾比核電站事故

曾經擔任過蘇聯總統助理的阿·切爾尼亞耶夫在《在戈巴契夫身邊六年》一書中，對戈巴契夫的改革作出了若干正面的評價。儘管他也認為戈巴契夫在後期的改革中出現不應該的猶豫、中庸乃至於退卻，但他認為這是因為其個性上的軟弱、認識上的局限而非品格上的缺陷：「他是單槍匹馬去推倒龐然大物的，而且是自己決定這樣去做的，甘願自己冒很大的風險，置他已經擁有的可使人心滿意足的政治地位和良好的物質條件於不顧。」戈巴契夫堪稱現代的堂吉訶德，一個人朝著龐大的風車義無反顧地衝過去。最後，「這個龐然大石滾動了，摧毀著所有看起來似乎不可動搖的內外支柱。戈巴契夫在推動這個龐然大石的時候，很多人和所有被這個石塊推開和碾壓的人開始對他不理解，後來才破口咒罵他。他沒有控制好推倒這個龐然大物的『必要』速度。說實在的，當時也做不到。」在戈巴契夫的回憶錄中，如實地描述了「龐然大石」是如何被一點點撬鬆，然後轟然滾動的。

在戈巴契夫上臺的時候，他所提出的改革的人道主義的目標和反官僚主義的方針一下子激起普通公民和大多數知識分子的熱情並得到強大的支援，這顯然不是偶然的。戈巴契夫順應了歷史的潮流，正如他在訪談錄《尚未結束的歷史》中所說：「當時國家的確是在『孕育著』改革。舊的命令體制已不再起作用：

經濟發展速度下降、黨在人民群眾中的威信迅速喪失、社會科學中充斥著教條主義和書呆子氣、政治精英們開始信奉雙重道德即對自己是一種，對人民是另一種。」舊制度衰朽不堪的最集中的表現，是一九八六年四月二十六日凌晨發生車諾比核電站的事故——它是歷史上最嚴重的核電廠事故，也是國際核事件分級表中唯一的第七級事件。這一事故所造成的後遺症，至今仍未徹底消除。由國際原子能總署和世界衛生組織所主導的車諾比論壇，在二〇〇五年提出的報告指出，在高度輻射線物質暴露的大約六十萬人中，估算有超過四千人死於各種後遺症。

爆炸發生幾個小時，西方國家就發出警報，從北方的斯堪的納維亞各國到南方的義大利，各國政府都採取了一系列緊急措施。克里姆林宮卻保持緘默。由於官僚體制的遲鈍和僵化，戈巴契夫未能及時獲得真實資訊。蘇聯當局的救援行動直到三十六小時之後才展開。兩天以後，戈巴契夫才主持召開政治局會議，會議的主題是同僚們確定的——「向全世界公佈什麼消息和什麼消息不能公佈出去」。那時，整個體制繼續按照布里茲涅夫時代的慣性運作，官僚體系將維護蘇聯的面子看得比搶救民眾的生命更加重要，不僅拒絕國際救援的申請，而且不斷公佈虛假消息欺騙世界輿論。戈巴契夫在回憶錄中承認，他本人負有不可推卸的責任：「最初數日內未清楚地意識到所發生的事情不僅是一起全國性的慘禍，也是一起世界性的災難。」

作為牢固的「利益共同體」，蘇聯的官僚和專家們結成密不透風的攻守聯盟。許多年來，最有影響力的科學家們為核工業諸事順利可靠而自誇。他們在絕密報告中向國家領導人作出「萬無一失」的保證。阿·切爾尼亞耶夫指出：「蘇聯社會科學與道德脫節，似乎被知識精英們所佔領的學術界的道德淪喪，這一切在

車諾比事故上造成了非常可怕的後果。」當事故發生之後，幾位科學家在向政治局的彙報中輕描淡寫地說：這是一件「司空見慣」的失誤，不必大驚小怪，彷彿家裡打碎了一個玻璃杯一樣。實際上，這場災難總共花費成本超過兩千億美元。車諾比災難是最「昂貴」的災難事件，它也將蘇聯制度的弊端暴露在全世界面前——這個在軍備競賽中一度壓倒美國的龐大帝國，原來早已外強中乾。

在這次災難之後，戈巴契夫對官僚機器展開了「外科手術」。他罷免了若干軍方和軍工部門的負責人，給官方嚴密控制的媒體鬆綁，允許報導負面消息。他熱烈地憧憬公開化、透明化和多元化，正如牛津大學政治學系教授阿爾齊·布朗在〈改革與五個轉型〉一文中所分析的那樣：「對新思想的開放性是至關重要的，蘇聯任何一位領導人在任何情況下都不會像戈巴契夫那樣取消對關於『多元化』的溢美之詞的禁忌，而只會使用他所控制的大量槓桿——從書報檢查制度和黨的紀律到動用強力部門——來制止激進的改變。」戈巴契夫這樣做，是要讓蘇聯社會從謊言的籠罩下解脫出來，是要讓全社會重新建立對生命的珍視。蓋子已經揭開，誰也不可能再將它捂上。改革由此具有了合法性與合理性。在這可怕的事實面前，再精明的「理論家」也無法欺騙老百姓了。

文藝的命運不該由政治局來決定

在蘇聯歷史上，存在著一個不成文的奇特現象：許多文學藝術作品的發表和出版，要在政治局會議上討論。對於「非開放社會」來說，這又是再正常不過的現象——統治者對文學藝術以及

其背後的人性力量充滿警惕和恐懼。而所謂的「政治局討論」，其實是最高領袖一個人説了算，其他成員惟有附和的份。

在史達林時代，史達林自詡為天才，對所有的知識領域都武斷地評價，從政治經濟學到語言學，儼然都是行家。他教訓電影和農業方面的專家，在軍事和歷史學領域作出決定性的結論。實際上，他的議論絕大多數都是相當膚淺甚至是錯誤的，而它們立即被歌功頌德者吹捧成最重大的發現。史達林在文學藝術方面是外行，偏偏最喜歡粗暴干涉作家的創作，一個典型的例子便是：他將俄羅斯女詩人阿赫瑪托娃辱罵為「娼妓」。於是，阿赫瑪托娃受到官方媒體鋪天蓋地的攻擊與批判，所有作品都被禁止出版。

在赫魯雪夫時代，短暫的「解凍」是由於赫魯雪夫本人決定對愛倫堡、左琴科、索忍尼辛等人的作品暫時「網開一面」。但政治局會議掌握作家和作品的生死大權的傳統，並沒有得到根本改變。赫魯雪夫對某些作家比較寬容，而對另一些作家相當專橫。他的文化程度有限，理解力也有限，卻以個人的喜好為全國人民的喜好。直到下臺之後，他才對此作出相當的反省，並主動向過去被他羞辱過的知識分子道歉。

布里茲涅夫上臺之後，文網收緊，作家藝術家們繼續遭到人身迫害和人格侮辱。與此同時，布里茲涅夫自我加冕，指定槍手創作「鉅著」，給自己頒發國家最高文學獎。署名為「布里茲涅夫」的精裝本書籍源源不斷地出版，讓國家機關、圖書館、學校甚至私人定購。學者阿爾巴托夫指出，布里茲涅夫「實際的教育程度很低，甚至沒有多少學識」，他從不讀書，也不動手寫作，「大概所有人包括最笨和最不懂事的人在內，無例外地都深信，這幾部文藝傑作中沒有一頁是布里茲涅夫親手動筆寫作的。」

　　蠻橫而頑劣的官僚們不知道：他們的限制、侮辱和迫害，不僅無損於文學藝術家們的偉大，反而使得文學藝術家們在民眾心目中更受尊重。對於蘇聯的文藝政策，英國歷史學家湯因比論述道：「一九一七年以前的帝俄也厭惡、懼怕文學創作的自由。但沙皇政權因不像現在的蘇維埃政權這麼教條，所以他們發現，對俄國作家施加壓力，對政府反倒起了負作用。就是說，他們知道鎮壓非但沒有削弱作家的影響力，反而使其加強了。」蘇聯的統治者們比沙皇還要愚昧，負責文宣的官員的工作，反倒是替作家藝術家們做廣告——哪個作家、哪部作品受到官方的批判和禁止，人們就會熱烈地閱讀和傳頌，即便以手抄本的形式。當戈巴契夫主持政治局會議的時候，是延續這種傳統，還是以此為突破口尋求變革呢？

　　戈巴契夫先後獲得過法律和農業經濟的學位，他在蘇聯政壇的崛起是以農業方面的成績而受到高層矚目的。但他不是眼光狹隘的技術官僚，他博覽群書，思維敏捷，有很高的文學藝術鑑賞力。他在閱讀那些「出格」的作品時，不禁感歎說：「我腦子裡首先想到的是：真可惜，大學時代竟然沒能讀讀這一切！是的，我們這一代人缺少精神營養，只准許吃一份單純意識形態的可憐口糧，卻被剝奪了親自去比較、品嘗、對照不同流派的哲學思想並作出自己選擇的機會。」他深知，對文藝的干涉和對學術的壓制，必然導致整個民族的精神萎縮。戈巴契夫擔任總書記後不久，收到作家阿‧雷巴科夫寄來的長篇小說《阿爾巴特街的兒女們》。作者希望獲得總書記的幫助，讓這部擱置多時的作品公開出版。戈巴契夫一口氣讀完這本書，認為此書可以充當「問路石」的角色，便批准該書出版。果然，該書出版後大受歡迎。此後，戈巴契夫經常收到作家們寄來的手稿，還被邀請去觀摩新攝

製的電影。

　　然而，一部小說的出版、一部電影的公映，需要總書記親自下令「放行」，這本身就是舊時代的慣例。戈巴契夫決定打破這一「慣例」。當影片《懺悔》在內部禮堂公映時，主管宣傳的「理論家」們提出要在政治局裡討論，以決定該片是否可以公映。他指出，這個問題應當由電影工作者、創作協會自己決定，政治局會議不再討論文藝作品的出版與否。戈巴契夫本人亦欣喜地看到了冰層解凍的經過：「這樣就確立了一個先例，很快那些原來被出版檢查打入冷宮的作品紛紛出籠。」既然他本人對萬馬齊喑的時代有切身的體驗，怎麼會願意枕邊只有一本領袖的著作呢？

　　於是，一個接一個的禁區被突破了，報刊上出現了對醜惡的社會現象、黨的各級官員乃至於總書記的批評。即使在遭到不符合事實的批評的時候，戈巴契夫也沒有想過要中止民眾的思想自由、言論自由和新聞出版自由。一九八九年，他在一次講話中承認，共產黨的領導並非真理，「我們不是最好的也不總是對的，那些反對我們的人也不一定是敵人。」漸漸地，文藝和新聞報導脫離了政治局的干涉，河流回到自己的港灣，人民睜開了被蒙蔽多年的眼睛。

暴力是政治失敗的標誌

　　政治是骯髒的，所有的蘇聯領導人手上都沾滿鮮血，史達林、貝利亞之流自然不必說，就連以改革和「解凍」著稱的赫魯雪夫也有抹不去的血腥污點——他曾下令用坦克鎮壓諾沃切爾卡斯克工人集會。戈巴契夫也非「純潔的天使」，雖然不是他下

令、他卻未能及時制止的流血鎮壓，就有維爾紐斯事件、巴庫事件、阿拉木圖事件、第比利斯事件等。與它們聯繫在一起的，是數百條的人命。這個數字如果放在史達林時代，只是滄海一粟；但它們亦構成了戈巴契夫身上的污點。他在回憶錄中釐清了個人的責任，並對死難者表達了哀悼之情。

戈巴契夫不是鐵血人物，不像史達林那樣崇尚暴力、企圖用暴力來解決政治、經濟、文化等問題。史達林對權力和暴力有一種病態的迷戀，其骨子裡卻是膽小如鼠的懦夫，在德軍發動突然襲擊的時候，嚇得幾天不敢露面，讓外長莫洛托夫出來安撫人心；他害怕別人的暗算到了歇斯底里的地步，出巡時乘坐鋼板鑄造的火車車廂。史達林最終走向了玩火自焚，歷史學家沃爾科戈諾夫分析說，施行暴力的人最終會被暴力吞噬，拿破崙、史達林、希特勒等人的結局何其相似：「一味相信暴力威力的人只會犯下一樁又一樁的罪行。獨裁者用他的『榮譽、智慧、遠見、受尊敬』搭起的佈景遲早會倒塌。」

對於暴力的危害，戈巴契夫本人也有慘痛的教訓——他和他妻子的家族中，有多人遭到蘇維埃政權的殺戮，被殺害的長輩並無反對蘇維埃的言行，僅僅是富農而已。史達林對黨政軍系統的清洗，以及殘酷的農業和民族政策，造成無數無辜民眾的死亡。戈巴契夫很早就意識到：暴力不僅無助於問題的解決，反而會讓問題複雜化；對一個公民生命的剝奪，將導致整個改革事業失去全體人民的支持。不能繼續依賴暴力了。法國歷史學家塔列蘭曾對法國國王說過：「用刺刀可以做很多事情，然而並不能坐在刺刀上。」確實，暴力是政治失敗的標誌，暴力是懦夫最壞的選擇。在經歷了蘇軍從阿富汗撤離的痛苦過程之後，戈巴契夫說出了肺腑之言：「那些使用暴力的地方，結果都是兩敗俱傷。

當然，可以把力量弱的一方的反抗暫時鎮壓下去，推行自己的意志。但易燃材料早晚會積累起來，必將引起爆炸。這樣的損失往往要大過千萬倍。」

作為戈巴契夫的高級顧問，阿‧切爾尼亞耶夫在日記中寫到這樣一個細節：格魯吉亞發生鎮壓分裂主義分子的流血事件之後，在政治局會議上，戈巴契夫嚴厲地斥責下令對示威群眾開槍的格魯吉亞領導人，並對國防部長亞佐夫說：「請永遠記住這些，你今天就發佈命令：今後未經政治局許可，軍隊不得介入國內事務。」他鮮明地表達了對暴力的反感。但他依然將決定使用軍隊的權力界定在政治局、而不是最高權力機關——議會之內，這顯示出他與舊制度之間的妥協。後人還可以追問道：難道經過政治局批准的對人民的鎮壓和屠殺，就合法與合理嗎？在一個民主憲政的國家，軍隊絕不能介入國內事務和黨派紛爭，更不能屠殺本國民眾，這是最簡單的常識。儘管如此，戈巴契夫畢竟走出了重要的一步——他至少依靠個人的品質來阻止悲劇的發生。

戈巴契夫不僅在國內事務中放棄使用武力，在國際事務中也扭轉了蘇聯的擴張勢態和「輸出革命」的喜好。他下令蘇軍從阿富汗的撤退，促成兩德的統一，默許東歐人民選擇自己的社會制度和生活方式。按照戈巴契夫掌握的權力和蘇聯的軍事力量，當一九八九年東歐國家紛紛「離心離德」的時候，他完全可以像前任們那樣出兵鎮壓，但他並沒有作出同樣的選擇——對強硬派提出鎮壓羅馬尼亞反共起義的要求，他回答說：「怎麼，你們還想用坦克解決問題！」蘇聯的衛星國們一個個地離開了「同舟共進」之「舟」。儘管不無遺憾，他還是承認這樣一個事實：「我們鄰國發生劇變的主要原因並不是帝國主義的陰謀詭計。它的背後是每個民族渴望自由的強烈願望。人們希望擺脫自己領土上的

外國軍事基地和軍隊。他們不願意忍受『老大哥』肆意妄為，不願意看克里姆林宮一個個主子的臉色行事。」

在一個具有深厚的大國沙文主義傳統的國家裡，戈巴契夫的平等理念面臨著來自官方和民間的強大壓力。當有人指責他「把社會主義國家給斷送了」的時候，他憤怒地反擊說：「什麼叫『斷送』幾個國家？這種指責本身就使指責的人露出了馬腳。他們是一些帝國思想的信徒，是相信強權可以將別國當作自己的私有財產支配的人，是相信可以玩弄人民命運的人。」這種「後帝國綜合症」是俄羅斯歷史傳統中的一個難以根治的頑疾，它比馬列主義更深入民眾的骨髓。它不是通過一場改革就能消除的。它的危害性十分巨大，「它們反映了過去時代的政治思維。現在還抓住這種思維不放，用它來指導自己的所作所為，不管它是『東方式的』，還是『西方式的』，對人類來說，都是極其有害的。」

寧願自己失去權力，也不使用暴力。這是戈巴契夫與趙紫陽之間的相似之處。戈巴契夫成功地改變了蘇俄統治階層百年來迷信暴力的傳統，趙紫陽則作為一名「異類」而被幽禁至死。可見，同樣是共產暴政，蘇聯與中國之間還是有著明顯的差別。戈巴契夫強調說：作為達到政治目的的手段，暴力一旦啟動，便永無休止，而且沒有真正的勝利者，無論是施加暴力者還是承受暴力者，都是失敗者。作為諾貝爾和平獎獲得者，無論是在行為上還是在理論上，他都當之無愧。

新制度曖昧不明，但舊制度必然滅亡

戈巴契夫上臺執政的時候，發現他繼承的家當早已千瘡百孔，「在世界範圍內展開的科學技術革命要求擺脫禁錮精神的枷

鎖，以民主的方式通過決定。然而，現存的政治體制將這一切排斥在外。這種體制曾有過的巨大的可調動的潛在力量在那時已消耗殆盡。社會形勢急劇並迅速尖銳化。」他不得不承認，這個龐大帝國內部交織存在著以下種種吊詭的現實：

　　一方面人民充滿了對十月革命浪漫的回憶，一方面大家都被史達林主義駭人聽聞的罪行嚇呆了；

　　一方面廣大民眾在較短的時間裡提高了受教育的程度，另一方面黨對自由的言論、思想和創作進行無情的鎮壓，書報檢查相當嚴格，媒體上只有宣傳而沒有真實的新聞；

　　一方面存在著經過選舉產生的最高權力機構──最高蘇維埃，另一方面所有事務的決定權卻在政治局的幾個寡頭那裡、特別是在總書記一個人那裡；

　　一方面文學、詩歌、藝術、電影、戲劇把社會主義描繪成最崇高的社會價值觀和最高尚的人品的傳播者，可是在現實生活中卻到處是對人的尊嚴的無恥踐踏，從上到下逍遙法外的胡作非為，人成了為結成一體的黨和國家效勞的「螺絲釘」，因此人民也變成帶有坐享其成心理的流氓無產者；

　　一方面國家不斷產生大演員和傑出科學家，另一方面包括大部分知識分子在內的廣大老百姓卻陷於愚昧無知，甚至沉溺於反動的蒙昧主義；

　　一方面是被宣揚成社會思想最高成就的馬克思—列寧主義，另一方面卻是被各種鎮壓和全面保密所維護的、越來越厚顏無恥的政治謊言……

　　這就是八○年代中期危機四伏的蘇聯，這就是戈巴契夫手中的爛攤子。就是在此危機重重的背景下，戈巴契夫雖然沒有力挽狂瀾，卻取得了神話般的成就──阿・切爾尼亞耶夫概括為以下

幾點：

他摧毀了以往所有專制制度中根據史達林的共產主義原則建立起來的最強大的專制制度；

他給千百萬人民在沒有由上面強加的方式和意識形態教條的情況下安排自己的生活和選擇發展道路的自由；

他為地球上六分之一地區的居民在承認民主、法治國家、市場經濟、人權、言論自由、信仰自由等等人類普遍原則的基礎上進入現代文明的總軌道創造了條件；

他為停止「冷戰」和核軍備競賽所做的工作比誰都多，由此為拯救人類免於在第三次世界大戰的浩劫中毀滅做出了決定性的貢獻。

是的，這四點成就足以讓戈巴契夫進入二十世紀最偉大政治家的行列。在沒有一個確定性目標的時刻，他就毅然開啟改革之門，這種勇氣和道德力量可以同薩哈羅夫和索忍尼辛媲美。他本來可以成為獨裁者，卻自動解除武裝；他本來可以無所作為，卻冒險走過泥沼。蘇聯解體之後遺留至今的問題，不應當讓戈巴契夫一個人負責。比如俄羅斯仍未產生一個西方意義上的公民社會、仍未建立穩定的民主制度。研究社會轉型問題的美國學者林茨和斯泰潘在《民主轉型與鞏固的問題：南歐、南美和後共產主義歐洲》一書中分析說，戈巴契夫繼承的是一個「扁平的」、後全能主義的社會和政治圖景，而他本人「對於創造出一個組織良好的民主政黨持有搖擺不定的矛盾心理」。另一方面，用於應對外部帝國的威脅的許多結構和傳統，都在蘇聯時期被徹底破壞或者嚴重摧殘（比如東正教），以至於重新恢復這些結構和傳統成為一項異常艱苦的任務，要創建「非蘇維埃文化」及公民社會尚且任重而道遠。

戈巴契夫抵制了魔戒的誘惑，他沒有被權力所控制、所異化，權力不是他生命中的全部。這就是政客與真正的政治家之間的天壤之別。政治家是有勇氣和魄力放棄權力的人，政客則絞盡腦汁地保有權力；政治家是用權力為公眾謀求福祉的人，而政客則是用權力來滿足自身的私欲；政治家是權力的主人，而政客是權力的奴僕。戈巴契夫在回憶錄中指出：「當你坐上權力這個寶座時，要失去它也是輕而易舉的。因此，『權力』是不值得我們自損心靈的尊嚴去獲得的。」他以失敗者的名義，擁有了榮耀的成功。儘管如今的俄羅斯社會離戈巴契夫當初所設想目標的還有很大距離，但總體的發展方向是沒有人能夠改變的。就其個人而言，戈巴契夫晚年以學者的身分「騁懷於支撐人類的大地」，比他的任何一名前任都要自由和幸福。

二〇〇三年夏初稿

二〇〇九年四月二十二日定稿

2.3 雅科夫列夫：一杯不能不吞下的苦酒

　　亞・尼・雅科夫列夫，一九二三年出身於普通農民家庭，十八歲參加衛國戰爭，身負重傷，腿部終身殘疾。從教育學院歷史系畢業之後，在教育和新聞部門工作，一九六五年起任中央宣傳部副部長及代理部長。他先後通過碩士和博士論文答辯，獲得教授學銜並當選科學院院士，是蘇共高級領導中學歷最高、也確實最有學問的人之一。一九七三年，因為思想「自由化」，他被貶到加拿大擔任大使。十年之後，戈巴契夫上臺，將其調回莫斯科，先後擔任蘇聯科學院世界經濟和國際關係研究所所長和中央宣傳部部長。一九八六年，雅科夫列夫進入蘇共政治局，成為最高決策層中的一員。他親自起草包括「公開性」問題在內的若干重要文件，是改革運動「思想庫」的核心成員。他先後兩次出任「為政治鎮壓受害人平反委員會」主席——這是中共開明派的總書記胡耀邦也做過的工作。在其卓有成效的領導下，該委員會先後為三百萬名受到鎮壓的公民恢復名譽——僅僅從這個龐大的數字中便可看出，史達林主義對人民造成了多麼巨大的傷害，而雅科夫列夫為恢復歷史真相、還受害者清白和正義又付出了多麼了不起的努力。一九九〇年，雅科夫列夫被任命為總統委員會成員，同時退出蘇共政治局。一九九一年八月六日，在保守勢力對改革派「圖窮匕見」的時刻，他宣佈退出蘇共，向民間沉澱。

在「八‧一九」政變之前，他多次警告戈巴契夫有發生政變的危險，卻未能引起其重視。政變發生之後，他挺身而出，走上街頭，在群眾大會上演講，接受西方媒體採訪，堅決反對政變。蘇聯解體之後，他又出任過俄羅斯社會民主黨主席，並兼任若干民間職務。

如果將蘇聯的政治、經濟、文化、教育制度看作一台精心設計、準確運轉、功率巨大的發動機，它是如何失靈的？如果將其比喻為一座大堤，它的崩潰始於哪一顆螺絲釘？是由於先天設計的缺陷，還是操作者使用不當，或者是敵對者的故意破壞？為什麼蘇聯絕大多數的領導層、知識分子和民眾都沒有覺察到帝國會如此迅速地崩潰呢？為什麼那麼多西方的蘇聯問題專家，幾乎沒有人預測到蘇維埃帝國的壽命？雅科夫列夫的回憶錄《一杯苦酒——俄羅斯的布爾什維克主義和改革運動》，被譽為「一面瞭解俄羅斯百年歷史進程的鏡子」，也是對這些世紀難題的回答。該書不僅是一位傑出的政治家參與國家決策的見證，更是一位優秀的學者高屋建瓴的思想結晶。作者從歷史、哲學、政治、經濟、文化等角度，全面分析了布爾什維克主義在俄羅斯興起和消亡的原因。他認為蘇聯的解體不是在一夜之間發生的，而是一個漸進的過程和必然的結果，是經濟危機、政治危機和道德危機全面演化的結果。根本原因不在於西方的顛覆，而在於蘇聯

《一杯苦酒》的作者雅科夫列夫，在戈巴契夫時代身居高位，是蘇聯變革時代的親歷者，也是戈巴契夫主要的政治顧問

體制自身的致命弱點。雅科夫列夫既對歷史的彎路作了深刻的反思，也對未來俄羅斯的面貌作出了清晰的預測。

暴力可以奪取政權，卻不能導致民主

為什麼在長達八十年的時間裡，專制制度、暴力統治和謊言宣傳一直是蘇聯社會的主流？為什麼俄國人會選擇布爾什維克主義這杯「苦酒」？這是雅科夫列夫多年來都在苦苦思考的問題，也是他在這本著作中企圖回答的問題。

在俄羅斯出現列寧－史達林式的統治方式及意識形態，有著深邃的民族文化心理──單單譴責或者追究德國人馬克思的責任無助於問題的解決。雅科夫列夫敏銳地發現了俄羅斯文化傳統中的一個毒瘤，即對暴力的崇尚。說到底，沙皇政權就是軍事獨裁政權，沙皇制經歷了這樣幾個重大事件：戰勝蒙古的侵略，全民受洗歸入基督教，彼得一世的改革，以及在衛國戰爭中打敗拿破崙。沙皇體制一方面依靠東正教「君權神授」的理論來維繫民心，另一方面則以赤裸裸的軍警暴力來消滅新興力量的挑戰。既然統治者依靠暴力治國，那麼平民也惟獨對暴力臣服，暴力遂成為俄羅斯社會的最高原則。

當然，更為直接的原因是俄羅斯革命者接受了以法國大革命以來的暴力革命思想和以階級鬥爭為綱的馬克思主義學說。這兩股思潮合而為一，首先征服俄羅斯的平民知識分子，然後征服許多在貧苦和絕望中的平民百姓。十九世紀末以來，俄國社會本來有若干走上改良道路的契機，例如斯托雷平改革和「二月革命」後組建的資產階級臨時政府，但它們迅速被「激進──更激進」的暴力革命模式席捲而去。從無政府主義到民主社會主義再

到列寧主義，俄國人選擇了「最徹底」的方式。在社會變動的關鍵時刻，俄羅斯利益互相對立的社會各階層之間缺乏基本的妥協意識，他們把社會變革當作一場危險的賭局：要麼勝者通吃，要麼輸家一無所有。最後，暴力成為最為迅速地實現各自目標的捷徑——無產階級策動了武裝暴動，而資產階級則將希望寄託在幾名手握重兵的舊俄時代的將軍身上。

　　那麼，暴力能否成為通往天國的道路？暴力能否以「長痛不如短痛」的方式讓俄國人民過上好日子？通過對人類歷史的宏觀考察，雅科夫列夫發現了一個歷史規律：「在數千年的文明史中，任何人、任何地方、任何時刻都未能依靠暴力建成一個人們讚許的社會，因為暴力只能產生暴力。暴力革命——乃是灑在悲劇性幻想的玫瑰花瓣上的鮮血。」他不同意馬克思主義學說，並發現了它最根本的弱點：「馬克思主義中最邪惡的教條是關於暴力的教條，以及構築於其上的階級鬥爭的觀點。」在以列寧為首的俄國革命者們那裡，玩弄得最為得心應手的正是「階級鬥爭」這一武器。馬克思建立了一個嚴密而龐大的、真理與謬誤共存的思想體系，列寧將其化繁為簡、實現了「俄羅斯化」。列寧選擇的是馬克思學說中的糟粕部分，俄國「之所以接受馬克思主義，並不僅把它當作新的學術流派，而是作為一種指出擺脫絕望和困境的學說」。與只反對史達林而不反對列寧的戈巴契夫相比，雅科夫列夫的反思更為徹底，他發現對暴力無節制的利用，是從列寧開始的，列寧是一個殘忍的「匪幫」。

　　在擔任「為政治鎮壓受害人平反委員會」主席期間，雅科夫列夫接觸到浩如煙海的秘密材料，從二○年代到五○年代的歷次鎮壓，規模之浩大、手段之殘暴、組織之嚴密，讓他不寒而慄。他提到一九五四年內務部長克魯格洛夫給赫魯雪夫的一份報

告，報告指出：僅三〇年代到五〇年代初，遭到鎮壓的人數就達三百七十萬。在此數字之外還應追加集體化時期的三百四十萬人以及遭到鎮壓的三百三十萬少數民族，這樣總數至少不下於一千萬。這一切是如何以革命的名義實施的呢？所謂「革命」，也就是以正義的名義剝奪人的生命。「問題不僅在於列寧或史達林。當然，對於千百萬無辜蒙難者的生命他們負有個人責任。這一點是明確的。問題的實質在於他們所建立的布爾什維克主義制度，在於構築在暴力意識形態之上的制度。」對於這套曾被人民憧憬、卻又被人民拋棄的制度，他分析說：「任何一個思維健全的人不可能不明白，凡是布爾什維克主義一經確立的地方，就必然出現誅除異己、血腥鎮壓、精神奴役和政治迫害等現象；而超乎尋常和冷酷無情的黨和國家的壟斷壓力更使人們透不過氣來。」暴力是流氓無產者奪取權力的工具，也是他們捍衛權力的手段，暴力消滅人的肉體、摧毀人的尊嚴、貶低人的價值，最後導致國民整體素質的急劇下降。城市被層層黨組織所嚴密控制，俄羅斯本來已經具備的「鄉村自治」的傳統也徹底被「集體農莊」摧毀。

在雅科夫列夫看來，專制制度的建立和暴力手段的氾濫，「是罪惡昭彰的黨和國家黑手黨肆虐的結果，是政治意識形態偏執狂熱的結果，又是我們全體殷勤地參與了惡行的結果」。他尖銳地提出大家共同承擔罪孽的論點，絕大部分人都是有罪的——無論是罪惡的參與者、實施者，還是罪惡的旁觀者、沉默者。沒有人能夠改變過去的歷史、將自己描繪成先知先覺的聰明人。「不要逃避現實——正是我們自己泯滅了人格和良知，冷酷無情地中傷戕害並將子彈射向了與自己相仿的人們；是我們告發了鄰居和同事；在黨的會議或別的集會上，或通過報刊、電影和戲劇

舞臺，揭發了那些『思想不純正分子』。有人會説：『這不是我，不是我，不是我！』也許不是你。但是大家都有份。難道是外星人在我們土地上散播仇恨？」

俄羅斯不是西方國家，也不是東方國家，它在東西方的夾縫裡發展出自己的歷史和哲學。在宗教上是帶有神祕主義色彩的東正教，在政治上是極端專制的沙皇君主制，在民族文化上是俄羅斯種族沙文主義及崇拜權威的臣民文化。馬克思主義演變為「有俄羅斯特色」的列寧主義，正好契合了俄國民族傳統中最黑暗的部分。俄羅斯要根除暴力傳統、成為一個真正的民主國家還有很長的路要走，而民族精神的重建比具體的制度更替更為重要。三十多年以前，赫魯雪夫率先懺悔——他是那個時代的領導人中唯一公開懺悔過的人。今天，更多的人應當懺悔。沒有經過對罪惡的懺悔而建立起來的民主制度，只能是一個搖搖晃晃的紙房子，因為「布爾什維克主義既存在於制度之中，也存在於我們中間」。

壟斷權力的「黑手黨集團」是罪惡的淵藪

蘇聯是一個黨國一體的制度。從兒童文學到歷史教科書，當局都宣揚和灌輸這樣的理念：只要是為了「祖國」的利益，任何人都理所當然地作出任何的犧牲——在「國家」面前，「個人」是無足輕重的。但是，「國家」卻並沒有「代表」民眾的利益，抽象化的「國家」被一小群「黑手黨集團」所控制。長期以來，俄羅斯的統治階層形成一種固定的思維方式：在對外政策上奉行大國沙文主義，在對內政策上將民眾視若奴隸。從俄羅斯蛻變為蘇聯之後，更是將這一傳統發展到極端狀態，正如歷史學家尼·

津科維奇在《二十世紀最後的秘密》一書中論述的那樣，這個國家裡呈現出的是「政治犯罪化、犯罪政治化」的可悲景象，整個統治階層已經墮落為一個「專業犯罪集團」。雅科夫列夫發現，壟斷國家權力的「黑手黨集團」有三大支柱：軍隊及軍工聯合體、以格別烏為核心的鎮壓機構、黨的系統。這三個部門凌駕於憲法和法律之上，凌駕於普通公民的基本權利和利益之上，也凌駕於真理、正義、和平等普世之上。它們像血吸蟲一樣附著在國家的肌體上，一面吸取營養，一面放射毒液。這三大部門帶頭敗壞了法治和良知，將國家拖入衰退的深淵。

　　「八・一九」政變的中心人物，大都來自於這三個部門。他們企圖剝奪戈巴契夫的權力，停止政治改革和民主化的進程，將社會拉回史達林時代。用他們自己的話來說，乃是「恢復秩序」。那些政變者企圖恢復的是一種怎樣的秩序呢？那是一種史達林所創建的「鐵的秩序」，也就是歐威爾《動物農莊》中所描述過的「老大哥」的秩序。著名學者、曾經擔任過蘇聯陸海軍政治部副主任和蘇聯國防部軍史研究所所長的德・安・沃爾科戈諾夫，寫過一本名為《勝利與悲劇》的史達林的政治傳記，他認為史達林的勝利同時是人民的悲劇。他引用畫家韋列夏金一幅畫的意象來形容史達林的帝國——一個頂上立著一隻烏鴉的、用人的顱骨築成的金字塔。當然，「金字塔裡面隱藏著活下來的人民，他們確實被自己的希望和信念欺騙了，但對他們來說，過去時代的悲劇是他們自己的歷史……」。史達林的帝國是用不道德的、非正義的手段建立起來的。這個帝國對史達林和他的走狗們來說像天堂般美好，而對普通民眾來說則像地獄般恐怖。史達林開創了一種惡例：他賦予黨和國家的領袖以另一種身分——黑手黨教父。與之相比，那個彈丸之地的西西里島的黑手黨教父又算得了

什麼呢？

　　作為史達林之後統治時間最長的領導人，布里茲涅夫與史達林形成了有趣的對照。從表面上看，布里茲涅夫是標準的「技術官僚」，其實他是一名沒有受過完整教育、不具備基本的科學文化知識的「政工幹部」。布里茲涅夫家族肆無忌憚地貪污國家財產，參與走私、貪污等犯罪活動，他的女婿從普通軍官一躍成為格別烏中將，明目張膽地掠奪國家博物館中的文物，委託黑社會銷贓。這些「太子黨」無視紅綠燈而在大街上橫衝直撞，簡直就是一群高級「蠱惑仔」。莫斯科市民都知道，最高領袖的家人與黑社會有千絲萬縷的聯繫——在本質上，他們是一丘之貉。布里茲涅夫縱容家人和寵臣的腐敗行徑，卻從不寬容知識分子的獨立思考。

　　布里茲涅夫既沒有史達林的鋼鐵意志，也沒有赫魯雪夫的改革勇氣，卻成為史達林之後個人崇拜的典型。此人的當權絕非偶然，這個衰朽的體制呼喚這樣一個衰朽的領袖。雅科夫列夫寫道：「在蘇聯領導人中，如果說史達林是受權力誘惑而敗壞的典型，那麼布里茲涅夫則是由於欺世盜名而墮落的榜樣。」布里茲涅夫是蘇聯走向衰落時期的丑角，除了身邊一群溜鬚拍馬的奴才以外，他失去了民眾最低限度的尊敬。在其治下，軍工集團得以在管理國家的操縱臺上安插代表。布里茲涅夫除了準確地嗅出誰是支持者與誰是敵手的本領之外，沒有其他才能。在其執政後期，常年重病不起，但其病情一直被精心隱瞞。這個制度似乎並不需要有生氣的管家，雅科夫列夫指出：「這已經不是他的過錯，而主要是垂死的單一政權的徵兆。」

　　雅科夫列夫曾到美國哥倫比亞大學進修兩年，還擔任過蘇聯駐加拿大大使，對西方的民主制度有深入體認。進入決策層之

後，他接觸到許多絕密材料，不禁為蘇聯體制的黑暗震驚，高級幹部們都參與了打著「捍衛共產主義事業」的旗幟的犯罪。作為納稅人，蘇聯人民從來不知道國家財產花費在哪些領域，這些都是「黨和國家的機密」。他憤怒地控訴說：「我相信有朝一日我國人民將會知曉：數以億計的資金被罪惡地濫用於軍備競賽、對外冒險、為別國提供軍援；濫用於無任何意義和效益可言的土壤改良計畫和誰也不需要的民防建設工程；濫用於搜捕和迫害『人民的敵人』。」單單「外援」一項，就令人民背上沉重的負擔。在決定外援專案時，決策層大多盲目行事──只要哪個非洲獨裁者聲明「走社會主義道路」，再向愛好奉承的蘇聯領袖說上幾句讚美的話，數以億計的援助便撈到手了。在「蘇聯之友」的名單中，出現了「非洲第一個馬克思主義者」食人皇帝卜卡薩、烏干達獨裁者伊迪‧阿敏、衣索比亞殺人兇手門格斯圖等人。

在對外政策上，這個黑手黨帝國一隻手慷慨大方，大把拋灑盧布；另一隻手又緊握大棒，威脅「犯規者」，直接出兵匈牙利、捷克、阿富汗等國。在對內政策上，統治者一隻手嚴密封鎖資訊、實行愚民教育；另一隻手又指揮秘密警察來打壓所謂的「異端」和「社會主義事業的離心離德者」。雅科夫列夫親眼看到這種政策的結果：「布爾什維克主義制度的沉重罪惡不僅在於數百萬清白無辜者喪失了生命，他們家庭遭到了悲慘命運，製造了毛骨悚然的環境。」這種影響將是長期的，在此體制下生活的人們的心靈和精神已經扭曲了，而且不能隨著政治制度的轉型而在一夜之間恢復健康。

「史達林」與「莫札特」的對立

雅科夫列夫將俄羅斯和人類歷史發展進程中的關鍵矛盾，概括為兩種人物的對立，而這兩類人物都以各自的方式創造著歷史：一類是史達林式的人物，另一類是莫札特式的人物。

在這裡，「史達林」既是指一個活生生的、有血有肉的人，又是指一套龐大而複雜的象徵符號——即俄羅斯作家梅列日科夫斯基所說的「下流人」。「史達林」代表著人類惡的、貪婪的、兇殘的一面，他是最惡劣的「流氓無產者」中的「英雄」，這樣的「下流人」如果登基做皇帝，將比以前的皇帝殘暴千百倍。這類人是真、善、美的敵人，他們中的某些人已經被永久地釘在恥辱柱上（如希特勒），而某些人依然還在享受部分愚民的崇拜（如史達林與毛澤東）——因此，雅科夫列夫高聲呼籲：這樣的狀況再也不能持續下去了！

在雅科夫列夫筆下，善於偽裝的史達林露出了猙獰面目——這個面目是自赫魯雪夫秘密報告以來逐漸清晰起來的：「史達林是職業掘墓人。他個性暴戾，是最奸詐的惡棍。他是布爾什維克主義制度最明顯的代表人物，是耍詭計、搞恐怖活動的能手，是封建主義國家鎮壓制度的創始人。這種制度造成的神志不清如此深刻、如此損壞一切和吞食一切，以至直到今天還有不少人對這個殺害千百萬人的兇手頂禮膜拜。他對國家實力和精神潛力的衰竭、對千百萬人的死亡負有直接責任。」這樣一個屠夫和民賊，卻受到少數人的緬懷。蘇聯解體之後，經濟自由化政策迅猛推進，社會上出現貧富懸殊，一部分老兵和老工人生活水準下降。這是新政府應當解決而未能解決的社會問題。在此背景下，出現了懷念史達林的思潮。雅科夫列夫對此保持高度警惕，「史達林

主義反人民罪行的規模大得無比。史達林殺死的共產黨人比世界上所有法西斯獨裁者殺死的加起來還多，提醒這一點對當今的史達林分子是有益的。」

屹立在另一座山峰上的是「莫札特」。這裡所說的「莫札特」，與其說是一位偉大的音樂家、人類輝煌文化的創造者，不如說是一種精神向度和價值觀念，如雅科夫列夫所說：「莫札特精神——這是人身上最光彩奪目最珍貴的品質。世間萬物——從野人親手點燃的篝火到電腦，從車輪到宇宙站——都是莫札特式的人、天才和知識分子創造的。」在俄羅斯的歷史上，普希金以下，托爾斯泰、杜思妥耶夫斯基、柴可夫斯基、別爾嘉耶夫、蕭斯塔科維奇、帕斯捷爾納克、薩哈羅夫、索忍尼辛等人都可歸入「莫札特」的序列。一個沒有精神追求而只有經濟訴求的民族，無法為人類奉獻文明財富。俄羅斯民族最讓人尊重的地方就在於，即便在經濟最困難、政治最黑暗的時候，他們的「莫札特」也沒有停止文化藝術的創造。

在過去的八十年裡，「史達林」們在俄羅斯取得絕對的勝利，他們執掌權柄，決定著他人（包括「莫札特」們）的生死。史達林主義嚇破了許多人的膽，也迷糊了許多人的眼睛。雅科夫列夫指出：「對史達林的評價是一個每一個人的良心問題，是一種衡量責任心和心理完整性的尺度。」答案不需要經過周密的演算才能得出：「史達林不簡單是歷史上幾百個暴君中的又一個暴君，他建立了暴政體制、全面鎮壓個人和社會的體制。但是史達林主義不僅是靠流血、而且是靠神話來維持的。」可悲的是，參與製造此神話的人當中，就有許多人是知識分子。這樣奴才比一般的奴隸更可惡——他們對個人崇拜、民族蒙昧負有不可推卸的責任。那麼，這些人配合史達林製造了哪些神話？這些神話又以

何種方式寫進歷史教科書之中？

神話之一是「社會主義建設的偉大成就」——歷史教科書上說：正是在列寧和史達林的領導下，蘇聯人民才翻身做了主人，「從此站了起來」。在經濟建設上，俄國由一個落後的農業國變成了僅次於美國的工業國，史達林死後衛星也上了天。這一切似乎頭頭是道。但是，雅科夫列夫追問道：這一切是靠什麼手段獲得的呢？「原來，靠的是幾百萬人因饑餓而死亡，靠的是消滅農民，靠的是奴隸集中營，靠的是河流、森林的毀滅。」

神話之二是「史達林領導了衛國戰爭的偉大勝利」。雅科夫列夫的質問同樣有力：難道離開獨裁者人民就不能取勝嗎？為什麼發動進攻的希特勒只損失了五百萬人，而蘇聯人進行防禦、戰鬥在自己的領土上卻死亡了三千萬人？正是因為史達林發起的清洗運動殺害了軍隊大部分的指揮官，才導致戰爭初期蘇軍的潰敗。作為一名曾經在戰場上浴血奮戰並終身殘疾的士兵，他的結論是確鑿的：「全體人民高度緊張、英雄氣概和忘我精神的結果實質上被人掠奪去了，被人利用來神話篡奪勝利的權力體制了。」

從史達林到契爾年科，丑角們你方唱罷我登場——此後的多名蘇共總書記，都是「史達林」的某一「橫斷面」。對於蘇聯政壇上的最後一具「僵屍」——契爾年科，雅科夫列夫描述說：「契爾年科是我們這個制度即將覆滅及毫無生命力和完全不合格的最耀眼的信號。他在事業上毫無作為，他最喜愛的是讀勞動群眾的來信。……他多半是把馬克思主義理論看作是保住權力的手段，當然這也是習慣促成的。」契爾年科閱讀的「勞動人民的來信」，是秘書精心挑選出來的，或者乾脆就是格別烏化名編造的。契爾年科信以為真，讀得津津有味。他被這些信件感動，更

被自己「深入群眾」的品質感動。此類平庸人物成為最高領袖，得益於蘇聯的幹部選拔制度。領袖們提拔到上層的人，大都目光短淺、見風使舵，然而「政治可靠」——只有這樣的人，才不會對體制構成威脅。在選拔人才時，最高領袖考慮的不是黨和國家的利益，而是自己的私利。於是，便形成「優敗劣勝」的「潛規則」，「接班人」一個比一個差勁（戈巴契夫是例外）。雅科夫列夫寫道：「較有遠見的黨的活動家們懂得，新『領袖』的荒唐可笑不是偶然的，而是社會制度全面結構性崩潰的反映。荒誕劇院繼續上演自己的戲，但導演的無能越來越明顯。」此時此刻，連普通民眾也強烈地感受到：戲就要演完了。

然而，蘇聯的歷史中不僅僅活躍著「史達林」們。在那些最黑暗、最邪惡的時代裡，俄羅斯的「莫札特」們，並沒有停止吶喊與呼號。雅科夫列夫充滿崇敬之情地讚揚索忍尼辛和薩哈羅夫們，「那是一些具有巨大能力、淵博知識以及高尚道德和公民積極性的人們，他們確實向同胞說出了真相，但正是由於這個原因遭到了迫害。」沒有這群「莫札特」，也就沒有極權主義的垮臺和民主的實現。他們頑強不屈的存在，成為老百姓拷問自身靈魂時的一個參照系。在這個維度上，一個薩哈羅夫的力量勝過十萬名格別烏特務，這也正是索忍尼辛在回憶錄中使用的一個形象的比喻——「牛犢頂橡樹」。

雅科夫列夫本人便是「莫札特」式的人物，他最大的敵人便是「史達林」式的人物、前格別烏主席、「八‧一九」政變的主謀克留奇科夫。「八‧一九」政變失敗之後，克留奇科夫被判入獄；在獲得自由之後，他將晚年的主要精力用於詆毀雅科夫列夫，到處散佈雅科夫列夫是中央情報局招募的特務的謠言。俄羅斯檢察院調查了這一指控，卻沒有發現任何有價值的證據。最

後，只有克留奇科夫自己相信這一點，就連他過去的同事都嘲笑他。歷史學家姆列欽在《歷屆格別烏主席的命運》一書中寫到，由於不知道如何繼續侮辱這位院士，克留奇科夫說：「我從來也沒有聽見雅科夫列夫說過讚美祖國的話，例如對我們在偉大的衛國戰爭的勝利而感到自豪。」當權派最擅長的打擊改革派的武器，便是將對方歸入「賣國賊」的行列。然而，具有諷刺意義的是，戰爭期間克留奇科夫本人安全地在後方做共青團工作；雅科夫列夫卻自願參軍，成為海軍陸戰隊士兵，在戰鬥中負傷致殘。誰才是真正的愛國者呢？

雅科夫列夫將俄羅斯的希望寄託於「莫札特」們身上。他認為，俄羅斯的偉大不是靠帝國的野心和軍事實力，而是靠人民的美德和生活的品質。俄羅斯只能在自由的條件下，在法律至上和人的權利高於國家利益時才能達到這種偉大。一切都是相對的，只有人、人的生活、死亡和不朽是絕對的。

但願他的希望變成現實。

二〇〇三年春初稿
二〇〇九年六月定稿

2.4 雷日科夫：
「緩慢改革」就能拯救蘇聯嗎？

　　回顧蘇聯的改革，戈巴契夫、葉爾欽、雅科夫列夫等改革派領袖先後都有回憶錄出版，儘管彼此之間的政見並不相同，但對改革基本上持肯定態度；而保守派人士，包括國家緊急狀態委員會的成員如前格別烏主席克留奇科夫，亦有與之針鋒相對的回憶錄出版，書中不乏對改革派的否定和辱罵。歷史就是這樣一面多棱鏡，在不同的價值立場之下，展示的「真相」可能截然相反。原蘇聯部長會議主席雷日科夫是保守派的代表人物，因為不認同戈巴契夫的許多改革政策，一九九○年秋天遭到解職。一九九一年六月，雷日科夫在蘇共及政府內部的保守勢力的支持下，出馬與葉爾欽競選俄羅斯總統的職位，結果慘遭失敗，從此不再對政局具有舉足輕重的影響力。

　　也正是這種命運的陰差陽錯，雷日科夫沒有介入「八‧一九」政變，沒有成為千夫所指的罪人。但是，他在內心深處對政變失敗者頗為同情，在意識形態上與他們也大致相同。他堅持認為蘇共並非政變的主導者，「在國家緊急狀態委員會的行動中，並沒有任何有組織的政治力量介入⋯⋯這次『暴亂』對於黨的總部而言是事起倉促。」所以，他認定，政變失敗之後，戈巴契夫宣佈蘇共停止活動是不公正的決定。他對「八‧一九」政變

的本質缺乏清楚的認識，其實質正如政治評論家索科洛夫指出的那樣：「如果說在別的國家製造變亂通常都是一夥兇犯的異想天開，事後他們被投入監獄去過他們一向所過的日子，那麼八月政變則是沒有先例的。這次政變中讓自己觸犯法典中種種條款的，實際上是所有的蘇聯領導部門：強力機構（軍隊、內務部和格別烏上層人物），權力執行機構（內閣），立法權力機關（盧基揚諾夫和「同盟者」），黨的權力機關（蘇共上層人物）。而當一個國家所有上層人物要麼是罪犯，要麼是幫兇，並且他們都在人民面前遭到毀滅性失敗的時候，這樣的國家是無法立足的。」

存在一種所謂的「緩慢改革」嗎？

在回憶錄《大國悲劇》中，雷日科夫指出，自己並不是改革的反對者，只是激進改革的反對者。他認為正是由於戈巴契夫和葉爾欽實施了過於激進的改革，才導致蘇聯解體，民眾生活陷入困境。儘管戈巴契夫和葉爾欽兩人水火不容，但在雷日科夫眼中，他們都是搞垮蘇聯的罪魁禍首。雷日科夫承認蘇聯的制度存在各種問題，也主張蘇聯應當向外部世界開放，但他強調說：「由於我國歷史情況十分複雜，在實施這種變化的時候要多加小心，權衡利弊，以免國家航船顛覆。不論這隻船是什麼船，但它畢竟是我們自己的船。」這種想法，是舊制度中的技術官僚最為典型的觀點：穩定壓倒一切，「我們」的船儘管很破

雷日科夫在《大國悲劇》中攻擊戈巴契夫和葉爾欽是「敗家子」

舊，但要竭盡全力將它維持下去，而不必大刀闊斧地製造一艘新船。雷日科夫集中闡述了他在經濟、政治、內政、外交諸多方面的「緩慢改革」計畫，並為這些計畫未被戈巴契夫採納而感到遺憾。其實，他的這些計畫只限於對舊制度的修修補補，只是給膿瘡上一點止痛藥而已，而不是動手術切除膿瘡——當然，他不會承認舊制度中的若干弊端是必須切除的膿瘡。他所謂的「緩慢改革」，只是在經濟領域作有限的調整，而固守僵化的政治體制，對少數民族採取經濟籠絡，並繼續對西方保持強硬態勢。

雷日科夫是一名出色的工程師和國營企業的管理者，擁有多項專利技術，曾將烏拉爾機械製造廠等大型國企管理得有聲有色。後來，他被提拔到中央主管工業，起草和制定經濟發展的五年計劃。但是，他的胸襟和眼光只限於此。一九八五年，當戈巴契夫上臺的時候，提拔雷日科夫出任蘇聯政府總理。但是，由於知識結構、思想意識和閱歷的局限，雷日科夫看不到蘇聯社會結構的病根，更不用說展開有效的治療了。學者霍布斯邦切中肯綮地指出：「蘇聯政治和經濟管理制度的僵化和用意識形態教條控制人們的思想，導致思想活力與品質下降。在一個思想創新和制度創新極度缺乏的社會，人們不可能隨時適應和解決不斷出現的新狀況、新問題。這就決定了蘇聯在與西方的競爭中難以獲得勝利。」雷日科夫始終反對制度變革，認為僅僅作技術上的調整就可以挽救蘇聯的危機。他不知道，改革一旦啟動，就會發生多米諾骨牌效應，根本不可能繼續將其限定在某一範疇之內。

不改革是等死，而改革是找死

在蘇聯七十三年的歷史當中，對蘇聯的制度架構和社會文化

心理打下烙印最深的有兩個人，一個是史達林，另一個是布里茲涅夫，他們當政的時間也最長。史達林帶給蘇聯的是暴力與恐懼。沃爾科戈諾夫在《勝利與悲劇——史達林政治肖像》一書中對史達林的罪行有如下之總結：「任何一個人都沒有權利剝奪他人的生命。史達林粗暴地踐踏了這個權利。剝奪生命是不可容許的罪行，剝奪幾百萬人的生命更是無法想像的滔天罪行。……史達林在不斷滿足但又無法徹底滿足他那血腥的欲望時，犯下了史無前例的反對自由的罪行：他不讓人們自由地生活和自由地思想。」布里茲涅夫帶給蘇聯的則是謊言與腐敗。在享盡榮華富貴之後，布里茲涅夫們心滿意得地告別人世，他們只要生前牢牢控制權力，哪管死後洪水滔天。於是，蘇共蛻變成為一個分贓集團，而要確保分贓的地位，它不惜對反對者使用暴力。雷日科夫承認：「幾十年來它把權力視為自己的專利，它已經喪失了現實的日常政治鬥爭的能力。結果當一個統一的肌體喪失了自己追優良的品質——戰鬥性，自我犧牲精神，無私奉獻精神……的時候，它衰退了。」他在譴責葉爾欽、揭露葉爾欽也是舊制度的產物的時候，因為對葉爾欽這個最大的政敵的痛恨，無意之間說出了對黨的官僚體系的真實看法：「我還沒見過一個機關幹部，在權力機關裡的經歷對他不會產生某種程度的影響。這種扭曲常常會使人的靈魂變得醜陋，使信仰、理想、希望喪失。」那麼，難道雷日科夫本人就不在這一系統之中嗎？

到了戈巴契夫上臺執政的時候，既沒有任何經驗可以效仿，黨內也缺乏能夠成軍的健康力量。當時，戈巴契夫樂觀地認為，改革運動也包括蘇聯共產黨內部的大改革。儘管教條主義者固執於社會主義比資本主義優越的神話，特別是在一些軍人、國家安全系統人員之間，共產主義是救星的思想根深蒂固，但在史達林

去世之後的二三十年之後，一些理性派勢力得以舒展，教育水準也全面提高，出現了一些批判的自我意識的萌芽。在此背景下，一種新的思潮出現了，那就是站在社會民主性的立場上，去確認公民社會的主要價值。但是，戈巴契夫沒有想到，他的改革觸動了大部分黨政官員的切身利益，他們不是出於理智而支持改革，而是出於私利而反對改革。隨著改革的深入，戈巴契夫成了眾矢之的：激進改革派認為他太守舊，保守派則認為他太冒進。

作為反對派領袖的葉爾欽批評說：「戈巴契夫認為他可以把不可能融合的事務融合起來：共產主義與市場、公有制和私有制、多黨制和蘇聯共產黨一黨專政。」而作為戈巴契夫倚為左右手的、處理實際工作尤其是經濟事務的總理雷日科夫則批評說：「沒有改革的戰略路線，搞得匆匆忙忙，缺少深思熟慮，幾乎所有的事情都是即興而為的產物……他提出的大量口號和綱領都空洞無物，毫無根據，缺乏應有的組織工作。」這樣，戈巴契夫不得不在幾條戰線上疲於奔命。後來，他終於發現，舊制度的滅亡是無法避免的。這也正是雷日科夫對戈巴契夫最不能諒解的地方，雷日科夫因此將戈巴契夫看成黨的叛徒、看成是蘇聯的「不肖子孫」。但是，戈巴契夫這樣做，只是順應歷史的走向而已，正如索爾‧舒爾曼所評價的那樣：「戈巴契夫的最大功勞就是他開始改革的進程以後，終於明白這個體制已經沒有生命力了，經過幾度搖擺，最後拒絕動用坦克和刺刀，讓它去自行毀滅。」

拒絕自我反省的人，必然被歷史所拋棄

與克留奇科夫的回憶錄一樣，雷日科夫在回憶錄中如同世外高人一樣，毫無自我反省，彷彿自己不是那段歷史進程的當

局者而是旁觀者一樣，他的書中處處充滿了對他人的譴責。對於波羅的海三國、烏克蘭和中亞各國的分離，他統統斥之為忘恩負義，用很大的篇幅來追溯在二戰中蘇軍如何將這些弱小民族從德軍的凌虐之下解放出來，卻竭力迴避史達林時代以來蘇聯當局的對各少數民族的歧視與迫害。他故意貶低蘇聯的持不同政見運動，將體制內的改革派如雅科夫列夫和體制外的反對派如索忍尼辛都看成是「自私的個人主義者」以及「西方國家的代理人」，卻一個字也不提及古拉格群島的邪惡。面對蘇聯的歷史，他也缺乏基本的誠實態度，不承認那些黑暗的篇章。他將蘇德之間簽訂的〈李賓斯洛甫－莫洛托夫秘密備忘錄〉和卡廷森林事件等全部視為「謊言」。因為諱疾忌醫而說謊的雷日科夫的這些言論，如同否定納粹大屠殺的言論一樣，只能遭到國際社會和俄羅斯主流社會的唾棄。與克留奇科夫相似，雷日科夫對普丁重整國威的作為寄予厚望，在普丁時代他以議員等身分繼續從政，並於二〇〇四年，在其七十五歲生日之際獲頒彼得大帝勳章。然而，雷日科夫卻忘記了，普丁本人也是認定舊制度必然滅亡的人之一，曾經在東德工作的普丁後來回憶說：「我卻沒料到東德會這麼快就消失，儘管我很清楚這一切遲早都要到來。」當然，東德的崩潰與蘇聯的崩潰互為因果的——在東德及整個東歐發生劇變之後，蘇聯不可能單獨倖存下來。

為了證明自己的正確，雷日科夫將蘇聯解體之後的各獨立國家和俄羅斯的情況都描繪得一片漆黑，甚至使用「夜幕籠罩大地」的標題。他理直氣壯地說，大部分受改革和解體之害的民眾都站在他這一邊，那些獨立國家的民眾也對於脫離蘇聯這個「溫暖的大家庭」而感到懊悔。但是，他卻不願解釋他與葉爾欽競選的時候，儘管手上掌握了相當的黨政資源，卻遭到慘敗，這難

道不是民眾一人一票的選擇嗎？而歐盟的擴大和北約的東擴，卻得到原蘇聯勢力範圍內的許多東歐國家的民眾的熱烈支持，他們為何投向西方的懷抱而不願回歸俄羅斯呢？雷日科夫無言以對。可見，有了選擇權利和選擇自由的人民，不是你想「代表」就能「代表」的。

作為昔日蘇聯政治核心圈子中的人物，在劇變之後的俄羅斯，雷日科夫還能從事政治活動、自由表達批評意見，這本身就是戈巴契夫改革的寶貴遺產的一部分，這本身就說明雷日科夫是他所否定的改革的受惠者。今天的俄羅斯當然還存在若干不確定因素，《俄羅斯史》一書指出，俄羅斯的年青一代一方面擔憂貧窮的擴大，另一方面不滿於新富人的自私和貪婪；他們為犯罪和腐敗擴散感到不安；對政客的承諾或左翼右翼熱烈的政治活動不信任；對模倣和借鑑西方越來越感到矛盾；他們希望俄羅斯成為「正常」、穩定的社會；他們最關心的是為自己贏得體面的人生。他們當中沒有人願意回到史達林時代和布里茲涅夫時代，沒有人願意接受雷日科夫所謂的「緩慢改革」的結果。民意調查和其他調查都表明，大部分俄羅斯人為自己、為國家要求的是「正常的生活」，即經濟穩定有保障，公共安全，受世界尊敬的有能力的政府，自由和社會需要及個人權利都能得到保障的一個有道德的公正的社會，「這是俄羅斯後共產主義簡短的歷史中最令人振奮的發展了」。無論雷日科夫有多麼「心不甘情不願」，他也無法改變這種強大的民意基礎。

二〇〇九年四月二十六日

第三章｜
警察國家的窮途末路
• • •

3.1 被槍決的蘇聯元帥：
動刀之人必死於刀下

俄羅斯作家弗拉基米爾‧卡爾夫參加過第二次世界大戰，並榮獲「蘇聯英雄」稱號。戰後，他從事軍事題材的寫作，八十年代擔任《新世界》主編和蘇聯作家協會第一書記以及蘇共中央委員等要職。他的新作《被槍決的蘇聯元帥》為讀者揭開了蘇聯歷史上最黑暗的一頁：功勳卓著的元帥們並非死於激烈的戰場，而是死於卑劣的政治陰謀和比戰場更加殘酷的政治鬥爭。當我在莫斯科紅場上看到一對對盛裝的新人向無名烈士墓前獻花時，不禁想：那些以叛徒的罪名被處決的元帥們，是否也在被後人緬懷的行列裡？

軍權是所有權力的核心

在極權主義國家裡，軍隊是一切權力的核心，誰牢牢地掌握對武裝力量的控制，誰就牢牢地掌握對整個國家的控制。極權主義國家不存在具有真正制約力量的議會、憲法、司法機構以及作為「第四種權力」的新聞輿論等等，軍隊是提供統治「合法性」的唯一源泉。因此，在這些國家，獨裁者與軍隊是「一體化」的。像史達林、希特勒、佛朗哥這樣的大獨裁者，從來都不會

放鬆對軍隊的控制，屢屢在軍隊中發起血淋淋的清洗運動。蘇聯先後處死五位元帥，後來四人獲得平反昭雪；與之相似，在毛澤東時代的中國，「十大元帥」中有彭德懷、賀龍、林彪等人先後「死於非命」，或被紅衛兵殘酷毆打而死，或在監禁中患重病不予治療而死，或乘飛機外逃墜毀而死。

　　元帥是權力鬥爭中的重要棋子，如果沒有伏羅希洛夫、布瓊尼等元帥的支持，史達林很難在與托洛茨基的激烈角逐中勝出，因為就個人才華而言，史達林遠不如托洛茨基；同樣，如果沒有朱可夫在關鍵時刻的表態支持，赫魯雪夫也很難將馬林科夫、莫洛托夫、卡岡諾維奇等史達林的「老禁衛軍」趕下臺，赫魯雪夫的資歷和黨內影響都不如後者。反過來，最高領袖從來不會完全信任他的元帥們，在鞏固個人權力的時候，為他們浴血奮戰的元帥必然成為犧牲品。俄國思想家別爾嘉耶夫說過：「恐怖制度不僅僅是物質的行為，如逮捕、酷刑、處決，而且首先是心理行為。」對於獨裁者來說，侮辱元帥的名譽乃至剝奪元帥的生命，是向全體民眾顯示自身不可撼動的權威的形式之一。

戰神何以隕落？

　　被史達林親自決定處死的蘇聯元帥中，圖哈切夫斯基、葉戈羅夫和布柳赫爾三人是蘇聯最早一批獲得元帥軍銜的傑出的軍事將領。他們的功勳早在艱苦的國內革命戰爭期間就奠定了，他們都與列寧有深入的交往，並得到列寧的高度評價。可以說，沒有他們就沒有早期的紅軍隊伍，紅軍也不可能在血流成河的國內戰爭期間戰勝白軍和協約國軍隊的聯合進攻。列寧曾親自致電感謝圖哈切夫斯基和葉戈羅夫，感謝他們「拯救了共和國」。然而，

圖哈切夫出生貴族，原為沙皇軍隊中的軍官，因此不被史達林所信任，因德國施行反間計，被史達林下令槍殺

被處決的葉戈羅夫元帥：曾經長期與史達林並肩作戰，是紅軍首任總參謀長

被處決的布柳赫爾元帥：他便是在民國歷史中赫赫有名的「加倫將軍」，曾經擔任孫中山的軍事顧問

史達林時代剛剛拉開序幕，這三位元帥都被冠以「叛徒」、「間諜」的罪名被捕並被迅速槍殺了。在臨死之前，他們都遭到殘忍的拷打和折磨。雖然他們都是鐵骨錚錚、百戰成鋼的鋼鐵漢子，但最後都熬不過去而違心地在認罪書中簽了字。即使是像圖哈切夫斯基這樣「品行高尚、意志堅定」的「戰神」也是如此，難怪貝利亞會得意洋洋地向史達林保證說：「我們沒有拿不到的口供。」

有著貴族血統的圖哈切夫斯基是蘇軍中第一個罹難的元帥。一九三七年六月十一日，法庭對他作了秘密審判，審判進行地極其草率，而且驚人地不公正。上午九時開庭，午飯後不久就宣佈判決。在審判席上就坐的有布瓊尼和布柳赫爾（他是否預感到自己也將遭遇同樣的命運？）兩位元帥，圖哈切夫斯基以及若干遭到誣衊的將軍們面對著戰友坐著。大家都是一起經歷了硝煙和戰火的熟人，這卻是他們最後一次會晤。蘇聯國防部軍史研究所所長、著名軍史專家德‧安‧沃爾科戈諾夫在《勝利與悲劇》一書中寫道：「在法庭成員中未必有人相信他們面前坐著的真是『陰

謀分子和間諜』。我想，就是圖哈切夫斯基和他的同事們在內心深處也會萌發一線希望：組成法庭的人都是二十年來在同一面旗幟之下共同戰鬥過的來的，即使不肯傾聽正義的呼喚，至少也會尊重一下戰鬥的同志情誼的傳統吧……可是當時人們極少利用自己那種時刻存在著的良心發現的機會。這一次也一樣，誰也不沾它的邊。」戰友和部下們就這樣眼睜睜地看著深受軍隊愛戴的圖哈切夫斯基被宣佈處以死刑。

酷刑之下無勇夫

　　元帥們遭受的折磨是駭人聽聞的。由於地位顯赫、身分特殊，擔任作協第一書記期間，弗拉基米爾·卡爾夫不僅接觸到大量機密材料，而且還採訪到許多倖存的當事人，他呈現的罪惡讓我們的心靈為之顫抖。布柳赫爾在被捕之後第十八天便死在了監獄之中，一個健康強壯的人居然在短短十八天之內就死去了，可以想像他受到多大的折磨。後來，當時監獄中的女醫生羅森布姆供認說，她在獄中檢查過布柳赫爾的傷勢：「布柳赫爾的臉上，在眼睛旁邊有一大塊青傷。這一拳打得實在太重，造成他的眼鞏膜出血，所以他的眼鞏膜充滿了血。」而一名獄卒供認說，他看見布柳赫爾的一隻眼球被打得流了出來，昔日威風凜凜的元帥手托著眼球不斷地喊叫：「看，這些惡棍把我打成這個樣子！」布柳赫爾的第一任妻子在同丈夫對質以後，回到牢房告訴難友說，元帥已經被打得面目全非、滿臉血污、神志不清，不停地講一些聳人聽聞的事情。她描述說：「他看起來好像被坦克輾壓過似的。」這樣的情節讓我想起俄羅斯電影《毒太陽》中的主人翁的

遭遇，那個威風凜凜的衛國戰爭英雄，在格別烏特務的拳頭下頓時成了一團爛泥。在布柳赫爾生命的最後時刻，是否回想起自己作為蘇聯最高法院特別審判法庭成員，參與過對圖哈切夫斯基不公正的審判？誠然，布柳赫爾當時一語不發，但他也沒有憑良心辦事，向蘇聯的第一位元帥伸出援手。如同聖經中所說，當你還在那裡精心盤算的時候，那個準備來抬你屍體的人已經走到了門口。

庫利克元帥也是在經受了很長的折磨後被處死的。他的副官海洛作出了令元帥無法翻身的證詞。弗拉基米爾·卡爾夫採訪到八十二歲的海洛，這是一個飽受折磨後倖存下來的老人。海洛講述說：「他們讓我把手放在桌子上，一個個地砸我的指甲。先是左手，然後是右手。手被卡住了，不讓你縮回去。然後就是砸腳指頭。這些虐待狂知道什麼地方最疼。當然還有橡皮棍和其他東西，那是朝背上和肝區打的。折騰了我兩個還是三個星期，記不起來了。」英勇的海洛一直不肯誣衊清白的長官，但到最後，他的精神崩潰了，心裡只想著一件事情——那就是停止苦難。他在所有的審訊記錄上簽了字。在最後一次對質時，海洛看到了昔日風度翩翩的長官，庫利克被折磨得骨瘦如柴，頭勉強抬起來。海洛羞愧地對長官說：「請原諒我，我再也沒有力氣忍受折磨了，我在所有的文件上都簽了字。」元帥艱難地揮揮手說：「算了吧，有什麼辦法……」，他被他為之而奮鬥的蘇維埃政權消滅了。

要麼參與審判他人，要麼遭受審判，有沒有第三條道路呢？那就是自殺。工農紅軍政治部主任加馬爾尼克選擇了第三條道路。圖哈切夫斯基等人被捕之後，老朋友布柳赫爾找上門來，讓他參與對圖哈切夫斯基等人的審判。布柳赫爾走後，加馬爾尼克

對妻子大聲喊道：「我怎麼能夠這樣！我明明知道他們不是敵人！」第二天，布柳赫爾再次上門來，這是最後的通牒，加馬爾尼克依然沒有屈服。布柳赫爾走後，安全人員闖進來，查封了加馬爾尼克的保險箱。他們説，他已經被撤職，而他的副手奧爾謝皮揚和布林都已經被逮捕。這幾個人一走，加馬爾尼克這位有良知的將軍便在書房裡開槍自殺了。他的女兒維多利亞‧揚諾夫娜説：「我想，這一槍是對史達林讓他去當審判自己戰友的法庭成員的回答，也是對無法無天的行為的回答。當時父親根本不可能作出別的回答。母親被捕了，作為『人民公敵』的妻子被判處八年徒刑。後來在勞改營又關了十年，罪名是『幫助人民公敵』。從此我再也沒有見過我的母親，發來的通知說她於一九四三年死在勞改營裡。我被送進幼稚園，成年後作為『社會危險分子』被判了六年刑，隨後開始流放……」這就是勇敢者所需要付出的代價，這足以解釋在那個時代勇敢者為什麼如此稀少。

元帥們的手上也都沾滿了鮮血

弗拉基米爾‧卡爾夫認為，其他四位元帥都是好人，只有貝利亞則是罪有應得。這種說法並不可靠，其他四人手上多多少少都沾上了鮮血，動刀之人死於刀下，也算是冥冥之中上帝的懲罰。只不過貝利亞確實是其中最為卑劣的小人。貝利亞的元帥軍銜不是靠戰功獲得的，而是靠執行史達林的命令殘害無數人而獲得的。按照史達林的女兒的說法，晚年史達林與貝利亞已經分不開了，他們一起操縱著一個罪惡的帝國。弗拉基米爾‧卡爾夫年輕時候就被劃入「人民敵人」的行列，在監獄和集中營中度過了漫長的歲月，走上戰場的時候還是「在押犯」的身分。因此，

他對貝利亞這個撒旦般的特務頭子充滿痛恨，他憤怒地寫道，貝利亞「不僅該遭槍決，要是有可能，甚至該上絞刑架、坐電椅、用鍘頭機鍘掉他的頭，而把所有這些刑罰加在一起對於懲辦他犯下的罪行都嫌輕了」。在評述五位元帥的時候，作者使用的是一種比較簡單、善惡二元論的方法。在我看來，這種看法是有缺陷的，這種缺陷深刻地基於作者本人的知識結構、人生經歷和價值立場。作者並沒有對整套極權制度和史達林的思想遺產進行全面反思，而更多從道德層面分析個人品性的善惡。顯然，貝利亞這個魔鬼是死有餘辜的，而另外四名元帥的悲慘遭遇則讓人同情。但是，在同情之餘，是否應當追問：這些元帥難道不也是專制制度的締造者嗎？

被弗拉基米爾・卡爾夫形容為一代完人、擁有「純潔、直率、高尚」的品質的圖哈切夫斯基元帥，在國內革命戰爭時期以殘酷屠殺而聞名。他既是一個軍事天才，也是一個嗜血屠夫。圖哈切夫斯基的軍隊所到之處，焚燒村莊、處死村民、強姦婦女，實施「三光政策」。圖哈切夫斯基毫不掩飾地對士兵們說：「只有這樣才能讓白匪們魂飛魄散、聞風喪膽！」他充分地理解那場戰爭的性質，自己人之間的殺戮，當然比一戰中與德國軍隊的對峙要殘酷得多。而且這種屠殺不必擔心有輿論的非議──那時候已經沒有所謂的「國內輿論」了，國際社會當然也漠不關心。許多村莊的居民們都說，圖哈切夫斯基的紅軍比白軍更加可怕。同時，圖哈切夫斯基還掀起大肆屠殺俘虜的浪潮，每次大的戰役之後，都有成千的俘虜被立即處死。據一位外國觀察家記述說：「人類自從羅馬以來奉行的戰爭準則全被突破了，這裡只有野獸和野獸之間的撕咬。」當圖哈切夫斯基在被槍決的時候，是否為自己當年的濫殺無辜感到後悔呢？

元帥和將軍們在戰爭之前悲慘地死去了，他們的消失直接導致了蘇軍在二戰初期的潰敗。然而，元帥們的悲劇絕不僅僅是他們本人的悲劇，而是一個國家、一種制度、乃至一種思想體系的悲劇。不能保護一個元帥生命的制度，當然更不能保護每一個普通公民的生命。德·安·沃爾科戈諾夫在反思史達林主義和史達林時代時沉痛地指出：「當我們痛悼數十萬蘇維埃人，祖國的優秀兒女死於非命時，決不能容忍史達林使幾百萬人成為他的罪惡行為的消極同謀者，使他們相信『需要這樣做』。史達林設法預先得到了大批正直公民的一種支持。大規模的鎮壓之所以成為可能，是因為『領袖』造成了暴力的社會慣性，其後果就是告密，喪失原則，謊言和誹謗風行。史達林的這一罪行尤為嚴重。」史達林將這個龐大的帝國打造成謊言帝國。不說謊的人不能在這個帝國生存下來，即便你是曾經指揮千軍萬馬的元帥。在史達林的屠刀之下，當年橫掃千軍萬馬、拯救紅軍於危難之中的圖哈切夫斯基像一隻弱不禁風的螞蟻一樣被消滅了。所以，更準確地說，功勳卓著的元帥們並不是死於刀兵，而是死於謊言，死於恐懼，死於一種已經被毒化的社會關係。

二〇〇四年春初稿
二〇〇五年十一月定稿

3.2 這群搬起石頭砸自己腳的人

一天又一天，默默隱忍

照片上的這群人物

個個一副十足的豬的嘴臉

真讓人忍無可忍

——帕斯捷爾納克

　　我對從事隱秘工作的強力部門保持高度警惕。即便是民主國家的類似機構，如美國的中央情報局和聯邦調查局，也是靠不住的，既然總統都靠不住，這些部門又怎麼靠得住呢？無限的權力會腐蝕當初的理想，會帶來人性的淪喪，美國電影《特務風雲》便講述了一個「手段的卑鄙導致目標的偏離」的故事。慶幸的是，在西方民主國家，存在三權分立的政治架構，情報機構並不單單效忠於總統一人，同時必須受國會的監督；還有自由的媒體和多元的社會輿論、活躍的智庫和人權組織等，都對情報機構的擅權構成嚴密制約。這些國家有健全的法治體系和大量的人權律師，可以隨時針對特權部門的違法行為展開司法追查。在好萊塢電影中，上至國家安全顧問，下至中情局局長，經常是反派人物——不是保衛國家安全的英雄，而是危害國家安全的罪犯。我們無法想像，在一部蘇俄電影中，格別烏的高級官員是壞人。

在蘇聯的歷史上，格別烏一直都是蘇聯制度強有力的心臟。它不僅是一個鎮壓機構，而且參與權力分配，歷史學家皮霍亞在《蘇聯政權史》一書中指出：「重要職務的任命一定要通過國家安全委員會成為一條必須遵守的規定。」蘇聯政權的極權主義本質，決定了格別烏這一機構在權力體系中擁有至高無上的地位。這個部門使用過許多名稱——全俄肅反委員會、國家政治保安局、國家政治保安總局、內務人民委員部、國家安全人民委員部、國家安全局、內務部、國家安全委員會……這些變幻莫測的名稱讓歷史學家亦深感迷惑，但一般人談及它時，還是習慣使用「格別烏」這一通俗的名字。格別烏的歷史與蘇聯的歷史相伴始終，其建立始於列寧奪取政權之前，至史達林時代發展至顛峰，戈巴契夫實行「公開化」政策之後影響力明顯下降，最後終結於蘇聯解體之時。

曾經長期擔任格別烏第一副主席的菲・博布科夫在回憶錄《格別烏與政權》中寫道：「現在，除了記錄這一機構在歷史上的黑暗篇章和它所犯下的樁樁罪行之外，還有　個更加重要的任務：那就是理解、思索對人民進行鎮壓這個問題的形成機制。」要洞悉蘇聯政權的變遷，就必須認識格別烏這個神秘機構，同時也必須瞭解管理過這個機構的特務頭子們。他們中許多人的言行思想，至今仍然隱藏在黑暗之中。他們深味人心的軟弱，迷信恐怖的力量。這些人是如何攫取權力的？是如何運作權力的？又是如何被權力吞噬的？他們並非生來就是魔鬼，他們是如何成為邪惡的奴僕的？這些謎底需要一一揭開。

格別烏先後有過二十四位權力熏天的領導者，其中有人差點登上權力的頂峰（貝利亞），有人獲得正式的加冕（安德羅波夫）。其中有五人遭到槍決（亞戈達、葉諾夫、貝利亞、梅爾庫

洛夫、阿巴庫莫夫），另一些人被關進監獄或者長期受到嚴密監控（具有諷刺意義的是，對他們無情拷打和羞辱的，正是昔日唯唯諾諾的手下）。對此，作家、歷史學家列昂尼德‧姆列欽指出：「這個工作尚未給任何人帶來殊榮。」在他所著的《歷屆格別烏主席的命運》一書中，不僅引用了許多不久前剛剛解密的格別烏文件，還收錄了作者與若干前格別烏高級官員、黨務工作者以及重大歷史事件當事人的談話記錄。

姆列欽試圖通過這本「專史」來說明「為什麼在重要歷史關頭俄羅斯和蘇聯的歷史走上了這樣而不是那樣的道路」。在中國的《史記》中，早有類似之文本，即〈酷吏列傳〉。後人評論說：「太史公傳酷吏十人，皆以嚴峻為能事，至今讀之，猶使人不寒而慄。」閱讀到〈酷吏列傳〉的時候，讀者不禁為人性之沉淪而傷痛。酷吏的傳統在中國歷史中一直是顯性的存在，而記載和批判酷吏的傳統在近世以來卻中斷了。「他山之石，可以攻

玉」，《歷屆格別烏主席的命運》是一本寫給獲得新生的俄羅斯人、讓他們瞭解自身歷史的鉅著，同時也是一面送給中國讀者的鏡鑒，因為俄羅斯離中國並不遙遠，正如作者在前言中所說：「我真誠地希望，這本書對你們瞭解居住在比中國更北一些的、不僅在地理上，而且在歷史命運方面與你們國家聯繫在一起的人民的生活有所裨益。」

姆列欽《歷屆格別烏主席的命運》：大部分格別烏主席都死於非命

那個任勞任怨地提箱子的人

在蘇聯的權力結構之中，格別烏是一個「鶴立雞群」的特殊部門。蘇聯有冠冕堂皇的憲法，可是格別烏執行「公務」時根本不遵守憲法；蘇聯有龐大的科層化的官僚機構，但格別烏完全獨立於黨政機關之外，只對最高領導一個人負責。即便是作為「獨立王國」的軍隊和軍工系統，也無法避免格別烏的滲透與監視。歷屆蘇聯領導人，其權力是否鞏固的標誌便是：他能否絕對控制格別烏。一個政治領袖想實現對權力的壟斷，不僅需要牢牢控制黨務機關、政府部門、軍隊和經濟要害部門，還要親自掌握情報機構。

蘇聯的歷史證明：如果特務頭子忠心耿耿，領袖就可以放手整肅政敵，政敵也只能甘為砧板上的魚肉。在史達林時代和布里茲涅夫時代，領袖「絕對權威」的樹立，與其說來自領袖的人格魅力，不如說來自他們對特務頭子的垂直操控、以及由特務機構製造的彌漫於全社會的恐怖氣氛。相反，如果特務頭子心懷不軌，領袖的地位也就岌岌可危。一度豪情壯志、意氣風發的赫魯雪夫，之所以黯然下臺，在那場不流血的政變中起重要作用的，就是當時的格別烏頭子謝列平（令謝列平沒有想到的是，因為功高震主，他迅速遭到布里茲涅夫的清洗）；而「八‧一九」政變，如果沒有格別烏頭子克留奇科夫的策劃，根本不可能發動。

革命領袖與特務頭子，就像一枚硬幣的兩面。在蘇聯歷史上，像列寧與捷爾任斯基、史達林與貝利亞這樣一直「親密無間」的情形並不多見。一般情況下，領袖常常會有「喜新厭舊」之想法，會及時消滅知情太多的特務頭子，並將他們當作替罪羊拋出去，以消除百姓之怨氣，通過此一招術再次贏得民心。比

如，史達林親手簽署處決亞戈達和葉諾夫的命令，多少受害者為之感激涕零。另一方面，特務頭子們往往也會因為主人的替換，在一夜之間失去其「一人之下、萬人之上」的權勢乃至生命。比如，貝利亞和他的兩個接班人梅爾庫洛夫和阿巴庫莫夫，都成了史達林的殉葬品。製造恐怖的人最終被恐怖所吞沒，這不能不說是一個最無情的諷刺。

用一個形象的比喻，如果說領袖是主人，那麼格別烏頭子就是其豢養的一條得力狼犬。明朝的皇帝最信任的特務頭子，一般都是宮中的太監，太監恰恰具有此種兩面性：對皇帝忠心耿耿，對其他人無不以敵人視之。在格別烏首腦的名單上，緬任斯基是繼捷爾任斯基之後的第二任，他的性情便像明朝擔任錦衣衛頭子的太監一樣，在主人面前忠順如鴿子，在他人面前陰險如蛇。緬氏的任期橫跨列寧時代和史達林時代，是一個罕見的自始至終博得兩個性格迥異的領袖歡心的「革命元老」。

十月革命之後，緬任斯基領導在全國範圍內的消滅富農階級的行動，短短幾年間便殺害近千萬無辜的勞動者，其規模之龐大遠遠超過後來納粹黨衛軍頭子希姆萊主持的消滅猶太人的計畫。在托洛茨基走紅的時候，緬任斯基以為托洛茨基最有可能接替列寧成為最高領袖，便主動討好之。托洛茨基看不起他的人品，冷淡對待他的投靠。於是，他轉而投入史達林的懷抱，成為史達林的心腹，並幫助史達林給托派以致命打擊。托洛茨基沒有想到，這個「小人」居然有如此巨大的能量——後來驅逐托洛茨基出國的行動，就是由緬任斯基親自實施的。托洛茨基在回憶錄中半是懊悔半是憤怒地譴責說，這是一個「卑鄙無恥的小人」。

與列寧關係密切的早期社會民主黨人格‧亞‧所羅門，在回憶錄中記載了一段列寧與緬任斯基之間鮮為人知的往事：在

第一次俄國革命以後，緬任斯基奉列寧之命僑居布魯塞爾並搜集情報。其後，在列寧到達的那一天，緬氏去火車站迎接領袖。那天，所羅門親眼目睹了當時的情形：「我首先看到的是滿面病容的緬任斯基，而後才看見列寧。緬任斯基病得不輕，他從巴黎來時整個人都因腎病而浮腫了……樣子相當可怕：眼袋下垂，雙腿腫脹。」這個病夫卻沒有忘記如何在領袖面前表現，所羅門寫道：「使我非常驚訝的是，因為病痛而全身發抖的緬任斯基，從下了電車以後一直滿頭大汗地為列寧提著沉重的大箱子，而列寧卻輕鬆地跟在他後面，手裡只拿著一把傘。我趕緊奔上前去，一把從緬任斯基手裡搶過那馬上就要掉在地上的箱子，知道提重東西對他的病會多麼有害，一面埋怨列寧：『您怎麼能讓他提這麼重的大箱子，您看看，這人連喘氣都夠困難的！』列寧的反應是這樣的——『他怎麼了？』並滿不在乎地問：『難道他有病嗎？我還真不知道……不要緊，不要緊，他會好的。』」

這充滿戲劇性的一幕，給所羅門極大的震撼：「從此，我不禁記住了列寧性格中的這一面：他從來不注意別人的痛苦，他根本看不見別人的痛苦，對別人的痛苦全然不放在心上。」他明白了：由這樣的領袖所領導的革命事業，並非傳單上描述的那麼純潔和崇高。革命成功之後，所羅門沒有返回俄國——儘管他同列寧關係良好，曾給予列寧很多幫助，回國後會有一官半職。正是緬任斯基為列寧搬行李的那一幕，給他太大的刺激，他看到人可以被權力異化到何種程度。一直僑居海外的所羅門，也因此避免了在殘酷的黨內鬥爭中被清洗的命運。

在所羅門筆下，緬任斯基是一個任勞任怨、溫文爾雅的「老好人」。然而，當緬氏掌權大開殺戒的時候，他才明白看錯了這個臉上堆滿微笑的人。緬氏畢恭畢敬地服侍列寧，他會用同樣的

態度對待其他人嗎？不，他只會不要命地幫列寧一人提箱子（當然，列寧去世之後是史達林）。他越是有病，越是要賣力地去提箱子，惟其如此才能顯示出忠誠來。列寧顯然不是沒有觀察到緬氏的病體（以列寧的聰明和細心，哪會出此種疏漏呢？），列寧是在故意考驗這個部下的忠實程度。列寧與緬任斯基之間「心心相印」，革命隊伍裡需要這種「考驗」與「被考驗」的關係。領袖所任命的特務頭子，必須就是「那個任勞任怨地提箱子的人」。由此看來，所羅門好心的提醒，簡直是狗尾續貂、畫蛇添足。

緬任斯基幫列寧提箱子的那一幕，是剖析領袖與格別烏頭子之間微妙關係的精彩鏡頭。也許連所羅門本人也沒有想到，他提供的這個細節成了透視蘇聯社會制度時的一個深刻註釋。

一九三四年，緬任斯基在更大的風暴來臨之前死於心臟病，只活了六十歲——作為一個剝奪數百萬人生命的特務頭子，他很難保持心臟的健康和精神的健全。但是，相比於若干死在刑場和絞架上的後任者們來說，他幸運地死在病床上，並獲得官方舉辦的隆重的葬禮。

緬氏之後，史達林親自選擇的幾個特務頭子，比緬任斯基更加殘酷、也更加忠順——從亞戈達到葉諾夫再到貝利亞，他們的上臺都得以消滅前任以及前任控制的數以萬計的鷹犬為前提，而史達林的寵愛與否，則是他們本人生與死的風向球。

「他們只是裝扮成人類」

雅科夫列夫領導過為遭受政治迫害的公民恢復名譽的工作，他從堆積如山的檔案中發現了迫害機制運轉的秘密：「要理解列

寧、托洛茨基、史達林、捷爾任斯基等領導人，就應當知道關鍵性字眼——權力。對某些人來講，權力就是一切。在爭奪權力的道路上，這些人對自己的人格以及他人的痛苦不屑一顧。他們抓住建設共產主義——最幸福的社會這一思想不放。你們想要成為幸福的人嗎？（有誰不想呢？）那麼就要做出犧牲。他們說了：為了達到這個目標，要不惜一切手段。於是，一千五百萬人在國內戰爭中犧牲了。舉例說，把孩子們從父母手中奪走去做人質，難道正常的頭腦能想出這種辦法來嗎？」在這樣的邏輯之下，格別烏們理所當然地以「鋼鐵戰士」自詡。

我在華盛頓「間諜博物館」的門口，看到過捷爾任斯基的銅像，且被懸掛在半空中。據說，此塑像購自俄羅斯。蘇聯解體之後，若干捷氏塑像都被當作廢銅爛鐵處理掉，只有這個賣了好價錢。滄海桑田，歷史那麼無情，也那麼公正。捷爾任斯基是秘密警察制度的開創者，有人罵他是「身穿騎兵大衣的山羊鬍子劊子手」和「吸血鬼」，也有人歌頌他是「神聖殺手」和「鋼鐵戰士」。這位奉命組建「契卡」的元老級革命家，上任伊始就提出：「槍決的權力對『契卡』無比重要。」他在沙皇的監獄中服刑十一年，比誰都明白鎮壓機構是如何運作的。從親身經歷中，他汲取了哪些經驗教訓呢？他清楚地記得自己和同志們怎樣輕而易舉地矇

蘇維埃政權草創時期的捷爾任斯基，是馮玉祥最崇拜的蘇聯領袖

騙沙皇的獄卒，他不會重覆敵人犯過的錯誤。

與列寧一樣，捷爾任斯基精力過人，可以持續工作幾天幾夜；同時，他又極其廉潔，雖然身居高位，卻過著清教徒般的生活，大部分時候只依靠麵包和清水維持生命。有人說，他們是一群純粹的理想主義者，與法國大革命時期的領袖羅伯斯庇爾一樣，他們革命的方式可能有錯誤，但人品不容置疑。

捷爾任斯基的外甥女曾以讚許的口吻講過一件小事，後來該故事成為幾代少先隊員們學習的教材。那是一九一九年鬧饑荒的時候，有一次捷爾任斯基跑到姐姐家去做客，姐姐知道他想吃什麼，就給他烤了軟餅。他脫下大衣，坐下來要吃時突然問道：「你在哪兒弄到的麵粉？」

「在哪兒？麵粉只能到投機倒把商那兒去買！」姐姐回答說。

他勃然大怒：「什麼？我沒日沒夜地同他們鬥，你可倒好……」抓起軟餅就扔到窗外去了。

如果這個故事是真實的話，我並不認為捷爾任斯基的行為值得讚揚。他扔軟餅的行動，究竟是緣於理想主義的真誠，還是對制度非理性的捍衛？如果說捍衛一種制度必須以犧牲親情和戕害人性為代價，它的合理性在哪裡？如果說一種制度連讓居民吃軟餅的權利都不能保障，它宣揚的高調有幾分真實？捷爾任斯基們從來都要求別人作出犧牲，並認為有這樣做的權力。然而，歷史上從來就沒有出現過此種事實：卑劣的手段達到崇高的目的。

當喀琅施塔港發生反對蘇維埃政權的起義之後，捷爾任斯基下令說：「要無情地鎮壓叛亂者，無需任何憐憫之心，槍殺他們，俘虜也包括在內……」在這個拼命追求權力的變態狂面前，普通人的生命僅僅是一堆資料。緊接著，「不遲於明天要用窒息

性毒氣向戰列艦『彼得羅巴甫洛夫斯克』號和『塞瓦斯托波爾』號發起攻擊」的命令也發出了。

捷爾任斯基是這台巨大的絞肉機的總操作師。最高領袖一聲令下，他便對任何人都不手軟。一九二一年，一批在安全機關工作的共產黨員給中央發去一份聲明，揭露該部門的內幕：「共產黨員一旦參加懲罰機構的工作，就不再是一個人，而是變成一架自動運轉的機器，連思想也是機械化的，因為他不僅被剝奪了自由說話的權利，而且連個人思想的自由也沒有了，他不能自由陳述自己的觀點，說明自己的需要，因為這一切都會招致槍決的威脅……」捷爾任斯基認為，內部出現異議分子是不能容忍的，該機構的工作人員只要懂得一個詞就行了，那就是「服從」。他立即下令從肉體上消滅這群敢於說真話的部下。

這一切僅僅是開始。隨著三○年代的到來，絞肉機以更高的效率運轉起來，「古拉格群島」遍佈這個世界上面積最大的國家，數千萬人成為無名的囚犯，數百萬人成為隸屬於格別烏的集中營的管理人員──獄卒是格別烏系統中數量最大的一部分人。與此規模相比，納粹的集中營簡直是小巫見大巫。古拉格群島是蘇聯計劃經濟的典範，這是一套符合現代化工業流程的金字塔式的體系。無情的獄卒們是如何說服自己幹這些髒活的呢？科學家和人權活動家薩哈羅夫感到相當困惑：「我有時在想：這些人的動機是什麼？功名心？恐懼？工作的欲望？權力？信念？我找不到答案。」作家拉茲貢找到了答案，他在鐵窗後熬過漫長的歲月，對管理監獄的格別烏分子有深入的觀察：「他們同我們不是同類，他們跟過去的我們不是同類，跟現在和將來的我們更不是同類。同這些人不可能建立人與人之間的關係，對待他們不能像對待人那樣，他們只是裝扮成人樣。同他們交往時也要假裝把他

們當人看。但你要堅信，他們只是假裝成人⋯⋯」比起囚徒的異
化來，獄卒的異化更加徹底。

在領袖眼裡，他們是「鋼鐵戰士」；在人民眼裡，他們是
「假扮成人類的人」。領袖就需要一支由這樣的人組成的特殊隊
伍，而人民厭惡這些狐假虎威的「假扮成人類的人」。在恐怖彌
漫在生活的每一個角落的蘇聯社會，只有成為「鋼鐵戰士」才能
獲得權勢、金錢和榮譽。黨的宣傳機構賦予「鋼鐵戰士」以崇高
的人格力量，從少先隊員的誓詞到入黨的效忠，都在鼓勵人們成
為絞肉機上的一顆忠實的螺絲釘。與此同時，領袖在克里姆林宮
那陰暗幽深的角落裡發出獰笑，人民只能過著「道路以目」的生
活。

「我們不能遵紀守法」

格別烏的工作原則之一是：「我們不能遵紀守法。」換言
之，他們認為自己獨立於法律之外。不受法律約束，固然讓這群
人為所欲為，備享權力頂峰的榮耀；另一方面，也讓他們搬起石
頭砸了自己的腳：正是因為他們帶頭踐踏法律，法律再也不能為
他們提供保護。當領袖要消滅他們的時候，便只能坐以待斃。

特務頭子亞戈達在被槍決之前寫下一份懺悔書，這大概是他
一生中唯一一次說真話：「我一生戴著假面具，冒充布爾什維
克，而我從來就不是。裝假的不只我一個，幾乎所有的人，首先
是史達林。只要仔細，就會發現俄國舞臺現在發生了什麼事！掌
握著一切權力的人都像在舞臺上一樣在做戲，他們戴著假面具，
幹著隱秘的勾當，裝模作樣忠於偉大的黨，對領袖卑躬屈膝，而
心裡想的卻是把那些領袖們拖到盧比揚的地下室，並把他們扔下

去，到處都在演戲！為人民服務是演戲！」真是「鳥之將亡，其鳴也哀；人之將死，其言也善」。

蘇聯法治的敗壞，始於格別烏的胡作非為。亞戈達生前親自制定若干審訊條例，允許審訊員以酷刑對待囚徒。據《推倒紅牆——克里姆林宮最新檔案解密》一書披露，格別烏經過多年經驗的積累，摸索出一套嚴密的、行之有效的刑訊程序 ——

第一道程序：在逮捕後，馬上對被逮捕者大喊大叫和謾罵，往臉上吐唾沫。經過車輪戰之後，大部分人都會老老實實承認莫須有的罪行。「你是壞蛋！」——「是，我是壞蛋！」「你是特務！」——「是，我是特務！」「你想暗殺史達林同志！」——「是，我想暗殺史達林同志！」於是，事先編造好的供詞便可以毫不費力地強加給神志不清的人們。

第二道程序：鞏固已經取得的「成績」。招認的人獲得較好的飲食。給他抽菸，把親人送的東西轉交給他，甚至允許看書看報。審訊人員竭力讓犯人明白：現在想翻案已不可能，為了挽救自己，必須「誠懇地悔改」。犯人得到紙和筆，可以在監獄裡寫交待材料。

第三道程序：如果犯人要在法庭受審，那麼還要進行輔助性的工作，即預先「排練」。審訊者會告訴犯人：「你要知道，如果翻供，我們將慢慢折磨你，把你一塊塊撕碎。」或者用更有效的方法：「你應該好好想一想，是你一個人承擔罪罰好呢，還是讓你的妻子和孩子們同你一起被處死好呢？」法庭的場景往往會被彩排多次。

第四道程序：用一套很複雜的方法對犯人進行「個別對待」。對告密的犯人進行訊問，向他佈置下一步的工作。對所謂的「集團」、「中心」案件則採取另外的辦法，同時對所有犯人

突擊審訊，對某甲威嚇，對某乙勸説，對某丙許願，對某丁則綜合使用上述方法，使他們離心離德、相互揭發。

　　任何一個公民落入格別烏之手，他所有的權利都自動喪失。為了迅速完成上級交待的任務，格別烏對工作人員的濫施酷刑不僅不制止和處罰，反倒默許和鼓勵。格別烏的一位基層官員、內務人民委員部加格拉地區副處長瓦西里耶夫，在一份給總部的報告中説：「許多被捕者在審訊中被打死了，然後出具他們是因心臟麻痺或其他原因而死的證明，有位被捕者遭到連續幾個小時的毆打，打得他渾身上下體無完膚。做了一個繩套，把它套在這個人的生殖器上，然後拉緊繩套。魯澤少校對工作人員説：『誰不打人，誰自己就是人民的敵人！』」他還寫到好些細節：有一次，他走進一個偵查員的辦公室，偵查員正在審訊犯人。瓦西里耶夫問：「他表現怎樣？」偵查員一邊填寫審訊紀錄一邊答道：「他不説話，不想承認懷有敵意。」瓦西里耶夫仔細看了看被捕者，發現此人已經死去，還發現犯人被打破的後腦勺上有血。偵查員拿出兩指厚的一條已盤起來的鋼絲鞭，承認用這條鞭子鞭打過被捕者，但並沒有發現人已被打死。這份報告送交總部之後，瓦西里耶夫這個「心腸太軟」的人卻遭貶職。

　　史達林經常向格別烏頭子發出如下命令：「你們要拿到我希望得到的口供。」貝利亞立即回答説：「我們沒有拿不到的口供。」上行下效，格別烏官員們「創造性」地發揮領袖指示：命令手下對犯人採取車輪戰，被捕者一連數天、甚至數十天不許睡覺，不給吃飯和喝水，不許上廁所，長時間暴露在強烈的燈光、陽光下，或者放在冰天雪地裡，迫使他在精神和肉體上崩潰。他們還發明種種酷刑：將被捕者吊到拷問架上，把身體拉長，往嘴裡灌熱水；打斷四肢；用橡膠皮帶抽打犯人；挖掉犯人的眼睛，

捅破耳膜；由數個身強力壯的行刑手連續不斷地搧犯人的耳光；將四周都釘滿鋒利釘子的特製箱子扣在犯人身上，迫使犯人蜷縮在地上，只要一動就會被釘子刺得遍體鱗傷；將電線綁在男性犯人的生殖器上，長時間通電。

為了讓囚犯屈服，格別烏還在精神上肆意侮辱犯人，讓他們失去自尊和自信，從而不由分說承認強加給他們的罪行。審訊人員強迫犯人吃掉別人的小便和大便，讓犯人長時間學狗叫，或者學狗一樣進食。他們剝光女性犯人的衣服，讓其赤裸著在男性犯人和審訊者面前走動，要求她同時唱歌、跳舞，甚至將赤裸的女性犯人關進透明的玻璃櫃裡展覽，命令內務人員或者男性犯人強姦之。凡能想到的酷刑，格別烏的工作人員都會實踐一番，並互相交流「經驗」。這樣就實現了貝利亞們所保證的「沒有得不到的證詞」。後來，當貝利亞被捕並受到審訊的時候，他反問說：「如果『遵紀守法』，我們還能做什麼呢？」他並不認為這有錯，只是懊悔沒有先下手為強，在他看來，弱肉強食、成王敗寇就是世界的公理。

如同中國古代酷吏「請君入甕」的故事一樣，發明這些審訊程式的人後來大都被圈進其中。亞戈達和葉諾夫相繼垮臺之後，都遭到以前的部下的殘忍折磨。貝利亞的副手和繼任者阿巴庫莫夫，在被捕之後晝夜都被戴著手銬，只是在吃飯時手銬才被打開。白天他的手被銬在背後，夜裡才允許把手銬在前面。阿巴庫莫夫一生都致力於摧毀人的意志和生命，他本人的意志和生命也被以同樣的方式摧毀。在被槍決的前夕，他癱軟如一團爛泥，連執行槍決的普通士兵都肆意凌辱這個昔日的大人物。

「最大的敵人就是有文化的人」

　　格別烏是知識分子的敵人，俄國知識分子從未遇到如此殘暴的剋星。一九二二年，在去哥爾克村探視列寧之後，捷爾任斯基下令系統地搜集著名知識分子的材料，包括作家、醫生、工程師、農藝師等，情報都集中在「知識分子處」裡。他指示：「對每一個知識分子都應該建立專門的卷宗。每一組和每一分組的材料都應由在行的同志加以全面的研究闡述……材料應經過各方面的核實，以使我們得出的結論是準確無誤和不可更改的。」他強調說：「應該記住，我們處的任務不僅僅在於把一些人驅逐出境，而且在於修正對待專家們的路線，也就是說要分解他們的隊伍，把那些準備無條件支持蘇維埃政權的人提拔起來……」這就開創新政權搜集知識分子「黑材料」的傳統，材料之廣泛和翔實，遠遠超過沙皇的密探。不久，在國家政治保衛局的倡議和史達林的支持下，蘇維埃政權採取非常行動：構成俄國文化核心和精華的一百六十多人，包括作家、教授、哲學家、詩人、歷史學家，統統被驅逐出境。

　　進入三十年代，知識分子們連被驅逐出境的機會都失去了，他們只能在古拉格群島裡悲慘地死去。在赫魯雪夫時代，對知識分子的迫害相對減少，但統治階層依然將知識界看作心腹大患。知識分子一獨立思考，統治者便如坐針氈。在長達數十年「敲打知識分子」的運動中，格別烏充當「先鋒隊」的角色。他們認為，知識分子是在大堤上打洞的白蟻，要鞏固蘇維埃政權，就要消滅這些不服從者。他們力圖將知識分子的想像力和創造力降低到一個「安全」的水準上，其結果是造成全體社會成員（包括領袖本人在內）的智力急劇下降。恐怕「雄才大略」的列寧做夢也

不會想到，他並不喜歡的、粗魯無文的史達林會成為其接班人，而極度平庸、死愛面子、離開講稿就不會說話的布里茲涅夫會穩穩當當地掌權近二十年！

在歷屆格別烏主席中，安德羅波夫最有知識分子氣質，他愛好文學、音樂和繪畫，甚至還寫一點詩歌，與許多作家、畫家、演員和科學家都是私人朋友。他關心過文藝理論家巴赫金的案件，允許這名七十二歲、身患重病的老學者回到莫斯科，繼續其學術生涯。然而，在更多時候，他向知識分子們張開尖銳的牙齒。這個表面上文質彬彬的格別烏首領，向中央倡議成立一個格別烏的獨立部門，其任務是「與境內的思想顛覆活動作鬥爭」。「思想顛覆」是一個很難理解的概念，也是一頂隨便往知識分子的頭上扣的帽子。一九六七年，格別烏的一個新部門——第五局成立，專門對付「持不同政見者」。這個部門立即接手薩哈羅夫和索忍尼辛的案件，安德羅波夫親自指導案件的推進，並要求文化和外交部門「頂住西方的壓力」。

由此看來，格別烏領導人的「個人素質」，並不能影響整個機構對知識分子的態度。寄希望於某個格別烏領導人的文化修養高一些、仁慈一些、明智一些，是不切實際的。學者羅伊‧麥德維傑夫在《人們所不知道的安德羅波夫》一書認為：「格別烏的威力和影響力從來沒有像安德羅波夫領導它的十五年間那麼大。當時不僅就一般工作人員和情報員、各總部和特工小組、派駐機構和特殊部門的數量來說，甚至就工作效率來說，這個組織都達到了各國特工史上前所未有的規模。」文質彬彬的安德羅波夫在對付他不喜歡的知識分子時，最為惡劣的做法是大力發展「政治精神病學」。有八十萬人被戴上「精神病患者」的帽子——他們中的大部分人不僅沒有精神病，而且是傑出的知識分子，因為批

評蘇聯社會而被當作精神病人，強制送進由格別烏管轄的精神病院接受「治療」。這是世界醫學史上最齷齪的一頁。

安德羅波夫由格別烏頭子升任蘇共總書記之後，並未放鬆對格別烏的控制，他提名由切布里科夫擔任格別烏的首領。切布里科夫對待知識分子比前任還要苛刻，一九八三年十一月，他給中央遞交了一份題為〈關於小型文藝節目演員某些演出的消極傾向〉的報告，該報告指出：「據國家安全委員會獲悉，最近一些談話類的小型文藝節目演員把思想有害、美學方面也令人置疑的幕間劇列入自己的演出節目，這些節目以詆毀的形式對膾炙人口的蘇聯愛國主義軍事題材的文學作品和電影作品進行諷刺性的模倣。」這些指責主要針對演員哈扎諾夫。對此，姆列欽反問道：「沒有任何人讓他們去評判一個演員的演出。難道研究『思想有害、美學方面也令人置疑的』小型文藝節目也屬於格別烏的職責範圍嗎？但切布里科夫同他的前任一樣，認為自己有責任監視生活各個領域的意識形態是否健康。」格別烏的觸角不放過任何領域，他們說這是「防微杜漸」，要將一切不穩定因素扼殺在搖籃裡。

然而，蘇共領導人和格別烏分子們沒有想到的是：當知識分子在恐懼中停止其科學發明、文學創作和藝術創造的時候，整個蘇聯便失去了發展的內在動力。恐怖僅僅是一劑強心針，只能暫時緩解社會的腐化墮落，而無法從根本上解決社會的病根。恐怖不可能真正成其為一種「信仰」，玩弄恐怖這張牌的人總以為自己玩得得心應手，最後卻都玩火自焚──當格別烏把知識分子當作敵人的時候，它卻成為知識分子乃至所有蘇聯公民的敵人；當恐怖以國家政策的名義出現的時候，人們便對這個國家失去忠誠和尊敬。恐怖統治最終將迎來失效的那一天，一旦那一天到來，

恐怖手段便成為一桶澆到火焰中去的油。而作為特務組織的格別烏以及它所依託、所服務的極權體制也就走到了盡頭。

　　尋求光明的人，終將擁有光明；而習慣黑暗的人，終將被光所灼傷。俄羅斯的知識分子們，在那些最不自由的時代裡，在死亡與恐怖的陰影之下，依然保持旺盛的創造力與想像力，創作出世界上第一流的文學藝術作品，他們中的許多人，雖然肉體被消滅，作品卻流傳下來，被民眾口耳相傳，並彪炳史冊；而那些冷酷無情的特務頭子們，雖然享有過控制同胞、折磨同胞、殺害同胞的權力，卻沒有一個人擁有免于恐懼的自由，他們成為黑暗的一部分，大都死於非命，並被釘在歷史的恥辱柱上，接受永遠的詛咒。是的，文明從來不會被那些邪惡力量所戰勝。

二○○七年十二月

3.3 史達林是殺死史達林的兇手

《史達林晚年離奇事件》：書中探討了史達林死亡的真相

史達林去世前夕，一場政治迫害運動又拉開序幕：一九四八年八月三十一日，史達林的新寵、政治局委員日丹諾夫突然死於心臟病。史達林親自批示調查這起猶太醫生的「謀殺計畫」。此後四年間，大規模的逮捕席捲而來……因為一九五三年三月五日史達林的突然死亡，這場新的迫害才戛然而止。美國歷史學家喬納森‧布倫特和俄羅斯歷史學家弗拉基米爾‧諾莫夫合著的《史達林晚年離奇事件》一書，即是對這段幽深的歷史隧道的第一次「探險」——在某種意義上，歷史研究的性質類似於地理探險。

在二十世紀的大獨裁者中，希特勒早已臭名昭著，而史達林無論在俄國在西方都還有一定的迷惑性。一九三三年，當大饑荒在蘇聯大地上蔓延，數百萬人悲慘地死去的時候，《紐約時報》記者杜蘭第卻在報導中說：「不存在什麼饑荒或者類似於

饑餓的現象，將來也不可能有這樣的事。」他因為這樣的報導而獲得普利茲獎。一九三八年，美國大約一百五十個娛樂工業中的顯赫人物，簽署聲明支持「近來莫斯科幾次審判」，讚揚這些審判具有「壓倒性的大量證據，確定無疑地使被告有罪的推測得以成立。」一九四一年，羅斯福宣稱，在蘇聯，宗教自由是一項基本權利，其實在無神論統治之下，蘇聯根本沒有宗教自由可言。前美國駐蘇聯大使威廉・布利特對羅斯福坦率講了蘇聯的本質，也講了史達林本人，時間是在一九四三年德黑蘭會議前夕，羅斯福卻回答說：「我只是有一種直覺，史達林不是那種人。他是一位行為高尚的貴人，他會和我合作，以成就一個民主與和平的世界。」這些人如果看到《史達林晚年離奇事件》一書，他們的觀點會因此而改變嗎？他們對蘇聯和史達林的「好感」還會繼續下去嗎？

這是是一本將史達林請下神壇的著作。儘管這兩位作者在結束全書時謙虛地表示「在對史達林的『醫生陰謀』這個巨大迷宮的調查中，我們僅僅到達了深淵的入口」，但由於他們對最新獲得的大批秘密文件案——包括俄羅斯聯邦總統檔案、俄羅斯國家社會和政治史檔案、俄羅斯聯邦安全保衛中心檔案和俄羅斯國家當代史檔案——的引用、分析和比較，使該書不時帶給讀者「山重水複疑無路，柳暗花明又一村」的驚歎。兩位作者不僅是歷史學家，而且對心理學、政治學、社會學等領域都有研究，所以這本書不單是晚年史達林的「專史」，更是五十年代蘇聯社會的全景式掃描，並「為二十世紀的災難文學作出了無價的貢獻」。

蘇聯的反猶運動堪比德國納粹

布倫特和諾莫夫兩位歷史學家發現了一個令人震驚的真相：反猶主義不是希特勒一個人的突發異想，它根植於歐洲歷史文化中源遠流長的種族主義傳統；反猶主義也不只是納粹獨有的意識形態，它在史達林那裡同樣是一記「殺手鐧」。猶太人的厄運並沒有隨著納粹帝國的滅亡而中止，蘇聯和東歐的數百萬猶太人在此後的數十年間仍然被當作「賤民」和「人質」。該書記錄了史達林對猶太人根深蒂固的偏見，以及由此延伸出來的作為蘇聯國家政策的反猶主義——蘇聯的反猶運動，與納粹同步且持續到五十年代，其規模比納粹有過之而無不及。然而，這場人間悲劇卻被遮蔽在冷戰的鐵幕背後，並沒有像納粹那樣被曝光和批判。

在布爾什維克革命早期，許多猶太人熱情地支持布爾什維克黨人的事業，革命領袖中有托洛茨基、季諾維也夫等諸多猶太人，被新政權奉為圭臬的「馬克思主義」的創始人馬克思也是猶太人。直到今天，西方世界中的左翼知識分子的班底，也是以猶太人為主。但這些事實這並不能改變俄羅斯大國沙文主義對猶太人的蔑視。史達林掌權之後，蘇聯的反猶主義搖身一變成為反西方意識形態的組成部分。正是在這個維度上，史達林與希特勒心心相印、惺惺相惜。一九四一年，德國突然入侵蘇聯，史達林只好暫時收斂起反猶思想，允許居住在蘇聯的猶太人組建反法西斯組織，接受西方國家猶太人組織的捐助。但是，在二戰結束之後，蘇聯勢力急劇膨脹，史達林又重彈反猶老調，繼承希特勒未竟的事業。

史達林本人是格魯吉亞人，在俄羅斯帝國內部，屬於高加索人的格魯吉亞人是遭受歧視的少數族裔。然而，吊詭的是，史達

林卻是一個狂熱的俄羅斯民族主義者，他對尋求民族獨立的格魯吉亞人的鎮壓從來不曾手軟，對猶太人更有根深蒂固之偏見。這種變態心理，也許與他內心深處的自卑——包括對矮小的身材和醜陋的外形的自卑有關。當然，當反猶主義上升為一種國家意識形態的時候，它又包含其鞏固權力、打擊政敵的意圖。史達林最大的政敵托洛茨基便是猶太人。他認為以美國為首的西方國家

殷海光是二十世紀中國最傑出的自由主義思想家

敵視蘇聯，是因為這些國家在猶太人的控制之下。他玩弄的宣傳口號中有兩個常用語——「階級至上」和「民族光榮」。中國自由主義思想家殷海光在為所譯之《怎樣研究蘇俄》一書作的註解中指出：「近代的極權戲，不是以『階級』作班底，便是以『民族』為賭本。『階級至上』與『民族光榮』都是具有懾服力的旗幟。現代民主自由的社會沒有看見這些旗幟。因為，民主自由社會所注重的是一個一個的人。凡超越有血有肉的人，而逕直高唱『階級』或『民族』者，背後常藏有不可問聞之動機。」在史達林這裡，「民族光榮」之民族，顯然不包括猶太民族在內。

　　一九四七年，在史達林的授意下，蘇聯社會從上到下展開聲勢浩大的反猶運動。納粹剛剛覆滅兩年多，史達林便拾起希特勒的牙慧。《真理報》上發表社論嚴厲譴責猶太人的思想和文化破壞了俄羅斯的「純潔性」，指責猶太人是不會效忠蘇聯的西方間諜，一旦蘇聯與美國開戰，都會成為帝國主義的「第五縱隊」。

從一九四八年到一九五三年，成千上萬猶太知識分子、科學家、政治領導人、軍官、公務員和商人被傳訊，失去職位，被公開嘲弄、辱罵、威脅，甚至監禁，許多人被處決。一個耐人尋味的細節是：在德軍圍攻莫斯科的危急時刻，史達林並未命令將莫斯科藝術學院內的華格納肖像取下；而在五○年代初，猶太作曲家孟德爾松的肖像卻被從藝術學院大廳移走。

日丹諾夫的突然死亡，成為史達林將反猶運動升溫的絕佳藉口。就像此前史達林利用基洛夫、高爾基等人的死亡，製造一環扣一環的冤案來清洗政敵一樣，此刻又故伎重施。負責克里姆林宮醫療工作的猶太醫生們紛紛被捕，四個規模空前龐大的集中營動工興建，莫斯科街頭巷尾都在傳說領袖要將所有猶太人都遣送到西伯利亞去，甚至還發生毆打排隊買食品的猶太婦女的浪潮，「對醫生們的審訊計畫在三月進行，但是到二月，許許多多甚至連牲口都不適合住的牢房被草草建成了，圍繞莫斯科的那些專用鐵軌上滿是貨運列車，大城市的民兵總部正在列出要驅逐的公民的名單——那些具有百分之五十和百分之百猶太血統的人。」

這次種族清洗不是領袖的心血來潮，正如歷史學家拉津斯基在《史達林密聞》中所指出的那樣：三○年代的大清洗是打算建立一個絕對服從「當家的」的一統社會，並為國家作戰爭準備；而一九五三年計畫的清洗也有同樣的目的，意味著恢復被戰爭損害的紀律，使逐漸消失的恐懼感重新籠罩全國。儘管蘇聯的猶太人早已歸化，對史達林的統治並不構成威脅，但他要通過迫害猶太人來向西方釋放一個強烈的信號：我是比希特勒還要危險的對手。一九五三年二月，史達林最後一次出席黨中央主席團常委會，猛烈抨擊那些擔心西方對醫生案件反應的戰友們，辱罵他們是「瞎眼貓」，並說了一句讓所有人驚恐萬分的話：「我們誰都

不怕，如果帝國主義者們想打仗，那對我們來說，現在就是最好的時機。」只是因為死神迅速降臨，史達林的戰爭狂想曲才未能奏響，否則這「第三次世界大戰」又將是人類的一場浩劫。

史達林企圖利用反猶運動來達到一箭雙鵰的效果：對內是樹立「敵人」的靶子，獲得黨政軍系統和老百姓對「偉大領袖」的支持，進而徹底清除殘存的老戰友們。他親自指示審理猶太醫生案件的特務頭子：「如果醫生們不從實招來，你就到他們現在待著的地方去。」所謂「從實招來」，便是將莫洛托夫、米高揚、卡岡諾維奇和伏羅希洛夫等「久經考驗」的政治局委員們統統網羅其中——在史達林的最後歲月裡，這四位老戰友再也沒有被邀請到其別墅去，史達林已經將他們看作「死囚」。對外則是故意挑起西方對蘇聯的反感，按照史達林的邏輯：既然猶太人是美帝國主義的代理人，那麼打擊猶太人，就會疼在美國主子的心上。如果西方由此掀起新一輪的反蘇浪潮，那麼就趁機發動第三次世界大戰。

這場可恥的反猶運動是蘇聯歷史上被遮蔽的一頁。即便是索忍尼辛這樣挺身反抗暴政的文豪，也對猶太人的遭遇關注甚少。西方學者獲得的資訊更是殘缺不全。直到今天，俄國當局亦不曾向長期遭受不公正待遇的猶太人公開道歉。一生致力於追查納粹殘餘分子、搜集受害猶太同胞資料的維森塔爾指出：「人類的歷史是一段充滿各種罪行的歷史。因為歷史會重演，所以資訊是一種防禦。通過它，我們能夠，也必須建立一個避免重蹈覆轍的防禦機制。」布倫特和諾莫夫所從事的事業與維森塔爾是相同的：不僅是哀悼無辜受害的逝者，更是要將產生暴政的機制徹底埋葬。

人們對史達林的「怕」遠遠多於「愛」

　　《史達林晚年離奇事件》一書，用無數細節回答了「魔鬼是怎樣煉成的」和「凱撒王國是怎樣建立的」之疑問——製造「猶太醫生」冤案的命令是由史達林親自下達的，實施者是國家安全部的將軍和偵察員們；一個大魔頭之下，有成千上萬小鬼為之效勞。該書細緻地梳理了作為至高無上的領袖的史達林與蘇聯金字塔式的權力結構之間「雞生蛋、蛋生雞」般的複雜關係。「猶太醫生」冤案是史達林個人基於虐待狂和被虐待狂的矛盾心態而製造出來的鬧劇，卻被各級黨政官僚、軍隊、安全部門、宣傳和教育機構忠實地執行；看到自己的命令得到暢通無阻的貫徹，史達林越發自信和狂妄，變本加厲地展開殺人計畫。這一惡性循環遂變得不可收拾。

　　史達林是怎樣成為「當家人」的？這個沒有受過完整教育、沒有尊嚴感和道德感的流氓，是如何成為「不朽的導師」的？或者用俄羅斯思想家別爾嘉耶夫的方式提問：「為什麼數量巨大的人們，在體力上佔有優勢，卻要一致同意服從一個人或者一小批人，如果這些人握有權柄的話？」為什麼俄國文化傳統中的健康力量，為什麼那些具有人道主義情懷的「好人」，無法阻止史達林作惡？通過研究史達林晚年如何遙控權力，作者得出如下結論：「立足於這個國家的最高處，史達林擁有絕對的權力。他之所以能做到這一點不是因為這個國家賦予了他絕對的權力，而是因為他成功地找到了使這個國家脫離合法化的方法。」換言之，史達林一個人讓整個國家「流氓化」和「黑幫化」了。這個領土廣袤的大帝國，是史達林一個人的帝國，「在他生命的最後年頭裡的『醫生陰謀』成了達到這個目標的、他手中最有力的武器，

它赤裸裸地表明了史達林的權力不是從國家和它的制度中產生的，而是從那個允許他操縱國家和國家制度的隱秘的體制中產生的。」史達林的權力來自於一套比寫在紙面上的蘇聯憲法更重要的「潛規則」。他用催眠的方式鞏固絕對權力，「醫生陰謀」案件正是實現催眠的最佳材料。

史達林沒有朋友，所有人都被他看作潛在的敵人。他決定收拾哪個人，會做得天衣無縫，而且借他人之手完成。他先是在同特務頭子的交談中，針對某個高級官員或將軍隨意說兩句不滿的話。特務頭子心領神會，隨即下令搜集一切材料，通常是犯人的口供。供詞都是嚴刑拷問出來的，其中包括關於那些尚不準備逮捕的人的供詞。一九三九年一月十日，發給各州委、邊疆區和民族共和國共產黨中央第一書記的密碼電報上，有史達林的親筆簽名：「聯共（布）中央委員會作出如下說明：經中央批准，自一九三七年起允許在內務人民委員部的工作中採取體罰手段。」此後，嚴刑拷打被合法化。安全部的人都知道，所有供詞遲早都用得上。材料立即上交給史達林，他建議政治局審查並給出意見。意見永遠只有一個：撤銷一切職務，開除黨籍，逮捕歸案。史達林聽完同志們的講話，表示「同意大家的意見」。不過他還要補充一句：「真可惜，一個不錯的幹部。」在此過程中，他是最出色的演員和導演。

晚年的史達林更加密集地逮捕親人、故人以及身邊工作人員的家人，他越來越多疑，他要以此來考驗他們的忠誠，考驗他們的忠君感情。作為名義上的國家元首的加里寧、作為外交部長和政治局委員的莫洛托夫、以規劃莫斯科城和修建莫斯科地鐵而獲得聲譽的老戰友卡岡諾維奇、每天都在他身邊忙碌的秘書波斯克列貝舍夫以及其他許多人，對於家中發生的災難只能不露聲色。

史達林在觀察他們的行動，對於他們不發怨言感到滿意。史達林下令將波斯克列貝舍夫的妻子勃‧索洛蒙洛芙娜逮捕，最終將這位可憐的婦女、兩個孩子的母親槍斃了。可是，這兩個孩子的父親每天都在史達林身邊連續工作十四至十六個小時。這種令人震驚的不道德的殘酷行為，表明史達林離正常的人性多麼遙遠。在這位偽君子的假面具後面沒有任何神聖、高尚、正派的東西，他在酷似恐怖影片的生活中高超地扮演了一號反派的角色。

晚年的史達林本應是一名待在精神病院中的病人，這個病人卻主宰著國家的命運：他說所有的猶太人都是壞人，全國上下便一起說所有的猶太人都是壞人；他說某個親密戰友是美國的走狗，全國上下便一起說這名革命元勳是美國的走狗，這就是《動物農莊》裡出現過的場面，這就是絕對權力的可怕──「權力自己在播種惡，常常成為惡的由來。因此就需要有新的權力，以為此設立界限。但隨後，為惡的權力的統治設立了界限的那個權力本身又成為惡的。這一循環是沒有出口的。」史達林的作惡，踐踏了民主和法治的原則，毒化了社會的精神氛圍。

史達林將個人崇拜推展到頂峰。然而，與其說人們「愛」他，不如說是「怕」他。讓民眾「害怕」的統治，其實無比脆弱。歷史學家德‧安‧沃爾科戈諾夫在《勝利與悲劇──史達林政治肖像》一書中分析說：「史達林的生與死證實，作為個人專政表現形式的獨裁在歷史上是非常脆弱的，它會隨著獨裁者的死亡而滅亡、消失。史達林永遠不能也不願明白，真正自由的社會不是一個人居於頂端的金字塔的底座，而是每個人都能自主地參加選擇本身命運的聯合體。」由此，英國哲學家波普樂觀地斷定，獨裁者和獨裁制度必然敗亡是歷史規律：「所有的獨裁者都有敗亡的一天。所有的獨裁統治在道德上都是站不住腳的。民主

的基本道德原則：這種統治形式可以通過不流血的手段來更替政府。獨裁統治在道德上犯了錯誤，因為它迫使一個國家的每一個公民——違逆他們較好的判斷，違逆他們的道德信仰——似乎只能保持緘默，跟惡魔合作。」史達林做夢也不會想到，就在他死去之後不久，赫魯雪夫便在蘇共二十大上發佈秘密報告，蘇聯社會開始了「非史達林化」的進程。

自作孽，不可活

　　一九八五年，戈巴契夫在反思蘇聯歷史時沉痛地指出：「史達林主義不僅限於迫害者一方，甚至將那些犧牲者弄得陷入了精神的墮落。」戈巴契夫寧願失去史達林體制所賦予的權力，也要讓國人告別扭曲人性的史達林主義。蘇聯解體之後，他仍然欣慰地宣稱：「面對於親友的目光，我一點也不感到愧疚。將俄羅斯從恐怖中解放出來，將政治犯解放出來，而且，打破了那將一個國家變成一個大監獄的鐵幕，這一切不正是我艱難地沽者挺過來的收穫嗎？」正是史達林將整個國家變成殘酷的鬥獸場，本書引用一份官方文件的記載：古拉格群島中的許多囚犯處於「健康幾乎崩潰和心理極度壓抑的狀況」，這份文件略帶感情地寫道：「許多人失去了他們做人的尊嚴。」兩位歷史學家不無感歎地說：「失去『做人的尊嚴』的豈止是醫生們，這個處於極度的不信任和國家暴力的持續威脅之中的社會，到了文明能夠忍受的極限，它破壞了全體人民的『做人的尊嚴』，構成了對全球文明的威脅。」

　　撒旦的身邊需要一群小鬼的幫助。史達林最懂得如何驅使小人，將他們榨幹後再消滅掉。格別烏的歷屆領導都被「當家的」

除掉，可還有那麼多人前仆後繼地追求這一令人畏懼的職位。史達林重用許多「戴著白手套的侍者」，比如安全部副部長和專案重案調查局局長留明。留明的一個同事描述他是「一個半開化的、愚笨的、天性上自我中心的騙子，他可以為了自己的需要把死的說成是活的」。留明肆意折磨落入他手中的犯人，包括他的前老闆阿巴庫莫夫，第一次審訊這個安全部前部長時，他毫不留情地一拳打在其嘴巴上。留明持續審問那些年邁的醫生，導致多人死亡。他不怕同事的譴責，因為「老大哥」欣賞這種殘忍。這個沒有受過完整教育的農民子弟，這個曾因貪污而被免職的農村合作社圖書館的管理員，剛剛三十八歲就火箭般地升任安全部副部長，「他懂得那個更大的官僚政治體制，並且自己完全是他的工具──他的行為反映了這些比他更有權勢的人的行為。他的成功是以犧牲他人為代價的，他害怕他對別人作過的事最後落到自己的頭上。最終果然如此。」兩年之後，留明被逮捕並被處決。

維辛斯基也是史達林重用的爪牙。他身材不高，敦實健壯，戴一副眼鏡。史達林很喜歡這位蘇聯總檢察長的口才。他的長篇大論的起訴書使坐在被告席上的人全身癱軟，大部分人在最後發言中只能對指控表示同意。由於辦理布哈林案件賣力，根據史達林的建議，維辛斯基被授予列寧勳章。他通常會以這樣慷慨激昂的話語結束宣判書：「在我們的頭頂上，在我們幸福的國家的上空，我們的太陽將依然明亮而喜悅地閃耀著它那燦爛的光輝。我們，我國人民，將繼續在我們親愛的領袖和導師──偉大的史達林領導下，沿著清除了舊時代最後的垃圾和污垢的道路前進……」如果說希特勒是一名不成功的畫家，那麼維辛斯基則是一名不成功的抒情詩人，他的宣判書即便是宣判死刑，也寫得如此煽情，激起法庭上安排好的聽眾們的熱烈鼓掌。

史達林親手打造了整套極權制度，並將權力牢牢掌控在手中；當這套制度僵化定型之後，他本人亦成為牢籠中的困獸。像一手遮天的毛澤東晚年經常感歎「沒有自由」一樣，史達林也時常向身邊的工作人員爭取「自由」，這不是故作矯情，而是生活的實況。僵化的體制將領袖變成最大的囚徒，領袖是作繭自縛。晚年的史達林很少在公共場合露面，越來越深居簡出。他在會見高級官員時，臉色陰沉，不苟言笑，問題也東一榔頭、西一棍子，讓人摸不清楚他心中究竟在想些什麼。他故意製造這種高深莫測的氛圍。他會突然之間將某人從「近衛軍」的圈子裡剔除出去，不動聲色地晾在一邊。莫洛托夫、貝利亞、赫魯雪夫等人都有過此種遭遇，因而惶惶不可終日。這是自凱撒以來帝王們喜歡的伎倆。只有少數與史達林一起生活的人，才多少瞭解他內心的想法。史達林的女兒斯韋特蘭娜·阿利盧耶娃在回憶錄《只有一年》中寫道：「『一起車禍』是我父親在下屬向他彙報執行情況時提出的一個官方說法。父親覺得到處都有陰謀，到處都是敵人，這已經是一種病態，一種迫害狂 —— 源於空虛和孤獨。他極其殘酷地反對這個世界。」父親在女兒眼中居然是此種形象，這是何其可悲。

古語說得好：自作孽，不可活。史達林是這樣一種「下流人」：他為權力而生，為權力而死。他經常像訓斥寵物一樣對戰友們說：「你們沒有了我怎麼辦？像貓一樣完蛋？」然而，像貓一樣完蛋的是他自己：當他中風之後摔倒在別墅的地板上時，最後一刻擁有的意識，一定是上帝對他的嘲弄——正是他親手製造的「猶太醫生」案件，使克里姆林宮的醫療系統陷入癱瘓，甚至使他本人喪失最佳療救時機。殺死史達林的是史達林本人：他殺死了一批最優秀的醫生，當他中風倒地的時候，身邊已經沒有醫

生了。警衛不敢不經過中央主席團委員馬林科夫、貝利亞、赫魯雪夫等人的同意就叫直接醫生。當這幾個人接到報告先驅車來到現場之後，亦驚慌失措，經過緊張而漫長的討論，才決定招來著名的心臟病醫生盧科姆斯基教授。此時距離史達林失去知覺已經十二個小時，最好的搶救時機已經失去，史達林的身體部分癱瘓了，並喪失了言語能力。就在醫生搶救的最後時刻，同僚們卻離開他，去召集會議瓜分他留下的權力真空。赫魯雪夫在回憶錄中這樣描述史達林的最後時刻：「一個身材魁梧的大漢開始為他按壓，想辦法恢復他的呼吸。說老實話，我很可憐史達林，那個大漢完全是折磨他。」

劊子手不應被懷念

史達林死掉了，史達林主義卻沒有死亡。在這個幅員廣闊的帝國中，表面上是「解放全人類」、「全世界無產者聯合起來」的崇高理想，事實上卻是小人當道、好人遭殃、謊言遍地、良心泯滅。犯罪活動以國家的名義批量實施，魔鬼以救主的姿態撫摸著孩子的頭顱。這是一個邪惡的「反義社會」——報紙上的每個詞語都必須置換成反義詞。這樣的生活損害了每個人的心靈與肉體，無論是參與者還是旁觀者，無論是沉默者還是說謊者，無論是受害者還是反抗者。猶太醫生以及形形色色的受難者的呻吟與呼喊，從囚室的最深處傳來，從字裡行間中傳來，直到今日。當我閱讀著這血跡斑斑的書頁時，暗自告訴自己——我們不能接受魔鬼的誘惑和邏輯，將自己抵押給魔鬼，讓魔鬼為人類打造一個地上的伊甸園。如此，人類必將陷入萬劫不復之深淵。

歷史學家沃爾科戈諾夫指出，史達林的一生與死證實了許多

永恆的真理。歷史的深淵對於每個人都是同樣的深淺，但死者跌落下去的回聲可以成為善或惡的呼喚和證明。史達林必然跌入到地獄的最底層：「我們愈是瞭解史達林，就愈是深信，他命中註定要成為歷史上最可怕的惡的化身之一。無論多麼美好的意圖和計畫都不能為慘無人道的行為辯護。史達林以自己的一生再次證明，如果政治不與人道主義結合，甚至美好的、高尚的人類理想也能走向反面。」曾經強大無比的蘇聯帝國，一夜之間就解體了。一九九一年十二月二十五日綴著鐮刀斧頭的紅旗從克里姆林宮的旗竿上落下的瞬間，與一九五三年三月五日史達林在別墅中倒下的瞬間，具有同樣的戲劇性和內在關聯性。

史達林殺害了無數醫術精湛、心地善良的猶太裔醫生，更破壞了蘇聯社會的道德倫理和信任感。他未能如願以償地活到「萬歲」，當他死在自己的屎尿堆中之後，赫魯雪夫迅速開展了「非史達林化」運動——這場運動隨著赫魯雪夫的倒臺而被布里茲涅夫所中止，直到八十年代中期戈巴契夫的「新思維」和「公開化」時期才得以完成。

今天的俄羅斯，史達林已經不能繼續禍害人民了。在我訪問俄羅斯期間，在廣袤的大地上從未見到一尊史達林的塑像；而在史達林時代，其塑像像森林一樣佈滿城市和村鎮。我與幾名俄羅斯大學生聊天的時候，他們說，史達林殺害的民眾比納粹殺害的還要多，劊子手是不會被人們懷念的。如今，史達林在俄羅斯是一個臭不可聞的名字——這就是我對歷史的信念所在。

二〇〇五年十月十七日初稿

二〇〇九年五月十四日定稿

3.4 那張奪走人民靈魂的審訊桌

　　中國人一談起蘇俄文學，就是從普希金到索忍尼辛一路數下來，偏偏當代部分是一個空缺。而要走進當代俄羅斯文學，從一九九二年開始設置的最重要的文學獎項——「俄語布克獎」是一扇重要的視窗。一九九三年第二屆俄語布克獎得主馬卡寧，是少數在蘇聯解體前後均保持了旺盛的創作熱情的優秀作家之一。馬卡寧對解體前後蘇俄社會的批判與揭露，直接繼承了俄羅斯文學中從果戈里到契訶夫的偉大傳統，也就是將人性的解剖與制度的解剖結合起來，具有一種入木三分的力度，因而被譽為「當代的果戈里」。

　　一九九三年，馬卡寧以中篇小說《審訊桌》一舉擊敗了其他幾部大部頭的長篇而奪魁。這部分量並不重的作品，究竟有什麼魅力讓評委們一致投票給它呢？這部小說就像是一幕布景極其簡單的話劇——在舞臺的中央，除了一張鋪著呢子、中央擺放著長頸玻璃瓶的桌子以外，什麼也沒有。但是，單單靠著這張桌子，就足以讓所有「從那個時代過來」的蘇聯人心驚膽戰——這種擺設的桌子，通常是格別烏審訊所謂的「犯人」時候使用的桌子，誰被抓到這張桌子前面，誰就如同進入地獄一般。這張桌子上沒有任何令人毛骨悚然的刑具，但這張設置不乏溫情的桌子本身就是一件最可怕的刑具。它是一種象徵，象徵著那個將大部分奉公

守法的公民都當作敵人來監視、防範和迫害的時代，象徵著那個信奉「契卡主義」和史達林主義的時代，象徵著那個人權和人格尊嚴受到肆無忌憚的傷害的時代。馬卡甯從這張桌子開始寫起，也就牢牢抓住了那個逝去不久的時代的魂魄。換言之，那張桌子就是龐大的蘇聯帝國「穩定」的根源，不過這種「穩定」乃是犧牲了公民的基本人權、公民的創造力和想像力的穩定，也

《審訊桌》以不動聲色的筆墨再現了格別烏肆虐的時代的恐懼

就是一種「停滯的穩定」——它只是為了保護少數高官已經實現了的「共產主義」式的生活而已。最後一任格別烏主席巴京卡在回憶錄《擺脫格別烏》中指出，格別烏是專制制度的基礎，「沒有這一基礎，這個制度簡直就不可能存在。它一直是一個國中之國，它曾試圖強迫人們相信他們並不相信的東西……它把恐怖行為提高到國策的地步。」馬卡寧的中篇小說《審訊桌》正是以高度濃縮的藝術表現手法，形象地揭示了舊制度的不合理性和非人性。

一張桌子，奪走過多少條人命？

這一次，坐在被審訊者位置上的是一個無名的老年公民。他本來是一個如履薄冰地在極權制度下生活的老實人，這樣的人物曾經多次出現在果戈里和契訶夫的作品之中——在沙皇統治

下，他們是「沉默的大多數」，或者是「諂媚的大多數」，是守財奴，是套中人，是謹小慎微的小公務員；但是，在史達林體制下，他們連沉默的權利都不能保有，而必須成為黨的忠心耿耿的「螺絲釘」。這位老人和他的大部分同齡人一樣，一生中接受過無數次審訊，他最熟悉的家俱，不是自己每天晚上睡覺的床，而是格別烏審訊室裡那張普普通通的桌子。一天晚上，老人接到了一個電話，命令他第二天清晨到那個讓所有人都心驚膽戰的部門去接受審訊。老人雖然沒有像比他更膽小的某些人那樣立即就跳樓自盡，但他也嚇得夜不成眠。夜深人靜的時候，他回憶起自己一生中接受過的一百四十二次審訊，而明天的審訊將是第一百四十三次。

老人還回憶起那些審問過他的人，那些人全都是沒有名字的人，他們只有屬於那個龐大部門的「番號」。但是，老人依稀記得其中一些人的特徵，比如最兇狠的那個審訊員就是「有危險的年輕的狼」——他就是如今中國最受歡迎的小說《狼圖騰》中所宣揚的「比誰更狠」的生存守則的忠實實踐者，「他隨時隨地都想咬人一口。他一點也不考慮為了自己的目的，也就是自己的油水而審時度勢。因為他的抓捕習慣已經根深蒂固，像本能似的，已經是他的本質。倘若你精疲力竭，倒了下來，你的隨便什麼就該被咬掉。」與「兇狠的狼」搭配著出現的，必然有一位仁慈的老人。他們是缺一不可的，一個扮演紅臉，一個扮演白臉，配合得天衣無縫。慈祥的老人通常會這樣對待被審訊者：「當他們把你鞭打夠了，折磨夠了，他會把你抱起，像抱著個孩子，表示心疼。他會表示憐憫。別人折磨你，侮辱你，而他卻會抱起你，說：『你太遭罪了，孩子。這是必要的，孩子。我沒有別的法子……』」審訊者中還會有一個愛提問題的傢伙，他微笑著一

個問題接一個問題地問，問的大都是似乎微不足道的問題，比如你喜歡看足球嗎，比如你的妻子的生日，比如你的孩子的家庭作業，然後再突然來將你的軍。審訊者中還會有一個典型的「黨員」，他是一副養尊處優、悠閒安寧的樣子，有病的心臟藏在脂肪的褶皺之中，他會和藹地對你說：「朋友，我可不是法官，我是黨派來幫助你的，我只是想知道你的思想歷程，對，你的思想歷程……」他的發言就像是在作政治報告。在審訊中出現過的，還會有一個永遠都不苟言笑的書記員，有時偶爾還會出現一兩位美麗或者不美麗的女性。總之，對於被審訊者來說，他們都像神一樣高不可攀，因為你的命運掌握在他們手上。

明天的審訊像一座大山一樣壓在老人心頭。老人的精神崩潰了，他恍恍忽忽地走上街頭，走向那棟熟悉的大樓。他騙過守門人，走進那個熟悉得不能在熟悉的房間──「我在一把椅子上坐下。我只有一個想法，既不是作為審問者，也不是作為受審者坐在那裡，而只是平等地坐坐，沉默無語，繼續在半昏半暗中看著他們全體，並猜想誰是誰。」然後，老人打開燈，他在完全滿足於桌子和椅子的擺法的同時，輕聲地笑了起來。「我感受到一股非同尋常的衝動：心中充溢著各種感情，我的手掌已經放在桌子上，我彷彿在用手掌壓擠呢子和桌子的表面，引起舊桌子的反抗。在某種激動中，我甚至輕輕地用拳頭敲它……」以前，桌子是他的主人，現在他是桌子的主人。這是他平生第一次有資格伸手去拿桌子上放著的長頸玻璃瓶，他可以來喝玻璃瓶中的水了。玻璃瓶放得很遠，他努力去夠它，就在他用力的那一瞬間，多年來飽受壓榨和恐懼的心臟終於迸裂了……

主人翁倒在桌子上，桌子成了他在世界上最後一刻的朋友，成了他的一口棺材。

「契卡主義」就是將所有人民當作敵人

　　這是一個簡單的故事，據說故事的原型來自於對公眾開放的格別烏檔案館中一份短短的報告。任何一個作家的想像力都無法超過那個時代的荒謬與黑暗，馬卡寧所做的僅僅是像歷史學家那樣記錄真實的時代而已。包括小說的主人翁在內的從那個時代走過來的所有人，都已經被異化，被桌子所異化——他們的生活離不開桌子，儘管桌子代表著恐懼，但恐懼本身已經成為他們生活中必不可少的部分。巴京卡敏銳地指出，蘇聯社會存在的秘訣便是不斷地製造恐懼氣氛：「以人民的名義『保護』人民，與人民的『敵人』鬥爭，這種從人民那裡篡奪來的權力，是由不得人民作主的。不是由人民，而是由黨來確定，誰是敵人，敵人是永遠需要的。沒有敵人的話，這種體系就會變得毫無意義。因此，『契卡主義』，這就是根據一個臆造出來的方便公式，經常不斷地尋找敵人：『誰不跟我們一道，誰就是我們的敵人。』『契卡主義』，就是經常不斷、不受任何限制地偵察和以暴力鎮壓每一個人，只要他不能納入布爾什維克黨思想體系那個僵硬的模式。特工機關的思想體系不是與法律，而是與執政黨的意識形態完全融合，這就是『契卡主義』。」可以說，短短的《審訊桌》與宏大的《古拉格群島》一樣，都是對「契卡主義」的血淚控訴。與索忍尼辛直截了當地譴責和批判不同，馬卡寧以一種極其內斂的方式，不動聲色地講述這個苦澀而冷峻的故事，從而凸現出那個時代最真實的冰山一角。

　　蘇聯的統治者們過於迷戀格別烏的力量，也就是「審訊桌」的價值，他們認為可以利用「審訊桌」來實現長治久安，利用「審訊桌」來禁止老百姓思考和言說。著名異議知識分子羅伊‧

麥德維傑夫在《人們所不知道的安德羅波夫》一書中披露，長期擔任格別烏頭子、後來登基成為蘇共總書記的安德羅波夫，曾經建議在地方和中央建立一個格別烏的獨立部門，其任務是「組織反間諜工作去與境外的思想顛覆活動作鬥爭」。以布里茲涅夫為首的政治局贊成此建議，一九六七年底格別烏就建立起一個新的部門——第五局。麥德維傑夫分析說，雖然「思想顛覆」這個概念讓人很難、或者根本無法下一個單一的定義，但在蘇聯仍然明文規定了種種不一而足的「思想罪」。在蘇聯的法律文獻和俄羅斯蘇維埃聯邦社會主義共和國刑法典的說明文字中，可以看到這樣的話：「思想顛覆是指那些作用於人們的思想感情的手段，其目的在於破壞、損害和削弱共產主義思想體系的影響，在於削弱或分裂革命運動、民主解放運動和社會主義制度，並且是通過合法的或非法的途徑利用誹謗性的、偽造的、或者有傾向性的材料去實現，以造成意識形態方面的損失。」這是什麼法律呢——公然說即便你使用「合法」的手段來傳播你的思想，當局仍然可以定你的罪，只要你所表達的觀點跟「官方」的不一樣！對此，麥德維傑夫一針見血地指出：「我們可以看出，這些論斷與六十年代蘇聯社會的性質有密切關係。那個時期的蘇聯社會可以說是強制控制思想的專制社會，而不是民主社會。」正是這樣的法律，讓格別烏成為蘇聯社會的「無冕之王」，讓「審訊桌」成為蘇聯人民日常生活中重要的象徵物，讓無數像小說中的無辜老人一樣的公民背著「敵人」的罪名恥辱地死去。

一個靠著「審訊桌」維持穩定的社會，一個將公民當作「敵人」的社會，肯定不可能是一個長治久安的社會。科學家瓦爾加院士經歷過牢獄之苦，他對匈牙利共產黨的領導人馬加斯說過：「正派的人不去當偵查人員或是秘密警察。只有社會渣滓才去那

裡，這些傢伙感興趣的當然不是事業，他們關注的是自己的功名，他們儘量多地懷疑他人，努力把他人投進監獄，直到最後營造出這樣一種氣氛：所有人都像是可疑分子，都像是懷疑者和被懷疑者。」審訊桌的存在，敗壞了人與人之間的信任關係，將每個社會成員阻隔成孤立的個體；審訊桌的存在，破壞了人們的想像力和創造力，讓人們失去了生活的熱情。那些造訪蘇聯的西方知識分子觀察到一個同樣的現象：這個社會沒有一點詩情畫意，它乏味地讓人窒息，而長久生活在其中的人們，早已麻木不仁。

專制制度傷害所有的人，包括為它工作、為它服務的人。當蘇聯解體、蘇共解散的時候，巴京卡發現：「蘇共已經威信掃地，就連幾乎人人都是黨員的格別烏的工作人員也不肯出來保衛它了。」審訊者的日子也不好過，他們自己隨時隨地也可能被轉移到被審訊者的位置上。對於馬卡寧和絕大多數俄羅斯人來說，今天的俄羅斯社會儘管存在著這樣那樣的缺點，但畢竟再也沒有那張無所不在的「審訊桌」，以及深夜讓人心驚肉跳的敲門聲，這就是俄羅斯社會最大的進步吧——而這樣的進步，怎麼讚美都不過分。

二○○六年一月十九日

3.5 克留奇科夫：
拒絕懺悔的格別烏頭子

　　為蘇聯帝國打上句號的是「八・一九」政變，俄羅斯政治評論家索科洛夫在政變剛剛失敗之後這樣評論其後果：「莫斯科的最後兩天成了下葬的日子：愚不可及的制度以愚不可及的方式壽終正寢。政變顯得愚蠢可笑，因為人民已不再是傻瓜……這創造了一個極為重要的先例——七十三年之間公民首次得以迫使武裝到牙齒的國家屈服投降。社會生活開始不再以恐懼的慣性而是以無畏的慣性定位。」那一天，憤怒與憂慮、抗爭與順從、失望與希望、正義與邪惡、光明與黑暗……都糾結在一起。那一天，一個超級大國的命運走到了盡頭；那一天，一套巨無霸般的政治架構化為齏粉；那一天，自由的陽光照耀到古拉格群島的每個角落。

　　然而，人民是健忘的。在蘇聯解體十多年之後，俄羅斯社會輿論基金會作了一次社會調查，結果顯示：只有百分之十六的人記得「國家緊急狀態委員會」中的某一位成員，百分之六十一的人叫不出任何一個人的名字，有人甚至認為戈巴契夫是其中的成員。只有不到一成的人記得其中知名度最高的國防部長亞佐夫的名字，而委員會中真正的靈魂人物、格別烏主席克留奇科夫則幾乎沒有人知道。克留奇科夫是一個個性並不鮮明的人，這跟他的

工作性質有關，他習慣躲藏在幕後施展權力，在歷屆格別烏主席中又是最乏味的一個人。歷史學家姆列欽在《歷屆格別烏主席的命運》一書中充滿諷刺意味地描述道：「克留奇科夫在過去同事們的幫助下出版了名為《個人檔案》的兩卷回憶錄。這是非常枯燥的回憶錄，顯然，就像他本人一樣的枯燥乏味。」儘管如此，從這本枯燥的書中仍然能夠尋覓到不少有價值的資訊：他為什麼要策動「八‧一九」政變？這場

格別烏主席克留奇科夫的獄中自述《個人檔案》，書中充滿了對自己參加「八‧一九」政變的辯解

政變為何如此迅速地失敗了？他在蘇聯解體之後對政變的表述為何再三反覆？在他生命的最後日子裡，為什麼對普丁讚不絕口？

他為何選擇背叛？

在蘇聯的歷史上，任何一個最高統治者權力的獲得與喪失，都是「成也格別烏，敗也格別烏」。戈巴契夫也不例外，如果不是克留奇科夫的背叛，如果不是「八‧一九」政變的爆發，蘇聯不會如此迅速地解體，他還將掌權相當一段時期。那麼，戈巴契夫為何要任命克留奇科夫為格別烏頭子呢？也許他看中了此人對安德羅波夫的忠誠，在安德羅波夫擔任格別烏主席和蘇共總書記的時候，克留奇科夫像影子一樣亦步亦趨、忠心耿耿。戈巴契夫認為，既然他提拔了克留奇科夫，那麼對方自然會回報以同樣的

忠誠。然而，克留奇科夫對安德羅波夫的忠誠是因為兩者擁有共同的價值觀；而當他發現其價值觀與戈巴契夫存在根本分歧時，便萌發了背叛的念頭。接替克留奇科夫擔任情報局長的舍巴爾申認為：「戈巴契夫認為克留奇科夫是一個更靈活、朝氣蓬勃和俯首貼耳的人──可以說，總書記嚴重地看錯了人。」

當戈巴契夫取消作為最高決策機構的政治局之後，克留奇科夫的權力反而上升了。他不再畏懼政治局中的元老，他可以與戈巴契夫保持更密切的關係，他們每天都通話，他親自將重要情報送到戈巴契夫辦公室，這在高級官員中是絕無僅有的。然而，面對戈巴契夫的「法治」和「公開化」政策，克留奇科夫不以為然，他認為這會動搖他的權力基礎，他在格別烏的內部講話多次與總書記的調子不一致，這在蘇聯歷史上是從所未有的。如果發生在史達林時代，幾個小時之後，這個不順服的奴僕立即就會被送進監牢。而寬厚的戈巴契夫總是善意地看待克留奇科夫的「出軌」，也許這就是他所宣導的「多元化」的一部分。他卻沒有意識到：一個反對改革的格別烏主席，將給改革帶來致命的傷害。克留奇科夫逐漸成為反對改革的力量中心，姆列欽形象地描述說：「他那張總是不悅的辦公廳主人的臉逐漸成為當時所說的反對改革勢力的象徵。改革的進程和事件發生的邏輯不僅與他個人的政治觀點不同，而且直接導致破壞格別烏帝國。」所以，儘管戈巴契夫是克留奇科夫的恩人，但他還是選擇了背叛。他的背叛是有道理的：誰讓你強迫不能見光的蝙蝠生活在光天化日之下呢？

克留奇科夫希望戈巴契夫像安德羅波夫那樣嚴厲打壓異議人士和民族分離主義勢力，繼續以史達林的模式治理國家，繼續與西方針尖對麥芒。戈巴契夫的思路卻是對內寬容、對外緩和，這

就等於束縛了格別烏兩隻鋒利的爪子。因此，戈巴契夫和克留奇科夫之間的分歧是不可調和的，正如後來擔任過俄羅斯總理的經濟學家蓋達爾所指出的那樣：「在缺乏民主傳統、處於獨裁者強權之下的國家，隨著發展水準的提高，對自由的要求也日益增長。遏止這種要求可以使用此類制度的主要資源——暴力。政府當局的問題在於，在日益現代化的社會中使用暴力的可能性正在減小。」戈巴契夫意識到時代和人民都在變化，暴力不能解決問題；而克留奇科夫仍然活在舊時代的規則之中，仍然迷信暴力是維持統治的最佳方式。

什麼才是「國家利益」？

當戈巴契夫坐視東歐共產黨政權紛紛瓦解的時候，克留奇科夫感到「痛心疾首」；當蘇聯內部也出現瓦解的趨勢，而戈巴契夫打算以簽署鬆散的「聯盟條約」來緩解這一趨勢的時候，克留奇科夫認為這樣做無異於自殺。因此，與其眼看著戈巴契夫帶領蘇聯一同自殺，還不如奮起一搏，將帝國重新拖回到史達林時代。姆列欽對克留奇科夫策劃政變的舉動有一個形象的比喻：就像一個白天給主人送皮鞋，而夜間卻悄悄地試穿皮鞋的僕人一樣，克留奇科夫每天向戈巴契夫彙報自己專案卷宗裡的秘密，對主人的蔑視逐漸增加：戈巴契夫什麼都看，但是任何措施也沒有採取。就是說，戈巴契夫太軟弱。因此為什麼不能取而代之？克留奇科夫認為自己是一個強有力的人物，並決定在具體事情上檢驗一下自己的能力，結果在一九九一年八月出醜了。「灰色的耗子不可能變成獅子，辦公天才在戰場上毫無用武之地。」

然而，姆列欽單純從篡權者的角度來定位克留奇科夫，未免

將這個複雜的人簡單化了。克留奇克夫在其回憶錄中，對發動政變的動機作出完全相反的解釋：「不顧個人利益、不顧親友的安危，我們作為國家政權的維護者，瞭解自己的職責，是為理想而鬥爭的。」他堅持認為：「沒有人想為自己追求什麼，也沒有人想謀求私利。大家都以國家最高利益為重，個人利益服從於國家最高利益。」這些說法固然有為自己塗脂抹粉的成分，但也不完全是說謊。他所捍衛的不僅是權力與利益，而且是價值與理想。因為就權力來說，他在戈巴契夫時代幾乎是「一人之下，萬人之上」；而政變之後，他並不會「更上一層樓」，像安德羅波夫那樣由格別烏頭子竄升為蘇共總書記，而只是繼續保持同樣的職位。他參與和策劃政變，是為了恢復舊有的秩序，是為了保住格別烏作為一個特殊機構的超然地位。所以，克留奇科夫所作的冒險，確實是以「國家最高利益為重」，只是這種所謂的「最高利益」被他所扭曲了。

舊制度有多麼美好？

克留奇科夫本人對政變的看法，在政變失敗之後的幾個不同的階段發生了相當有趣的變化。政變剛剛失敗的時候，他被捕入獄並受到審訊，這位昔日讓所有人都心驚膽戰的格別烏頭子，居然如此不適應他所經歷的審訊，他埋怨說：「有生以來的第一次受審給我留下了深深的痕跡，更確切地說，是影響我整個一生的傷痕。事情不在於偵查員，他是在履行自己應盡的職責。第一次受審完全是一種反常事件，它刺傷我的心靈，侮辱我的人格和尊嚴，簡直不把我當人看，破壞了習以為常的生活節奏，似乎有一種強大的壓力逼迫你彎腰屈服，使你陷入虛弱無力的狀態。」然

而，他完全不去反思這套審訊機制正是格別烏多年以來形成和貫徹的，它的目的就是將人「非人化」。當這套機制實施在他人身上的時候，克留奇科夫認為是理所當然的，是為了「最高利益」嘛；而當這套機制實施在他本人身上的時候，他立即叫苦連天。他還抱怨獄卒的態度、監獄的條件等等，卻對格別烏監獄戕害數百萬條人命的罪行隻字不提。

在政變失敗之後的震驚和沮喪中，克留奇科夫給戈巴契夫寫了一封求饒的信，請求其寬恕，他寫道：「現在我屬於因涉嫌陰謀篡奪政權和背叛祖國而被捕的人的行列，明天可能遭逮捕和坐監獄，然後發生符合邏輯的事情。……有必要把我們關在監獄裡嗎？一些人已經快七十歲了，有些人身體不好。需要進行這麼大規模的審訊嗎？順便說說，本來可以採取另一種措施，列入嚴格的軟禁。總的來說，現在我感到非常羞愧！」為求自保，他承認自己的「可恥」和「羞愧」，並提出年事已高、健康不佳等因素以求得對方的憐憫。此時的克留奇科夫與那些希望苟且偷生的普通囚犯沒有什麼差別。不過，戈巴契夫正忙於與攫取權力的葉爾欽賽跑，已經沒有時間考慮如何處置這群階下囚了。

緊接著，蘇聯解體，戈巴契夫也失去了權力。克留奇科夫最仇恨的「叛徒」葉爾欽上臺執政──「八‧一九」政變中，「國家緊急狀態委員會」沒有將葉爾欽控制起來，這是他們致命的錯誤。整個九○年代，俄羅斯政局持續波動，經濟迅速下滑。「八‧一九」案件的審理也幾經周折，當事人中，自殺的自殺，病亡的病亡，其他人最後都被從輕發落。重獲自由之後，唯有克留奇科夫恢復了昔日強悍的面貌，經常責罵戈巴契夫和葉爾欽是「敗家子」，並為過去的蘇聯大唱讚歌。在一小群懷舊分子的圈子裡，他被當作一名雖敗猶榮的英雄。他也思考了政變失敗的

原因，不過他根本不承認民眾對他們的反對，而僅僅從技術層面歸納幾個方面的失誤，如未能利用媒體、對戈巴契夫抱有幻想、不應當輕率地調動軍隊、沒有爭取加盟共和國的支持等等。克留奇科夫不僅拒絕懺悔，而且污蔑提倡懺悔的雅科夫列夫是「美國特務」。漸漸地，他對政變的闡釋又變得理直氣壯了：「我們深信，從一開始起，我們的行動就完全符合蘇聯憲法，是在蘇聯現行法律的範圍內開展的，而那些企圖破壞蘇聯的人，他們的行動倒是違法的。法理和真理都在我們這一邊。」這些言論激怒了戈巴契夫，公開反駁其論調，並將其當初求饒的信件公諸於眾。而克留奇科夫不敢否認這些信件的真實性。

寄希望於仍然是警察國家的中共政權

二○○○年，普丁就任俄羅斯總統，克留奇科夫獲得邀請出席就職儀式。這是他一九九四年被大赦之後，出席的一個最重要的公開活動，許多媒體再次將鏡頭對準這張衰老的、依然沒有笑容面孔。普丁邀請這位昔日的上級出席總統就職儀式，以此表明對格別烏內部的「潛規則」的尊重——不管他做過什麼事情，這位老上級畢竟是「自己人」。在克留奇科夫擔任格別烏的情報局長和主席期間，普丁還是一名剛剛嶄露頭角的低級情報官員。克留奇科夫訪問東德的時候，在蘇聯駐東德使館格別烏情報站工作的普丁大約也是陪同人員之一，不過克留奇科夫不可能對這個年輕人有任何印象。世事難料，僅僅十多年之後，普丁就成了俄羅斯總統。此後，克留奇科夫多次讚揚普丁的政策，也許他認為普丁完成了他未竟的夢想吧——在普丁周圍，有一個所謂的「西羅維琪」（Siloviki）集團，即過去或現在與情報機關、內務部門、

軍隊或其他國家武裝實力部門有聯繫的個人所組成的核心圈子。這些人多半是克留奇科夫原來的部下。所以，克留奇科夫大概認為，這是格別烏帝國以另外一種形式復活了吧。

克留奇科夫在回憶錄中文版的序言中說：「中國共產黨的作用不可低估。在社會主義國家，共產黨理應佔據應有的地位。……戈巴契夫把共產黨清除出政治舞臺以後，一下子就使蘇維埃社會失去了支撐整個社會主義制度和實踐活動體系的基座。」這是中國的極左派們引以為至寶的「歷史教訓」，這也是中國人大委員長吳邦國在二〇〇九年全國人民代表大會上宣佈中國絕不搞西方「多黨制」的原因。然而，在已經蛻變為既得利益集團的中共內部，像克留奇科夫這樣「為理想而戰」的共產主義原教旨主義者，連一個都找不到。如果中國的變革發生的時候，不會出現像克留奇科夫這樣鋌而走險的「捍衛者」，這就是馬列主義在中國「實用主義化」的結果。

克留奇科夫所堅持的「理想」和「價值」，在這個地球上越來越多地方，被拋進歷史的垃圾堆。在未來的中國，也將不免同樣的命運。而克留奇科夫的回憶錄，讓我們看到了那個時代所遺留下來的「木乃伊」究竟是什麼模樣。一九九一年，一批在安全機關工作的共產黨員給中央發去一份聲明，這是來自內部陣營的「反戈一擊」，寫信的人們立即被消滅了，但信件中揭示了克留奇科夫及其同僚是怎樣煉成的──「長時期在懲罰機構中幹著單調的、枯燥的、機械式的工作（這工作僅在於尋找和消滅犯人），他們逐漸不由自主變成了一種過著獨特生活的人。他們慢慢養成了一些不良的傾向，如傲慢、愛好虛榮、殘忍、冷酷的利己主義等等。他們逐漸地、不自覺地脫離了我們黨的大家庭而形成了自己特殊的幫派，酷似舊時的憲兵……作為黨的鐵甲拳頭，

這拳頭打擊的首先是我黨的腦袋⋯⋯」

二〇〇九年三月二十四日

第四章 |
那些不屈服的靈魂
・・・

4.1 像鴿子在深淵口上搭窩：
　　　　托翁之辱與沙皇之死

　　我在拜謁波良納的托爾斯泰莊園的時候，看到了許多托翁的親筆信件，其中有一些信件的收信人是沙皇。從中年時代開始，托爾斯泰便經常給沙皇寫信——他給沙皇寫信並非像其他貴族那樣爭先恐後地獻媚，而是毫不留情地指出俄國社會的黑暗，規勸沙皇及其政府體察民間疾苦，厲行政治、經濟和文化方面的改革。他告訴沙皇，他的宮廷雖然奢華，不過是「像鴿子在深淵口上搭窩」，在即將來臨的革命風暴面前不堪一擊。列寧稱托爾斯泰是「俄國革命的鏡子」，而托翁本人是堅定的非暴力主義者，是一名真正的「反革命」，他不希望俄國發生血流成河的暴力革命，但那樣的革命仍然發生了。這真是歷史的吊詭。

托爾斯泰先後向三名沙皇上書

　　托翁的文學活動最活躍的時期，橫亘了從一八六一的農奴改革到一九一○年革命前夕長達半個世紀之久。革命潛流已不可遏止，無政府主義組織策劃的刺殺行動層出不窮，高官顯貴人心惶惶。沙俄表面上是歐洲力量最強大、疆域最廣袤的帝國，其實外強中乾，對內憂外患窮於應付。當局三心二意的改革措施總是跟

不上外部變化，而統治階層的荒淫無恥使社會矛盾日漸尖銳。托爾斯泰對這一切看得清清楚楚，在他這一時期的作品、書信和日記中，對時事有諸多精闢的觀察和思考，這些文字可以匯總成為一部個人化的俄國近代史。

托爾斯泰的書信集中保存了他與三位沙皇的通信——當然，這些信件不會獲得沙皇善意的回應。三代沙皇全都我行我素，絕對信奉獨裁專制的原則，認為帝國穩若泰山。沙皇們雖然不敢公然迫害和醜化托翁，卻以種種狡詐的方式去騷擾之，企圖讓他從此閉嘴。沙皇與東正教教會一樣，對托爾斯泰這個本階層內部的離經叛道者從來沒有好感。這些當權者無法理解，這個人為什麼總是站在農奴一邊，站在那些被侮辱和被壓榨的底層百姓一邊。對於托翁在民間和國際社會所享有的崇高聲譽，他們完全是負面評價。

托爾斯泰雖然也是貴族，卻不怕得罪沙皇

托翁深知沙皇愚昧與暴虐的本性，比如對末代沙皇尼古拉二世，他的評價低得不能再低了：「尼古拉認為，所有的人都同圍繞著他的人一樣，可是他身邊的那些人都是下流東西，因此，他認為所有的人都是下流東西。」（《托爾斯泰日記》）托翁清楚地知道，他寫的這些信很難起到實際作用，沙皇不會採納他的意見。但他仍不放棄對這些鐵石心腸的統治者的規勸，但求自己盡責而已。先知的使命就是說出真相，至於君王和人民是否傾聽，那是他們的事情。

沙皇加諸於托爾斯泰的「奇恥大辱」

在這些書信中，引起我興趣的是列夫托爾斯泰致沙皇亞歷山大二世的一封信，寫於一八六二年八月二十二日的莫斯科——

陛下：

七月六日，一個憲兵軍官由警察部門負責人陪伴，當我不在家時來到我的住宅。那時正值度假時期，我家有幾位本地鄉村客人，是一些學生和老師們；還有我姨母和我妹妹。憲兵官員向教師們宣稱他們被逮捕了，他要求他們把隨身攜帶物品和證件交給他，搜查進行了兩天，他們還搜查了學校，食品庫房。根據憲警的說法，他們沒有發現可疑的東西。另外還有其他對我客人的冒犯，還將這種冒犯強加到我本人和我的姨母及我妹妹的頭上：憲警搜查了我的辦公室和我妹妹的寢室。當被問到根據什麼他們要這樣做時，憲警紙面上宣稱是根據最高當局的命令。……憲警並加上一句，他們離去並不意味我們徹底安寧了，他說他們能夠每天都來。

我感到奇恥大辱，陛下。這種對我的冒犯毫無道理。我的過去，我的各種關係，我的公開活動和服務，教育人民的相關活動，表達了我深刻觀點的雜誌，並沒有破壞別人的幸福和安寧。我的所作所為可以向一切人證明：我不是一個陰謀家、一個宣言的編輯者，或殺人放火犯。然而，我卻被懷疑犯罪，在社會面前感到羞恥，我不得不苟活在這種持續的威脅之下。……我不能指控宣判我、污蔑我的官員們，因為他們多次重覆說，他們並沒有以個人目的行為，而是執行最高當局的指令。

但是，我想這是不可能的，政府和皇帝陛下不是「一貫正

確」嗎？我不願作這樣的設想，我想這是不可能的：陛下的願望是要懲罰無辜的人，讓正當的人們生活在永遠的恐懼和被侵犯的處境之中。為了知道陛下真實的意圖，陛下究竟要懲罰什麼人，我決定直達天聽，我只要求一件事：這樣不合法的事不要借用陛下的名義。

　　　　　　　對陛下非常忠誠和非常馴服的：列夫‧托爾斯泰伯爵

　　沒有任何一個獨裁者願意承認其統治的無能與衰弱。沙皇下令對托爾斯泰監視、騷擾和侮辱，不是第一次，也不是最後一次。托翁當然知道一切都是來自最高當局的指示，他們特意選擇他不在家的時機，以避免與他發生正面衝突，同時又巧妙地將威脅的資訊傳達到。沙皇們從小接受的教育便是迷信權力和暴力，認為這是治理國家的全部秘密。他們認為只要派遣幾個軍警去搜查托翁的住宅，派上一隊士兵去托翁的莊園外巡邏，就可以讓托翁乖乖閉嘴，讓其他人不敢與之來往，讓其影響力被限定在有限的範圍內。沙皇和他的大臣們想錯了，這些下流作法不僅無損於托翁的偉大，反倒成為一種對托翁有益的「形象設計」和「廣告宣傳」——作為受難者的托翁更受人民的敬重，而作為加害者的帝國政權的道義資源卻迅速流失。

從托爾斯泰到索忍尼辛：先知在故鄉是不受歡迎的

　　托爾斯泰沒有保持沉默，沒有將這樣的侮辱照單全收。他立即給沙皇寫了這封信。他像《舊約》中的先知一樣，毫不掩飾地點出世間苦難的根源就在君王身上：既然沙皇宣稱其權柄來自於上帝，為何還要如此肆無忌憚地「懲善揚惡」？如果沙皇這樣做

了，就自動喪失了其統治的合法性；那麼，作為人民大眾的一分子，就要像《聖經》中所說的那樣，「順從神，不順從人，是應當的」。讓人民感到恐懼，並不能解決統治的危機；讓先知閉口不言，也不能拯救國家走向滅亡的命運。歷史上有許多這樣的先例：猶太國的君王西底家及其寵臣們驕奢淫逸，先知耶利米傳遞了上帝的懲罰即將降臨的資訊，他們卻將耶利米投入枯井中，因為「這人不是求這百姓平安，乃是叫他們受災禍」。然而，耶路撒冷還是淪陷了，巴比倫王殺盡猶太國王西底家的眾子，又殺了猶大的一切貴冑。並且剜西底家的眼睛，用銅鏈鎖著他。這時，他再回想耶利米的警告已經太遲了。

多年之後，索忍尼辛也有同樣的遭遇。一九七一年八月，格別烏對索忍尼辛在羅日傑斯特沃的私人住宅進行了一次愚蠢的突擊搜查，並被索忍尼辛夫婦的朋友撞個正著。憤怒之下，這位作家給格別烏頭子安德羅波夫發去一封措辭激烈的信件，他寫道：「多年來我一直默默忍受你部下的違法亂紀：他們受到工作單位和國家機關的迫害，在我住處四周窺視，跟蹤探望我的人，竊聽電話談話，在天花板上鑽洞……但在昨天的突襲查抄後，我再也不能保持沉默了。」當然，這樣的信件是不會獲得任何的回答。狡猾的安德羅波夫寧願選擇充當縮頭烏龜，並開始策劃將這名諾貝爾文學獎得主驅逐出境的陰謀。

托爾斯泰也沒有從沙皇那裡得到道歉。高高在上的沙皇將托翁的信扔到一邊，他絲毫沒有意識到托翁的良苦用心。托翁不是他的敵人，而是他的救命恩人——如果他按照托翁所建議的那樣去做，根本不會死於非命，俄羅斯也不會淹沒在革命的血泊之中。

劉曉波繼續先知的使命，胡錦濤重蹈沙皇的覆轍

　　托翁之辱直接導致了沙皇之死，歷史絕對不是巧合：此信發送之後二十年，一八八一年三月十三日，在躲過多次暗殺計畫之後，亞歷山大二世最終還是被民意黨人暗殺。繼位的亞歷山大三世是個整天醉醺醺的酒鬼，根本不看托翁寫給他的信，浪費了改革的最佳時機。該信發出了四十三年之後的一九〇五年，彼得堡發生人民請願，尼古拉二世下令軍隊槍殺民眾，大失人心。遠在波良納莊園的托翁感覺到了革命強勁的脈搏，在日記中寫道：「像法國人在一七九〇年喚起世界一樣，俄國人在一九〇五年也發出同樣的召喚。……托克維爾說，大革命恰恰發生在法國，而不是在別的國家，這正是因為法國人民普遍的情況更壞，更受虐待。按照同樣的原因，新的隨後的土地自由革命應當發生在俄國，因為在俄國比任何地方人民和土地的關係更壞。」仍然沒有人傾聽他的逆耳之言，先知在其故鄉從來都不受歡迎。一九一〇年十一月十日，托爾斯泰在一個小小的火車站裡逝世。此後又七年，俄國爆發驚天動地的革命，羅曼諾夫王朝像紙房子一樣垮臺。自詡要「比彼得大帝更專制，比伊凡雷帝更苛刻」的末代沙皇尼古拉二世，在遙遠的葉卡捷琳娜堡一間陰暗的房間裡，被布爾什維克黨人所槍殺。當衛隊長宣佈處決命令的時候，尼古拉轉過身去，最後看了一眼他的家人——他的妻子，他的四個女兒，他的兒子。（《羅曼諾夫王朝覆滅》）他似乎對不能拯救家人的生命而感到痛苦和內疚，此時此刻，他想起了托爾斯泰寫給他的信嗎？

　　沙皇的軍警們無論怎樣努力，也沒有保住沙皇的「鐵桶江山」。漠視民眾的苦難，漠視像托爾斯泰這樣的先知的呼籲，讓

沙皇政權成了一個「鴿子搭在深淵口上窩」。沙皇及其走狗的卑劣行徑，不僅沒有鞏固沙皇的統治，反倒加速將沙皇拋入歷史的垃圾堆。

　　在托爾斯泰逝世九十週年之後，中共當局將起草〈零八憲章〉的劉曉波抓進監獄。歷史總是驚人地相似。中共當局比沙皇當局還不要臉，並更加迷信暴力，卻不知道自己的做法「像鴿子在深淵口上搭窩」。一意孤行的胡錦濤閣下，從托翁之辱與沙皇之死中，能夠悟出什麼道理來呢？

二○○九年三月二十一日

4.2 誰有殺人的權柄?

　　俄國革命及此後七十年的暴力殺戮,是法國大革命的翻版,是馬克思的幽靈作祟,還是與俄國自身的文化傳統有關?剝奪他人的生命是實現所謂的正義的途徑之一嗎?伊萊娜・內米洛夫斯基的中篇小說《庫里洛夫事件》,便試圖回答此一問題。伊萊娜・內米洛夫斯基於一九○三年出生於俄國基輔的一個猶太銀行家家庭,十月革命之後,移居巴黎,並開始寫作。二戰爆發之後,她躲在法國南部的一個小鎮,後來被納粹抓捕,一九四二年死於奧斯威辛集中營。

一個人的俄國革命史

　　儘管在短暫的一生中沒有過上幾天安穩的日子,在蘇俄和納粹德國兩大專制政權的陰影下苦苦掙扎,伊萊娜卻寫出了許多優秀作品。在她去世六十年之後,女兒在母親的遺物中發現了一部未完成的小說《法蘭西組曲》。這部作品出版之後,破例獲得當年度法國雷諾多文學獎,她的其他作品也受到世人的矚目。美國《歐普拉雜誌》評論說:「她的視野宛如托爾斯泰,她看到了人性的豐富與人生的乏味,然後成功地以一種深情、克制和絕對誠實的筆調將它們糅合在一起。」伊萊娜根據當時真實的歷史事件

寫成的《庫里洛夫事件》一書，是一部反思俄國革命的傑作。這部「一個人的俄國革命史」，將「革命」從神壇上請下來，揭示出以暴易暴的方式只能給人類帶來更大的災難。而當這部小說重新回歸祖國的時候，龐大的蘇聯早已不復存在，歷史的吊詭讓人嗟歎不已。

小說的主人翁萊昂，早在童年時代便失去了父母。他的父母都是從事恐怖活動的革命者，他們看到沙皇制度的不義與暴虐，便選擇最為決絕的方式——暗殺——來改變現狀。萊昂的父親被捕之後死在流放地，母親帶著孩子流亡到瑞士，不久亦死於疾病。是革命組織將他養大的，所以，對於這個單純的青年來說，「我生來就屬於黨。最初的幾年，我深信一場社會主義革命在所難免，而且是十分必要的，就像人們要做生意一樣合理。在我心中，對個人權利的熱愛和我缺乏的、對人類某種熱情的渴求同樣強烈。只有通過社會主義革命，我才能找到我想要的。」組織上派遣萊昂潛回俄國，去執行一項特別任務：暗殺鎮壓學生運動的劊子手、沙皇的親信、冷酷殘暴的教育大臣庫里洛夫。萊昂用偽造的護照和推薦信獲得庫里洛夫的信任，成為其私人醫生。

經過與庫里洛夫一家朝夕相處一段時間之後，萊昂發現庫里洛夫並非十惡不赦的魔鬼，他不過是被權力控制的可憐人罷了：一方面，庫里洛夫真心愛著再婚的妻子、年老色衰的法國女演員，甚至拒絕沙皇要他結束這個「不名譽的婚姻」的建議，因而被免去教育大臣的職位；另一方面，庫里洛夫又刻意籠絡沙皇的寵臣達利男爵，甚至強迫女兒嫁給達利的兒子，誰知達利卻暗中奪去了他的官職，他成為宮廷政治的犧牲品。庫里洛夫身患肝癌，每天承受著巨大的痛苦，卻還要廢寢忘食地工作，當妻子勸說他早日退休、移居巴黎、安享晚年的時候，他卻表示死也要

死在工作崗位上。這種人生態度，一方面是因為權力的誘惑，正如在一九一七年之後加入布爾什維克黨、短暫地擔任過契卡特派員的萊昂，也曾沉醉於對他人的生命可以生殺予奪的權力一樣，「權力，是壓迫在人類命運上的幻影，像菸酒一樣容易上癮，有百害而無一利。一旦失去，便會感到深深的折磨和無盡的痛苦。」另一方面，庫里洛夫也有自己的理想，那就是維護沙皇的專制統治。在壓制學生運動的時候，他已經發現專制大廈的根基出現了搖動。但他仍然要捍衛這即將被革命席捲而去的舊秩序，他給全國學校下命令說：「在所有的俄國文學課和歷史課上，教師必須抓住一切機會，喚醒年輕學生溫柔的靈魂對陛下和皇室家族的強烈的愛，讓學生永遠忠誠於沙皇統治下的神聖制度與傳統。」儘管語氣斬釘截鐵，但這樣的命令究竟能被執行到什麼樣的程度，卻非他所能控制。

作為高級官員和貴族生活圈子的旁觀者，萊昂對這些人的感情逐漸由仇恨和憤怒變成輕蔑和憐憫。庫里洛夫冷酷地對待那些上門來哀求他的百姓，那些入獄的學生的父母，那一時刻，他如同高高在上的神祇；但是，當他入宮叩見沙皇的時候，卻被拒之於門外，跟被他所拒絕的人居然如此相似。庫里洛夫本人也意識自己不過是一名「鍍金的奴才」而已。當學生運動被沙皇的騎兵鎮壓之後，他在深夜親自跑到大學裡去，指揮搬運死難學生的屍體，將這一事件處理得不留痕跡。而取代他擔任教育大臣的達利，比他更殘暴，也比他更愚蠢。達利拒不接見請願的學生，將學生逼上街頭，以致被沙皇的衛隊射殺於冬宮的窗戶之下。國際國內輿論一時間千夫所指，沙皇不得不罷免達利，而重新起用庫里洛夫。「回爐」的庫里洛夫驕傲地對萊昂吐露心聲：「我必須實現我的價值，在我的能力範圍之內，為皇上、國家以及被失敗

的革命者引入歧途的不幸孩子們效力，直到最後一口氣。我必須監視這些孩子，如果必要，我會像個父親一樣對待他們，而不是像達利一樣，把他們看作敵人。因為他的怠忽職守，讓孩子們白白送了命。」如此來看，暗殺庫里洛夫究竟有什麼意義呢？其結果只能遭致一個比他更兇殘的人來充當其繼任者。

誰是那個「該死」的人？

從策略上說，殺死庫里洛夫屬於不智；從更高的生命倫理上來看，誰有殺人的權柄呢？哪個人是絕對「該死」的呢？萊昂逐漸對昔日認定的「為民除害」的神聖使命產生懷疑，並不是他認為庫里洛夫有多麼「好」，而是看到這個苟延殘喘傢伙其實是一個可憐蟲。萊昂的上級告訴他，對殘暴的官員施行暗殺，乃是「為了多數人的幸福而摧毀不公正的事物」。但是，活生生的人不是「事物」，而公正是否真的可以通過這種方式建立起來？他反問說：「為什麼？究竟誰才是公正的？對我，這些人對我又做了什麼？獵手是無法下手殺死自己一手照顧的動物的。然而，既然我們活在這世上，就必須參與這個遊戲。……我將自己熟識的人送向了死亡，如同我的兄弟，如同我的靈魂。」萊昂面對的問題，如同杜思妥耶夫斯基《罪與罰》中那個大學生拉斯科爾尼科夫面對的問題一樣。一開始，拉斯科爾尼科夫從堅硬的理性出發，認為殺死像「垃圾」一樣的、阻礙歷史進步的老太婆是正義之舉，後來他才發現自己因此成了「惡」的一部分。正如拉斯科爾尼科夫未必就比他殺死的那個貪婪的放高利貸的老太婆更高尚一樣，萊昂也未必就比他即將刺殺的教育大臣庫里洛夫更高尚。萊昂放棄了刺殺任務，當他的同伴代他殺炸死庫里洛夫之後，他

亦被捕入獄。只是因為皇太子誕生，沙皇宣佈大赦，他才得以逃脫死刑。十月革命成功之後，萊昂加入布爾什維克陣營，在擔任契卡特派員審問並處死「敵人」的時候，他並不比庫里洛夫仁慈——「人們可以輕易地殺害陌生的人，殺害一個個人類的生靈，就像我所見過的那些人，在一九一九年的那些夜晚，不知殺害了多少生命，就連他們自己也難逃一劫」。最終，萊昂還是忍受不了殺人的工作，在絞肉機即將把他捲進去的前夕，拿著一名被殺害的囚徒的護照逃往法國。

　　殺人的權柄屬於上帝，當有人僭越和偷竊這一權柄之後，人人相殺便進入一種難以中止的惡性循環。杜思妥耶夫斯基在小說《群魔》中，早就預見到此後俄國將血流成河的悲劇，別爾嘉耶夫更是形象地描述道：「勝利與統治地位總是意味著辯證的蛻化以及向著與曾為之而鬥爭的東西相反的東西的轉化。一切革命都是如此。」萊昂在瑞士長大，也許因此患上了「小資產階級的多愁善感」，他沒有成為史達林式的鐵腕人物。史達林具有「鋼鐵姓名」——在俄語中，「史達林」的意思即為 l 鋼鐵」，他不懂得什麼是憐憫和同情，什麼是同志情和榮譽感。他把良心看作「怪物」，至少良心在任何時候也不能「妨礙」他。史達林是權力運作的大師，權力也將其異化了，正如《史達林晚年離奇事件》一書所指出的那樣：「史達林的殘暴不單純是妄想狂和頭腦發熱的結果，它是一種混合物，將殘忍與謹慎，妄想與精明，孤立的野蠻行為與對於人的本性的極為現實冷靜的把握糅合在一起。這使得史達林這個人對於他的追隨者和他的敵人來說都是同樣危險的，又是同樣的令人著迷。他的陰謀幾乎具有幾何性質的精確。」史達林只要用鉛筆在名單的一角寫上個把字或者只是向秘書波斯克列貝舍夫說一聲「同意」，事情就全部解決了。就是

説，所有這些人都要在今明兩天永遠消失，操縱懲罰機器的是那些秘密警察，領袖本人只需要知道一下乾巴巴的統計數字。這就是作為國家政策的階級屠殺與種族屠殺，與作為個體恐怖活動的暗殺之間的根本區別，中國自由主義思想家殷海光在為《怎樣研究蘇俄》一書所做的註釋中，精闢地論述了這種差別：「共產黨是把俄國虛無主義者的恐怖政策更有系統更廣泛地施行，虛無主義者之施行恐怖政策，只限於以沙皇為首的少數權要人物。共產黨則把恐怖施之於被控制地區中的所有分子，甚至全世界。如果説虛無主義者施行恐怖是一首抒情詩，則共產黨之施行恐怖是一篇博士論文。」所以，從事暗殺活動的虛無主義者和無政府主義者們，在十月革命之後，要麼「進化」為布爾什維克黨人，要麼被布爾什維克黨消滅，像萊昂那樣「不合作」並得以移居海外的人寥寥無幾。

所有蔑視人的生命的價值都是邪惡的價值。沙皇的統治固然是惡的，但用一種更大的惡來終結它，只能讓老百姓生活在更可怕的黑暗之中。庫里洛夫在看到學生們的屍體的時候，還多少有點愧疚感，也給一名死去的學生的母親一點點補償；而史達林連這點仁慈之心都沒有，歷史學家沃爾科戈諾夫指出：「史達林是個殘酷的政治家，他在整個一生執行這種政策的時候，一點也不考慮起碼的道德價值觀。因此，對於獨裁者來說，人是個工具，是個統計單位，是一大片不成形的物料中的一塊。」多年以後，戈巴契夫意識到，這樣的統治再也不能持續下去，「美麗新世界」是不能在骷髏山上建設成功的，所以他開始了根本性的改革──「我們進行『新思維』的嘗試，無非就是要復活全人類的價值，承認自由與人權，讓樸素的道德規範與人類社會的法則真正得以復甦。」這一改革最終結束了以殺人來維繫的蘇聯體制。

倘若伊萊娜地下有知，是否會為此而感到欣慰呢？

二〇〇九年五月十三日

4.3 綏青：一個出版者，一個盜火者

俄羅斯文化的輝煌是爆發式的，十八世紀之前，俄羅斯在歐洲眼中還是一片蠻荒之地；十八世紀之後，俄羅斯相繼誕生了一批文化巨匠，即便置身於歐洲第一流大師的行列，亦毫不遜色。這一切是如何實現的呢？當然是作家本人領受了神啓的真理，卻也還有出版界水滴石穿的努力。出版家綏青在回憶錄《為書籍的一生》中，講述了他怎樣由一個沒有受過教育的農家孩子和學徒成為出版家的故事，以及他在沙皇的文化恐怖政策中從事出版事業的一生。他是一名幫助大師成為大師的嚮導，是一名讓蒙昧的百姓學會讀書寫字的盜火者。

一個將出版當作宗教的出版家

出版行業不僅是一門生意——僅僅將出版當作賺錢的行當，這是今日出版業最大的悲哀。於綏青而言，這是一項值得付出一生的事業。在一個偶然的機會裡，他從皮貨行業進入當時還很新奇的圖書行業，這個行業迷住了他：他來自偏僻的農村，出身於普通的平民家庭，從自己的經歷中他知道平民一輩子過的是什麼樣的生活，於是他就盡心竭力，要讓農村居民和廣大市民獲得看書的機會。他從小規模地販賣日曆和聖像版畫開始，逐漸建立了

印刷廠、出版社和報紙。他所出版的書刊，從曆書、宗教作品、兒童文學、學校教材到工業書籍、軍事百科全書和作家文集等無所不有，有一段時間他出版的書籍占到了俄羅斯全部出版物的四分之一，這是一個驚人的數字。這個驚人的數字是如何產生的呢？

　　綏青將出版業當作信仰和理想，他以一種宗教徒般的熱情投入其中，讓生命在其中燃燒，即便碰得頭破血流也不停止：「對人民教育抱著光明純潔的理想，在社會的信任和支持下發行售價低廉、內容易懂的書……在我的一生中，我不但過去相信，現在仍然相信有一種力量可以幫助我克服生活中一切困難：我相信俄國教育的將來，相信俄國人，相信光明和知識的力量。」這是書商與出版家之間的差別：書商與其他行業的商人一樣，僅僅把書籍當作賺錢的商品；而出版家不僅將出版當作職業，更當作造福後人的事業。在中國近現代史上，作出了與綏青同樣貢獻的出版家是張元濟，張元濟主持的商務印書館和蔡元培執掌的北京大學，共同成為中國現代啟蒙思想的兩大發源地。出版家的無上功德，誠如綏青所說：「我多少年來為圖書所做的鬥爭，獲得了什麼成就，這不是應當由我來評斷的。它究竟帶來了害處還是好處——這一點還是由公眾評斷吧！然而，這一場為了圖書所作的鬥爭，我一直會進行到底。我的夢想是：要讓人民有買得起的、看得懂的、思想健康和內容有益的書。要使書變成農民最好的朋友，變成他們接近的東西。」一場文化啟蒙或文藝復興，離開偉大的出版家是不可思議的。

與野蠻的官僚及野蠻的體制的較量

綏青無法脫離他所處的時代。在他面前橫亙著一個龐然大物——沙俄當局及其新聞出版檢查機構。帝俄政權致力於戕害文化出版事業，不惜讓整個民族停留在野蠻狀態：沙皇可以欣賞某一法國作家的作品，並為之感動得淚流滿面，卻不允許該書的俄文譯本出版發行；一名捕鯨船船長可以當政治刊物的主編，但一位作家、新聞記者和政治評論家卻不可以。綏青指出：「在俄國，並不是任何一個享有充分權利的公民都能夠出版期刊，只有那些個別受到首長們賞識的人才能夠這樣做。」文化出版行業的主管都是最反對文化或最沒有文化的傢伙，作家和出版家都必須接受莫大的羞辱和無恥的盤剝。

比這種恥辱和盤剝更可怕的，是如影隨形的書刊檢查制度。除了政府的審查機關之外，教會還有一套平行的審查機構。綏青是大文豪托爾斯泰的好朋友，托爾斯泰經常穿著農夫的衣服來到綏青的書店，與書商和讀者們閒聊。大家都不知道這個不起眼的老頭就是托爾斯泰，用最粗俗的語言與他交談。綏青首次將托爾斯泰的鉅著以簡裝本的形式出版，以便讓更多讀者買得起。東正教教會仇視托爾斯泰，將其開除教籍，密切注意其作品的出版和傳播。專門負責帝國意識形態的「聖教局」總監波別多諾斯采夫召見綏青，質問他說：「你怎麼敢用通俗本出版列夫‧托爾斯泰和其他反對我們正教的邪教徒的作品？」綏青回答說，這些書籍的出版都經過檢查官的許可。然而，這個陰險的官僚仍然不放過他：「我對你說，你應當自己做你的檢查官。我們禁止你這樣胡鬧。不許你在老百姓當眾散播這一套托爾斯泰的邪說。」就在重重干擾之下，綏青將托爾斯泰的著作送入千家萬戶，讓其思想和

精神影響了更多讀者。

　　當時的俄羅斯是一個高度專制、等級森嚴的農業國，大部分農民被剝奪了接受教育的機會，一輩子都是文盲。文盲是不可能成為現代公民的。綏青便介入公民識字課本的編寫、出版和發行工作，力圖打破過去的壟斷狀態，為貧苦階級提供最好的啓蒙讀物。他發現又得面對新的敵人：「如果是說，在出版普通圖書的戰役中，我們需要跟俄國生活中的一般情況——黑暗勢力、守舊心理、對文化的恐怖——作鬥爭的話，那麼在出版課本的戰役中，我們更需要跟那些辛蒂卡組織、圖書出版業壟斷組織以及享有特權的課本編者作鬥爭。」那些長期盤踞這一領域的特許商人們，都是王公貴族的走卒，他們只關心從中賺取多少錢財，而對書的內容和品質根本不放在心上。他們把大量充滿謬誤知識的讀本以高昂的價格發行出去，絲毫沒有賺取昧心錢的歉疚感。自然，他們對於綏青出版的那些品質高而價格低的讀本怨恨不已，甚至跑到沙皇那裡去告御狀。沙俄政府把一九〇五年的革命歸咎於綏青主持的出版識字課本和教科書的出版社，認為這樣的出版機構危害了「國家安全」，派消防隊員用汽油燒毀出版社的工廠，並派荷槍實彈的士兵把前來救火的工人趕走，甚至還派人去暗殺綏青……

作家和作品是暴力毀滅不了的

　　在綏青生活的時代，俄國沒有出版法，只有一些所謂的「暫行條例」。各部的部長，這一個來那一個去，幾乎是每換走一位，就多留下一些毒害，讓言論自由受到更大限制。當創辦了《俄國言論報》之後，綏青發現，「警告」像恐怖的陰影籠罩在

報刊的每一行字上。「你們根本無須在報刊上發表什麼違法的言論，只要長官認為你們有什麼話說得不合適，或者看來不中意，你們就會接到警告。一次、二次、三次的警告，接著報紙就完蛋了。」這是完全不需要經過審判的，「對於盜馬賊，對於扒手，對於殺人犯，是需要進行審判的，然而，對於報刊，審判卻是不必要的」。為了將「反動思想」扼殺在萌芽階段，當局制訂了著名的「第一百四十條」，這一法律使內政部長有權禁止報刊發表和討論「任何具有國家重要性的問題」。這條荒謬的法律就像是第二十二條軍規，又像是孫悟空頭上的緊箍咒。部長掌握它，就像擁有一口大箱子，可以任意將一切資訊都封閉在裡面——連財政部長夫人的馬車受驚的消息也不准報導。然而，這種「防民之口，甚於防川」的辦法，並不能挽救沙俄帝國滅亡的命運。

綏青不斷遭遇失敗，又不斷前進，他在幸福與痛苦的兩極備受煎熬。正如臺灣作家陳映真所說：「毀滅一個作家、監禁一個作家或用行政命令禁止一本文學作品，都非常容易，但這毀、這監、這禁，為一個民族所帶來的在心靈上和元氣上的折傷，卻要以長遠的時間中民族心靈的荒蕪和枯滯，做為不易補償的代價。」每當統治者們禁毀一本書籍和殺害一名大師的時候，無異於端著屎盆子往自己頭上扣。今天，沒有幾個沙皇的名字能被後人記住，而普希金、托爾斯泰、杜思妥耶夫斯基和阿赫瑪托娃等詩人和作家的名字，卻被世界各國的讀者們充滿敬意地代代相傳。當然，還有在幕後為他們作嫁衣裳的綏青。這是一個讓人感到欣慰的事實：在與愚昧的鬥爭中，智慧總是最後的勝利者。

二〇〇五年四月十二日初稿

二〇〇五年十一月定稿

4.4 杜思妥耶夫斯基：
作為「反革命」的先知

　　《巴登夏日》是一本險些被埋沒的傑作，它的第一版只印刷了區區幾百冊，且未能引起任何讀者的注意和評論家的青睞。有一次，美國文學評論家蘇珊·桑塔格在一家舊書店中偶然發現了它，被其深深打動，並促成它的重新出版，隨後它才獲得佳評如潮。與《齊瓦哥醫生》和《古拉格群島》這類有著準確的現實指向性的鉅著不同，《巴登夏日》是一本懷舊之書，是一本向杜思妥耶夫斯基致敬之書，是兩段傷感之旅的交集——一段是杜思妥耶夫斯基和妻了安娜在德國小城巴登、彼得堡和莫斯科之間的旅程，一段是作者本人為尋覓杜思妥耶夫斯基的足跡而在莫斯科和彼得堡之間的旅程。在歷史與現實的交錯之中，作者是為了尋覓心靈的自由和生命的價值，而杜思妥耶夫斯基這位先知也在這部小說中暫時復活了。蘇珊·桑塔格如此評論說：「如果想讀一本書就能體驗到俄羅斯文學的深刻與力量，那就讀這本書；如果讀一部小說靈魂就會變得更堅強、對感情的理解就會更博大，那也就讀這本書。」這一說法是否有些過譽呢？

為抽屜而寫作，為杜思妥耶夫斯基而寫作

　　《巴登夏日》的作者茨普金，在蘇俄文壇上名不見經傳，他

第四章　那些不屈服的靈魂

○
○
○
175

不是一名專業作家，乃是一名傑出的醫學家。茨普金是猶太人，同樣也是醫生的父親在三十年代的大清洗中，以莫須有的罪名被捕，當時企圖跳樓自殺，卻摔斷了脊柱；茨普金的兒子和兒媳在七十年代移居美國獲得成功，他和妻子遂成為「人質」。雖然在醫學研究領域成就斐然，並一直「莫談國事」，但由於「出身不好」，茨普金是當局眼中永遠是「不可信任」的人，他和妻子多次申請出國都被拒絕。莫斯科簽證處處長明確告訴他說：「醫生，你永遠都不會獲准移民的。」當局並不是要留下他來重用其醫學方面的專長，而是故意閒置他、羞辱他、玩弄他，這就是極權主義的可怕之處。就在申請出國被拒絕之後，茨普金失去了在研究所的工作──剩下惟一可以維持生活的手段，便是將英文的醫學論文翻譯成俄文。黯淡的前途，並沒有泯滅其對文學的摯愛，《巴登夏日》是在這段黑夜已深、四面楚歌的日子裡完成的。讓他多少感到欣慰的是，兒子從美國打來電話說，《巴登夏日》已經在紐約一家俄羅斯移民的週報《新報》上連載。就在他得知這個好消息之後一個星期，正在家中寫作的時候，突然感到不舒服（其實是心臟病發作），躺下大聲喊了妻子一聲，然後便死去了。如同帕斯捷爾納克所說，生活在一個真理曖昧不明的時代，一個堅持說真話的人，心臟必然承受沉重的壓力，心臟功能不可能是完好無缺的。醫生們恰恰對如何保護自己的心臟無能為力──從契訶夫到茨普金都是如此。

茨普金不是一名在民眾當中和在西方都享有盛譽的、持不同政見作家，也從未參與過任何反對蘇聯當局的實際活動。他獨來獨往，沉默寡言，與異議作家群體亦鮮有交往，惟一來往過的異議作家是西尼亞夫斯基。西尼亞夫斯基指點過茨普金的詩歌寫作，一九六五年西尼亞夫斯基被捕之後，茨普金與外界的聯

繫便完全封閉了——他不可能與醫學界的同事們討論關於杜思妥耶夫斯基以及俄羅斯文學中的「永恆」話題。用蘇珊‧桑塔格的話來說：「處於自尊和難以消除的憂鬱，以及不願去冒為非官方文學機構所拒絕的風險，茨普金根本不願去躋身於六七〇年代莫斯科頗為盛行的獨立的地下文學圈子，六七〇年代正是他為『抽屜』而寫作的年代，這是為文學本身而寫作。」所謂「為文學本身而寫作」，這種立場說起來容易，做起來難。茨普金獨自默默地寫作，這是一種沒有讀者的寫作，一種不尋求出版的寫作，既獨立於官方虛假、空洞的「歌德體」文學之外，也與那些充滿挑戰意味的地下文學關係不大。他的作品既不足以成為官方出版社的候選書目，也未曾以地下形式出版或傳抄，幸運的是，茨普金的「主業」是醫生，「副業」才是文學，他不必靠寫作掙稿費來維持生活，所以他的寫作既不必媚官，也不必媚大眾和媚同行；寫作從未給他帶來豐厚的經濟收入，也沒有為他帶來一丁點的榮譽。本著純粹的文學立場和內心深處的呼求，茨普金回到俄羅斯文學的偉大傳統之中，回到杜思妥耶夫斯基那裡，他從杜思妥耶夫斯基夫婦的日記、回憶錄等資料中復原了「那個夏天」——誰能想到，巴登這座富人雲集的療養地，卻因為一對來自俄國的、寒磣的夫婦而被人追念？

一個為「被侮辱與被損害」的人孜孜不倦地鳴不平的人

其實，疾病纏身的杜思妥耶夫斯基，並沒有在巴登讓身體得以康復。相反，他無法抗拒賭博和酒精的誘惑，儘管每次從賭場出來的時候心裡都充滿懊悔，卻還是忍不住再次走進去，甚至將回程的路費都賭光——他完全不顧妻子已經有身孕。陷入賭徒狀

態的時候，這位偉大的作家與一名街頭的無賴沒有任何區別。由於賭博血本無歸，他們一度無力支付基本的食宿費用，稿費又遲遲沒有匯到，於是倍受房東和女僕的白眼。安娜不得不變賣首飾和衣服以度過難關。像安娜這樣賢慧的妻子，也忍不住與丈夫發生嚴重的爭吵，但每次爭吵之後，杜思妥耶夫斯基都像孩子一樣跪在妻子的床前請求諒解，甚至「跳了起來，揮起拳頭拼命打著牆，接著狠狠地撞自己的頭」，安娜怎麼不能不原諒他呢？「安娜的心中充滿了對眼前這個男人深深的憐愛和責任感，就像是一個母親對自己的孩子的那種感情。」這是一對相依為命的夫婦，如果沒有上帝在他們中間，他們的愛情如何能夠維持下去？安娜的勇敢和忠誠，在俄羅斯文學中從未更多出現。當他們終於踏上回國的路程的時候，安娜這才鬆了一口氣──然而，他們相親相愛的日子已經屈指可數了。

　　巴登是一個風景如畫的地方，「遠方的黑林山和圖林根山上飄著一縷縷紫色的雲，近處的小山披著深綠色的衣裳，一座座的古堡和新堡屹立在小城周圍」。俄羅斯的煙塵、西伯利亞的風雪，被留在遙遠的北方，杜思妥耶夫斯基卻念茲在茲，經常在夢中遇到那些囚徒、農夫、乞丐和癲僧們。他就在他們中間，他始終都認為自己是背井離鄉的浪子、是不可自拔的罪犯，「每一個罪犯都與浪子一樣感到自己並不在家而是在途」。在茨普金心目中，杜思妥耶夫斯基是這樣一個人──「對人類的苦難極其敏感的一個人，為那些『被侮辱與被損害』的人孜孜不倦地鳴不平的一個人，熱情地捍衛地球上所有生命並為每一片樹葉和每一根小草深情地歌唱讚美詩的一個人。」這個人看到並親身經歷了世上的苦難，恨不得將身上所有的錢都送給街頭的乞丐。

　　杜思妥耶夫斯基患有嚴重的癲癇病，每當病發的時候，基

督的形象便在眼前出現。他最喜歡的是那幅不知名的畫家的作品——〈死去的基督〉，「看了這幅畫，誰還能丟掉信仰？」茨普金用無比精妙的文字重現了這幅畫：「畫上的耶穌頭戴荊棘之冠，若有所失地坐著，胳膊肘支在膝蓋上，瘦骨嶙峋的手毫無生氣地垂在腿上，畫上的人群中有這樣一個人，一張小市民的臉，紅紅的下垂的臉頰，通紅的土豆鼻，他伸出一隻肥肥胖胖的長著濃密黑毛的手指指著耶穌……」耶穌是一個被人唾棄的對象，杜思妥耶夫斯基也被看作精神不正常的異類；耶穌生前沒有得到猶太知識分子階層的認同，杜思妥耶夫斯基也沒有說服日漸焦灼不安的俄羅斯知識分子止於暴力。然而，他們的事業並沒有失敗。

在生命的最後的歲月裡，杜思妥耶夫斯基眼見著同胞們義無反顧地走向歧途，走向古拉格群島，禁不住苦口婆心地勸告他們回頭，卻一次次地遭到羞辱，如同《白癡》的主人翁梅什金公爵的遭遇一樣。當人們將天使當作白癡嘲弄的時候，他們便有禍了。杜思妥耶夫斯基從不在意別人如何對待他，他的身體貼近苦難的大地。美國作家楊腓力指出，杜思妥耶夫斯基對社會下層隱藏的基督信仰的信心，對慈善和悲憫的呼籲，對最新的社會工程理論的不信任——這一切都令他被視為落伍的道德主義者，對現代俄羅斯的種種問題完全無能為力。醉心革命的俄國人選擇了另一條路，一條基於功利主義的道德的道路，切斷於超然的可能。他們認為，為了達到美好的目標，可以不擇手段；為了群體的解放，個人應當先出讓自己的權利。那是一條撒旦設計的道路，人們卻爭先恐後、前赴後繼。

誰是這個時代的白癡呢？茨普金的這段描述，既是關於耶穌基督的，也是關於杜思妥耶夫斯基的：「他坐在石階上，狂風大作，周圍飛著小樹枝和小石子，不知是誰還朝他傷痕累累的臉上

吐唾沫，那些嘲笑的面孔一刻不停地衝他狂笑著，他卻仍然一臉的冷竣和沉思，石頭和雪塊不停地從山上滾下來，他卻起身繼續執著地往上爬，向著山頂，繼續前進。」他們永遠在路上。即便漫步在巴登的城堡、教堂的塔尖、萊茵河的流水之間，杜思妥耶夫斯基也沒有忘記他的理想，他像舊約中的先知耶利米一樣為俄國即將來臨的悲慘前景痛哭流涕。他跌跌撞撞地與那個看不見的「歷史規律」搏鬥，茨普金寫道：「這就是人類的理想，也是他自己的理想，這個理想深深地埋在他的心中，從來未曾改變和放棄，他有時甚至故意嘲笑自己對這個理想的固執，可是每當置身於烏雲密佈、電閃雷鳴和眾人的不理解的笑聲中時，他就更加堅定這個理想一定能夠實現，那位不知名的畫家在畫裡為自己指明了一條道路，自己現在就在這條道路上，只要堅持不懈地走下去，就一定能夠實現自己的理想。」杜思妥耶夫斯基抱著那本在流放地一直閱讀的新約聖經閉上了眼睛，「像熟睡了一般，臉上帶著一種特有的嚴肅和平靜」。若干年之後，在無邊的寂寞中，在沒有回音的角落，茨普金堅持一個人的寫作，不也是為了維繫此一理想嗎？這就是三百年來俄羅斯知識分子最可寶貴的精神傳統啊。

　　火車站是這部小說中反覆出現的一個場景。茨普金乘坐火車去尋覓杜思妥耶夫斯基的腳蹤，杜思妥耶夫斯基則夢遊般地行走在火車站的人流裡。火車站是現代工業文明的標誌，但火車能夠將現代人帶到一個理想的世界去嗎？杜思妥耶夫斯基走出火車站，攀登到了小城巴登郊外的山頂，那裡人跡罕至，他卻有了獨特的發現──「他站在山頂上，就是那個之前看起來是如此遙不可及的山頂，彷彿站在了世界的最高點，整個星球的高山、海洋、森林、河流，還有大大小小的教堂以及人世間的忙忙碌

碌、恩恩怨怨都盡收眼底」。多年以前，杜思妥耶夫斯基在《卡拉瑪助夫兄弟們》中發出警告說：「沒有上帝，一切都是被容許的。」這一警告卻始終不被人們傾聽和接納。

如何將真理從謊言中拯救出來？

二十世紀的俄羅斯，杜思妥耶夫斯基離開之後的俄羅斯，人們彼此下拜，習慣謊言，並致力於建造種種「金牛犢」——列寧的陵墓、史達林的畫像、元帥的制服、太空人的勳章……在這一切的背後，卻是千百萬的生命被剝奪、被屠戮。杜思妥耶夫斯基去世一個世紀之後，另一位先知式的俄羅斯作家索忍尼辛寫到，正是通過杜思妥耶夫斯基的作品，他首次理解到屬靈的高於物質的，從而回到自由的本源上。一個喪失信仰的國度，只能匍匐在獨裁者腳下；人類若不承認上帝創造的權柄，每個人的自由都會成為他人的障礙。英國思想家阿克頓說過：「沒有任何國家在缺乏宗教的狀態下是自由的。宗教產生並增強人們的責任意識。如果人們不是被責任所守護，他們必定被擔驚受怕所包圍。他們越是擔驚受怕，他們就越不自由。」由於當代人匍匐在理性和科學的腳下，不再強調這一神學根據，也不從道德的角度去看自由，而是著眼于實際功利，把自由僅僅看成是一種權利，最後追尋自由的人走到自由的反面。而杜思妥耶夫斯基、索忍尼辛、布羅茨基以及哈威爾等少數派則堅持認為，自由是源於上帝和靈魂不死，是一種等同生命的價值。

杜思妥耶夫斯基一揮手便點到了革命家所承諾的「黃金世界」的死穴上，難怪列寧那麼不喜歡這個憂鬱的老頭。列寧可以部分地接受普希金和托爾斯泰，卻對杜氏心存敵意，他敏銳地覺

察到杜氏是一個徹底的「反革命」。那麼，凡是景仰和研究杜思妥耶夫斯基的知識分子，都是革命政權潛在的敵人——偉大的巴赫金遭到放逐，乃是一種必然的結局；而「不偉大」的茨普金，只好將這本與杜思妥耶夫斯基對話的作品關進「抽屜」。正是在這個意義上，《巴登夏日》是一部具有顛覆性的作品，儘管它沒有一個字涉及到蘇聯社會的現實。茨普金指出，只有通過杜思妥耶夫斯基的精神傳統，方可將人們從迷信暴力和個人崇拜中救拔出來。他在作品發表之後一個星期便去世了，格別烏還來不及找他的麻煩。而茨普金在一間「鐵屋子」中完成《巴登夏日》的經歷亦生動地表明：即便在最黑暗的午夜，文學仍然可以充當生命的救援者，正如《華盛頓郵報》的編輯梅麗‧阿拉納所指出的那樣：「這部震撼人心的小說，強調了我們在文學中所提倡的東西，正是這些文字，把讀者的仁慈之心從悲觀中拯救出來，把真理從謊言中拯救出來。」

真理、永恆、愛與忠誠、罪與懺悔……在所謂的「後現代」思潮甚囂塵上的時刻，這些主題在文學中並未過時，相反它們仍然具有不可抑止的光芒。在《巴登夏日》中，我們體驗到了這些主題的震撼。小說家哈金曾經論及「偉大的中國小說」這一議題，如果將其中的「中國」因素去掉，在普遍意義上而言，所謂偉大的小說乃是「一部關於人的經驗的小說，其中對人物和生活的描述如此深刻、豐富、真確、並富有同情心，使得每一個有感情、有文化的人都能在故事中找到認同感」。以此標準來衡量，毫無疑問，《巴登夏日》是一部偉大的小說。

二〇〇八年一月三日、四日

4.5 愛倫堡：我憎惡使人隔絕的殘暴

「這個時代不需要愛，而需要生鐵……」作為時代的倖存者，愛倫堡把倖存看作是「命運的賞賜」。他經歷了第一次世界大戰、俄國革命和內戰、西班牙內戰、史達林的暴政、第二次世界大戰以及冷戰等重大歷史事件。同代人多已煙消雲散，在一九六○年代短暫的「解凍」中寫作回憶錄《人‧歲月‧生活》時，他幾乎是碩果僅存的、在巴黎見過列寧的「老革命」。這是一個痛苦的世紀，他說，自己並不比別人勇敢，也並不比別人聰明。既然命運讓他逃過一次次的劫難，就有責任把過去的一切寫下來，對於一個依然深陷在苦難中的民族來說，「活著」的同時必須「記住」。

解凍初期的「透氣孔」

《人‧歲月‧生活》的出版，是史達林死後「解凍」的標誌之一。當時，多少蘇聯人把這本書當作「透氣孔」和「螢火蟲」啊——雖然只是一個小孔，卻可以暢快地呼吸；雖然只是一隻小小的螢火蟲，卻穿透沒有邊際的黑暗。七○年代，這本書被翻譯到中國，在「文革」閉關鎖國的背景下，它屬於只允許「內部發行」的書籍，卻成為那一代青年如饑似渴地閱讀的「啟蒙

讀本」——我在許多知青的回憶錄中都發現了這個充滿詩意的書名。而在蘇聯帝國崩潰之後十多年的今天，重讀這本已經解禁的鉅著，不僅是重溫那段冰凍的歷史，而且還從中發現一顆又一顆被苦難折磨、卻又不屈服於苦難的心靈。

這本回憶錄不是一個人的回憶錄，乃是一代人的回憶錄。愛倫堡在描述那些悲慘死去的大師和朋友們的時候、在追憶與他們親密交往和激烈辯論的時候，一定是一會兒發出會心的微笑，一會兒又流下憐憫的淚水。俄國乃至歐洲整整一代的最優秀的作家、詩人、畫家、音樂家、哲學家和新聞記者，都栩栩如生復活了。「人們早先是發現大陸、島嶼，不久大概就要開始發現行星，但對於一個作家來說，無論在過去或是在未來的一切時代，最重要的則是發現人的心靈。」是的，「發現人的心靈」，多麼簡單，又是多麼艱難啊！

在愛倫堡筆下，詩人曼德爾施塔姆「身材矮小，體質虛弱，長著一撮毛的頭總是向後仰著」。曼德爾施塔姆並不漂亮，卻有一種高貴的氣質，愛倫堡用「公雞」來比喻之——「他喜愛雅典衛城牆邊那隻以歌聲打破靜夜的公雞的形象，而他自己在用男低音唱自己莊嚴的頌歌時，也像一隻年輕的公雞。」這隻「公雞」還沒有叫出黎明的訊息，就被暴力機器猛然卡住喉嚨。革命和戰爭遵循鐵與血的規則，不會在意詩人的感受。無論是「白軍」還是「紅軍」，都不喜歡瘋瘋癲癲的詩人。一九一九年，在血雨腥風的內戰中，曼德爾施塔姆被當作間諜而遭到審問。這名不合時宜的詩人打斷偵察員的話：「您最好是說，您放不放無辜的人？……」在動輒槍決犯人的反間諜機關中，說這種話是荒唐的，而充滿孩子氣的詩人毅然宣稱：「我生來就不是蹲監獄的。」一九三八年，詩人死在離故鄉一萬公里的西伯利亞的勞改

營裡。

　　那麼多詩人死去了。愛倫堡寫到好幾位自殺的詩人和作家：葉賽寧、馬雅科夫斯基、茨維塔耶娃、法捷耶夫……對於每個還有良知的知識分子來說，「活著，還是死去」是一個時刻煎熬著心靈的問題。一生歌頌革命的馬雅科夫斯基，說他有一張刀槍不入的「象皮」，愛倫堡卻認為「他連普通的人皮也沒有」。愛倫堡的評語更接近真實情況——馬雅科夫斯基在詩人中自詡為政治家，在政治家中卻永遠是詩人。在他死後，並不欣賞其作品的茨維塔耶娃公允地寫道：「作為一個人而活，作為一個詩人而死……」其實，這也是茨維塔耶娃對自己命運的預見。有人說，茨維塔耶娃是一個天生孤獨的人，愛倫堡不同意這種說法：「她從來沒有逃避生活的意思，恰巧相反，她願意同人們一起生活：孤獨對於她而言不是綱領，而是該詛咒的東西。」茨維塔耶娃充分估計到在一個寒荒的世界上堅持愛情和美的困難，「在這個最忠於基督教的圈子裡，詩人都是猶太人」，但她一直沒有放棄「註定負有的特殊使命」。「註定負有特殊的使命」一詞可能讓人難以理解，但她認為「猶太人區」並非一種傲慢的孤立，而是命運的安排：「古往今來的詩人哪一個不是黑人？」她的丈夫死去了，兒子也死在戰場上，她死後惟一的安慰便是：五歲時就會背誦母親詩句的女兒，多年之後將母親的詩歌整理出版了。

生鐵時代的倖存者

　　作為倖存者，也許要比那些死去的人們更加痛苦，正如契訶夫所說：「你看著人們做假，聽著人們說假話，人們卻因為你容忍他們的虛偽而罵你傻瓜。你忍受侮辱和委屈，不敢公開說你跟

正直和自由的人站在一邊，你自己也作假，還微微地笑⋯⋯」那些歲月就是這樣熬過來的。愛倫堡也是其中的一員，他對罪惡保持沉默，發表過不少讚美史達林的文章，但他反省說：「沉默對於我不是膜拜，而是可詛咒的東西，在一本記述已經歷過的生活的書中我不能避而不談。」他通過描述那些優秀知識分子的悲慘命運，從一個獨特的角度揭示了史達林體制的殘暴。雖然在回憶錄中說出了許多一般人不知道的史達林時代的真相，但他仍然不敢否定整個體制。他不能認同紀德對蘇聯社會制度的全面否定，而採取妥協的態度：有選擇地否定體制的一部分，又保留對其他部分的順服——性格懦弱的愛倫堡畢竟不是一名鬥士。

再怎麼謹言慎行，在史達林時代，愛倫堡也並無安全感，他險些遭遇滅頂之災。一九四九年二月，所有的蘇聯報刊突然停止發表他的作品，他的名字被從評論家的文章中刪去。這預示著什麼樣的結局，大家都心知肚明。他每夜都等候著門鈴聲。電話也不響了，只有十分親近的朋友探問他的健康狀況，熟人們小心翼翼地用公用電話打來電話，想知道他是否被抓走，當他回答一句「是我」的時候，他們迅速將電話放下。十一年以前，在一九三八年大清洗的高潮中，愛倫堡曾經驚恐不安地傾聽電梯的聲音：他已經準備好一個裝著兩套換洗衣服的小皮箱。但這一次，他沒有想收拾衣服和其他日用品，而無所謂地等待著結局的到來。他已經厭倦了恐懼——令人厭倦的恐怖才是最大的恐怖。有一次，深夜兩點，門響了。妻子柳芭前去開門，愛倫堡一句話也沒有說，只是看了看她。他們心照不宣：這也許是愛人之間最後的凝視了。不料，來的是作協領導人西蒙諾夫的司機——原來是老朋友西蒙諾夫想來看他。

這種生活再也無法忍受下去了。愛倫堡冒險直接給史達林去

信。第二天，馬林科夫親自打來電話，向他轉達領袖的「親切慰問」。此後，愛倫堡家中的電話機馬上又響個不停，各報的編輯部都對他說：「發生了誤會。」那一次，愛倫堡已經站在滅頂之災的邊緣。不知出於什麼樣的考慮，史達林導演了這場貓捉老鼠的鬧劇。也許史達林僅僅是想恐嚇他一下，也許史達林覺得留下他還可以向西方顯示蘇聯的「創作自由」。　九五二年，史達林將「史達林和平獎」授予愛倫堡——這是當局所給予「社會賢達」的最高榮譽。但這並不足以保障愛倫堡的安全。在史達林去世前夕緊鑼密鼓地策劃的反猶運動中，作為猶太人的愛倫堡也被波及。他經過長期的思考，鼓起勇氣給史達林寫了一封信，建議領袖從國際方面來考慮猶太人當今的複雜情況。他認為對猶太人問題的惟一解決辦法，是使他們完全在俄羅斯社會中被同化，而不是大規模的迫害和放逐。歷史學家弗拉基米爾·諾莫夫指出：「愛倫堡像許多其他人一樣，似乎願意扮演一位年老的、不存希望的宮廷猶太人，一位溫順的侍從，心存一種發揮溫和影響力的幻想或希望。」史達林是否看到這封信，不得而知。但幸運的是，史達林的死亡中止了這場新的種族迫害，也拯救了身處懸崖邊上的愛倫堡。

在史達林死後，愛倫堡恢復了部分的創作活力。良知促使他繼續寫作。他在回憶錄中不乏自我反省——「我憎惡漠不關心、窗上的帷幔、使人隔絕的殘忍和殘酷」。這正是愛倫堡寫下這部宏大回憶錄的內在動力，這本書被劫後餘生的人們當作「透氣孔」和「螢火蟲」，人們通過這本書來探究「在一個只有生鐵而沒有愛的時代如何倖存下來」。同時，作家本人也宣稱：「我既不會忘記如何去愛，也不曾忘記如何希望，今後大概也不會忘記。」當然，僅有「透氣孔」和「螢火蟲」是不夠的——在回憶

錄的最後一章，愛倫堡向當時還是文壇新人的索忍尼辛表達了真誠的敬意，他看到了一個將比自己更了不起的大師的雛形——果然，一部更偉大的時代的紀錄將在索忍尼辛的手上誕生，那將是刀鋒與閃電，那就是《古拉格群島》。

二〇〇三年春初稿
二〇〇七年一月三日定稿

第五章

人面不知何處去
桃花依舊笑春風
• • •

5.1 詩人與他美麗的妻子：訪普希金故居

普希金與妻子岡察羅娃的塑像，兩百年後人們已經能夠以「同情的理解」來看待岡察羅娃了

莫斯科阿爾巴特大街五十三號——這不是一個平凡的門牌號。這裡曾經是「俄羅斯文學的太陽」普希金和他妻子的新房，如今是普希金紀念館。紀念館對面的街道上豎立著普希金新婚時與妻子岡察羅娃手牽著手的塑像。在俄羅斯，普希金的塑像不計其數——領袖和政客們的塑像隨著政局的變更紛紛倒下，只有普希金的塑像歷久彌新。但是，這尊夫妻倆人親密地攜手走向神聖的教堂的塑像，全俄羅斯只此一尊。經過這裡的遊客往往會停下來拍照，午後的陽光將青銅塑像照得動感十足，在光與影之間，彷彿這對年輕的夫妻正款款向人們走來。

「我愛你的心靈」

　　雖然在一百五十多年之前，普希金只是租了這棟豪宅二樓的五個房間作為自己的新房，但如今整座大樓都被作為普希金的紀念館。周圍很多同時代的房屋都已蕩然無存，這棟十九世紀的宅院卻完好地保存在莫斯科寸土寸金的商業中心，從來沒有哪個房地產商人試圖把它推倒之後來修建一棟高樓大廈。曾經在這棟豪宅中居住過的高官顯貴數不勝數，它卻因為「詩歌之王」普希金而得以倖存，這真是歷史的吊詭，這亦是文學的光榮。在俄羅斯，幾乎普希金生前停留過的每一個處住所都被開闢成普希金紀念館。普希金是俄國文豪中的文豪，是星星中的星星。對於其他幾位大文豪如托爾斯泰、杜思妥耶夫斯基、屠格涅夫等人，在俄羅斯人中，有人喜歡，也有人不喜歡；但對於普希金，可以說沒有人不喜歡。

　　由於地理位置便捷和館藏豐富，阿爾巴特大街五十三號的這家普希金紀念館最為著名，訪客也最多。這裡不僅珍藏了岡察羅娃傾國傾城的肖像，還有普希金早年的手稿和遺物，以及用絨毛玩具裝飾的「普希金童話屋」——這間展廳吸引了好多孩子，它也在提醒參觀者：別忘了普希金還是一位偉大的童話作家。

　　在這裡，普希金度過了最甜蜜的新婚歲月。這個家中處處留有岡察羅娃的倩影。在寬敞的客廳裡，岡察羅娃經常舉辦舞會，在美妙的音樂中她與普希金翩翩起舞，才子佳人宛如神仙眷侶。但是，當普希金在決鬥中死亡之後，一時之間岡察羅娃成為眾矢之的，許多人將她看作是害死丈夫的「禍水」。長期以來，她蒙受了種種不白之冤，卻始終保持著沉默，不作辯解。作為詩人的妻子，她是不幸的，她與普希金只度過了六年的婚姻生涯。

這種不幸在托爾斯泰的夫人索妮婭身上也同樣存在著，儘管索妮婭與托爾斯泰一起生活了長達四十八年之久。時間不是最重要的因素，最重要的是作為女人和妻子，如何在那個作為丈夫和作為偉人的男人身上找到一個最佳的平衡點。岡察羅娃失敗了，索菲婭也失敗了，但那不完全是她們的錯。當她們的丈夫逐漸被神話以後，她們卻被誹謗和貶斥。由此可見，成為大師的妻子並非好事，它意味著犧牲、無休無止的犧牲——公眾可以輕鬆地享有大師的精神創造，而大師的妻子卻不得不在其陰影背後哭泣。

近年來，俄羅斯先後出版了《普希金娜傳》和《「我愛你的心靈」——普希金娜的故事》等歷史著作，還原了岡察羅娃的本來面目。在最新公佈的普希金與妻子及其家族的通信中，那段動人的愛情再次得以展現——普希金在給妻子的信中寫道：「你的美貌舉世無雙，令人傾倒。但我愛你的心靈勝於你的容貌。」在給岳母的信中詩人寫道：「我的妻子非常可愛。和她共同生活的時間越長，我對她的愛就與日俱增。上天賜給我這樣一位溫柔美麗、純潔善良的天使，我實在受之有愧。」岡察羅娃不是一個「白癡美人」：她與普希金結婚的時候只有十九歲，比丈夫整整小十三歲，儘管接受了貴族家庭嚴格的文學藝術教育，但由於長期「養在深閨人未識」，有限的視野和閱歷，使她不可能對丈夫複雜高遠的思想境界有深刻的理解。然而，岡察羅娃崇拜普希金、愛戀普希金，她尊敬丈夫那顆金子般的心靈，就像那些十二月黨人的妻子，雖然不能深切地理解丈夫為什麼要反對沙皇，卻義無反顧地跟隨被放逐的丈夫前往冰天雪地的西伯利亞。

「這不是你的錯」

在這間裝飾精美、古色古香的紀念館裡，不僅保存了普希金當年親筆書寫的許多詩歌和信件，還有不少是岡察羅娃幫助丈夫謄寫的文稿。還在蜜月期間，岡察羅娃就開始幫助丈夫謄寫詩稿，正是通過這些優美的文字，她逐漸走進丈夫的內心世界。在那段時間裡，普希金每一部新作剛一誕生，總要先朗誦給妻子聽。後來普希金想出版文選，岡察羅娃還主動向她的哥哥求援，索要八十七令的高級白紙來贊助印刷。所以，說岡察羅娃妨礙了普希金的創作並不符合歷史事實。

當然，由於年輕、由於美貌，岡察羅娃不可能滿足於普希金用詩歌營造的夢幻與理想的世界。她與那些同樣身分的貴婦人一樣，也渴望奢華的生活方式和絢爛的社交活動，她不可能脫離整個時代的趣味和自己所處階級的風尚。岡察羅娃的美貌，幾乎征服了沙皇尼古拉一世的整個宮廷，她也由此獲得了凡人難以避免的虛榮感。普希金卻逐漸厭倦了那些虛偽空洞的宮廷社交，對於鬧饑荒的一八三四年在彼得堡籌備的豪華舞會，普希金在日記中寫道：「節日將耗費五十萬盧布。那些餓得奄奄一息的人民會說些什麼呢？」岡察羅娃卻不會產生這樣的聯想和負疚感。

這對年輕夫妻之間確實存在著分歧。普希金希望享有「獨立的幸福」，「讓我唾棄彼得堡，呈請退職，到波爾金諾去……依附於人是不愉快的」；岡察羅娃卻難以割捨首都紙醉金迷的社交圈子，她還正處在愛湊熱鬧的年齡。但是，岡察羅娃從來沒有背叛過丈夫，她像愛自己的眼睛那樣愛丈夫的尊嚴。只是，她過於單純和天真了，她不知道普希金的詩句已經像火種一樣流傳在俄羅斯大地上，她也不知道沙皇及其寵臣們是何等懼怕和仇恨普希

金。她沒有看到金碧輝煌的宮殿背後是一個「充滿骯髒的流言蜚語」、「誹謗和告密」的世界。那個法國流氓丹特士在她身邊出現了，沙皇的網收緊了……

熱愛榮譽勝過熱愛生活的普希金，決定與企圖勾引妻子的丹特士決鬥——雖然對方只是一個籍籍無名的法國流亡貴族。詩人有一腔勇氣，可畢竟不是軍人，對方卻是真正上過戰場的老兵。丹特士先開槍，普希金被擊中。身受重傷的普希金被抬回家後，在巨大的痛苦中還念念不忘安慰妻子：「你放心，你沒有任何過錯！」當劇痛難忍時，他就讓她走開，不願讓妻子看著自己受傷痛折磨的樣子，嘴裡不斷地說：「我可憐的妻子！」並派人去安慰她。在疼痛間歇時，便把她喚到身邊，反覆向她解釋：「你無辜的，我永遠愛你……」給普希金治傷的御醫阿連特目睹了這一切，感歎道：「對普希金來說，沒有被當場打死是他的不幸，因為他受盡折磨，痛苦不堪。但對他妻子的聲譽來說，他活著回來卻是不幸中的大幸。因為所有在場的人都看到她的無辜，以及普希金對她忠貞不渝的愛情是毋庸置疑的。」彌留之際，普希金囑咐妻子說：「我死後，你帶著孩子們到鄉下去住。為我服兩年喪你就嫁人，一定要嫁個正派的人。」

岡察羅娃如秋葉般靜美的晚年

在紀念館的牆上，掛著一幅岡察羅娃素服的肖像，那時她大概已經步入了中年，深鎖的眉頭顯示出她並未走出那場改寫俄羅斯文學史、也改變他們家庭命運的悲劇。普希金的慘死給岡察羅娃帶來巨大的悲痛，此後她隱居鄉間，悉心培養和撫育四個年幼的子女。儘管命運多舛，善良的天性卻使她總是十分同情那些身

處逆境的人們。青年作家謝德林被流放，這讓她想起普希金當年遭放逐的情景。於是，她為謝德林多方奔走，終於使之獲釋。她還著手整理普希金的文稿，為普希金作品的出版而四處奔波。在這個意義上，岡察羅娃所承擔的重負比英年早逝的普希金更大。

在普希金去世七年之後，岡察羅娃下嫁給為人厚道的蘭斯柯伊將軍。蘭斯柯伊性情溫和，一直善待岡察羅娃，並將普希金與岡察羅娃生育的四個子女視如己出。但是，岡察羅娃再也不能重新享有幸福了，她一直多病，不復當年「第一美人」的風采。她深居簡出，對各種議論不聞不問，直到一八六三年十一月二十六日患肺炎去世，享年五十歲。

在岡察羅娃第二次結婚時，沙皇尼古拉一世曾主動地提出願當主婚人，因為岡察羅娃曾經是他心中的「偶像」。但經歷過喪夫之痛的岡察羅娃早已不再是七年前天真爛漫的少婦，她深知導致丈夫死亡的深層原因就在這個貌似仁慈的暴君身上，尼古拉一世就是殺害普希金的幕後總導演。她當然還記得丈夫去世之後沙皇政府的醜態，普希金的朋友維亞澤姆斯基這樣描述道：「在預定送走遺體那一夜的前一天，普希金的十幾個生前好友聚集在他家裡向他致哀，我們所在的那間小客廳突然來了整整一團憲兵。可以毫不誇張地說，聚集在靈柩旁邊的，大多不是朋友，而是憲兵，更不用說那些佈置在街道上的哨兵了。當詩人的十二位親朋好友聚集在那裡向他致哀時，這些遍佈在死者的住宅裡的武裝部隊是用來對付誰的呢？這些身穿便服，可是大家一眼就能認出來的密探又是用來對付誰的呢？」岡察羅娃也看到了這一切，丈夫的死亡讓她突然成熟了，她的眼睛打開了。於是，她斷然拒絕至高無上的沙皇陛下的這一「好意」，將沙皇置於一種無比尷尬的境地之中。這一勇敢的舉動，也許就是岡察羅娃向離開世界已經

七年的丈夫的一次致敬吧。

我和妻子也在普希金與岡察羅娃的塑像前照了一張合影——有的愛情本來就不需要他人的「理解」，普希金和岡察羅娃永遠活在各自的心中，他們的愛情是永恆的，有詩歌作證。

二〇〇五年十二月八日

5.2 永恆的懺悔：訪托爾斯泰莊園

　　一八六二年九月末的一個晚上，當托爾斯泰領著新娘索妮婭抵達波良納莊園的時候，那棟房子已經不是十五年前他所繼承的、有三十六間屋子的大宅邸了。為了償還賭債，托爾斯泰被迫賣掉房子的主體，這部分已經被運走，剩下的只是兩個不大的側翼。一側做了托爾斯泰為農民子女開辦的學校；另一側則歸托妮姑媽和托爾斯泰本人居住——這棟房子遠非十八歲的新娘索妮婭心目中的宮殿。

　　那天夜裡，最讓索妮婭疑惑不解的是：丈夫執意要睡在一個破舊的紅色沙發上。這個沙發套看上去就像是從廢驛車上扯下來的。托爾斯泰不喜歡軟枕頭和枕套，他身材魁梧，睡覺卻只需要一小塊地方。夜晚，房裡點的是蠟燭而不是油燈，燃蠟發出的氣味經久不散。這一切都讓一向養尊處優的索妮婭感到難以適應。

　　第二天，索妮婭第一次以波良納女主人的身分查看整個宅院。她感到奇怪的是：庭院裡竟沒有種花草；小路沒有人打掃；房前通往大道的緩坡上，一大片「草坪」竟然雜草叢生。托爾斯泰的曾祖父沃爾康斯基親王在世時，這裡曾是一片名副其實的草坪，如今卻被僕人扔滿垃圾。

　　三十五年之後，索妮婭回到莫斯科短暫居住，她這樣回憶當年在波良納度過的第一個星期：「屋外是污泥，屋內是塵埃，庭

院骯髒，我和列夫‧托爾斯泰住的兩個房間也髒。四個老鼠夾成天唏嚓、唏嚓響個不停。老鼠，沒完沒了的老鼠！房子陰冷，天空晦暗，細雨連綿；提燈穿過泥濘走在一棟房子到另一棟房子的路上，四周一片死寂，令人傷心沮喪。」這顯然不是美好的回憶。

這就是俄羅斯的城市和鄉村之間的巨大差別──雖然波良納還是一所曾經顯赫的莊園。既然成為托爾斯泰夫人，就得接受波良納的生活──索妮婭逐漸愛上了這個鄉下莊園，尤其是它起伏的田野、大片的樹林、絢麗的野花，還有池塘和小河。索妮婭與托爾斯泰在這裡度過了長達四十八年愛恨交加的生活，並為丈夫養育了十三個孩子。托爾斯泰最重要的作品差不多都是在這個平凡的莊園裡完成的，他曾說過：「對我而言，波良納就是俄羅斯。……若是沒有我的波良納，讓我去描述俄羅斯和闡明我對它的制度的看法，那一定是困難的。」在托翁於一九一○年去世並被埋葬在旁邊的峽谷之後，波良納成了俄羅斯文學乃至世界文學的一處聖地。

萬物在這裡生長

在抵達俄羅斯之後，波良納是我們前去拜謁的第一站。賓士牌小客車從莫斯科出發，在蜿蜒起伏的公路上行駛三個多小時，先經過已成為軍工重鎮的圖拉市，然後再繞上小路。司機是莫斯科人，不熟悉圖拉的公路，沿途問了好幾次路，這才找到隱藏在莽莽蒼蒼的原野和森林之中的波良納莊園。

波良納莊園是母親留給托爾斯泰的遺產，是一座按照英國風格修建的莊園。雖然地理位置偏遠，規模卻相當龐大，據說步行

托爾斯泰莊園全景

兩三個小時都走不出莊園的地界。莊園的大門還保存著當年的格局，是左右對稱的兩個雪白的塔樓，中間的大鐵門已被拆除，遊人購票之後可直接入內。

我們走進大門，首先映入眼簾的是一條兩邊都是參天的椴樹林的寬闊道路，這是進入莊園的主幹道。道路左側是一個水清如鏡的池塘——雖名之曰「池塘」，卻比北大未名湖大得多。我們等待片刻，湊齊約二十名遊客的一撥隊伍，一位身穿民族服裝的俄羅斯老太太便前來接待我們。

講解員帶著我們沿著這條平整的沙石路往裡走。她告訴我們，這條道路旁邊的小路是托翁經常散步的地方，特別是寫作《戰爭與和平》期間，在寫作遇到困難的時候，托翁差不多每天都在這條路上獨自漫步和沉思。俄羅斯的森林和草地，水和空，飛鳥和馬匹，給了這位大地之子無窮無盡的靈感。後來，在

寫作《復活》的時候，在大雪覆蓋的冬天，托爾斯泰也常常在這裡與家人一起玩雪橇遊戲，正像其日記中所記載的那樣：「腳下是寒冷而僵硬的大地，周圍是高大的樹木，頭上是模糊不清的天空，我發覺自己的身體，頭疼。構思《復活》把我弄得非常緊張。而且我知道，我對僵硬而寒冷的大地、樹木、天空，我的身體和我的思想──所有這些只是我五種感情的產物，我的觀念──我所構思的世界上都感到萬物的生命。」經過漫長的冬天之後，波良納美麗的春天到來了，托爾斯泰一大早便出去散步，將最早發芽的橡樹和柳樹的枝條採回來送給孩子們，這是春天的禮物。大自然是作家最好的老師。托爾斯泰天生就是屬於波良納莊園的，有時他離開莊園到莫斯科辦事，剛到莫斯科沒有幾個星期便歸心似箭。

　　道路的一側是一片低矮的而整齊的蘋果林。我們步入蘋果園中，發現幾位農夫正在採摘樹上的蘋果，這些蘋果是用來製作蘋

果醬的，早在兩百年前波良納莊園的蘋果醬就已遠近聞名。當年，托爾斯泰曾在蘋果園中教孩子們如何區分葉芽和花苞。索妮婭在與丈夫吵架之後，害怕被家裡的僕人看到，便偷偷跑到蘋果園中哭泣。作為一位性情怪癖的偉人的妻子，索妮婭遇到的困難是一般人所難以想像的。她應得的不是指責而是同情。

托爾斯泰經常在這個幽靜的門廊前做手工

　　現在正是夏末，是蘋果豐

收的季節。地上落了很多熟透的蘋果，還有一些隱藏在茂密的雜草叢中。這是一種個頭小小的蘋果，我隨意撿起一個，兩把擦乾淨，趕緊咬上一口——不是因為饞與餓，而是因為這是波良納莊園生長的蘋果，這個蘋果裡也許有托翁的靈氣呢。

當我們來到托爾斯泰的正屋前時，講解員微笑著告訴我們，屋前的這棵大樹叫「貧者之樹」，托翁生前經常與附近的農民們在樹下交談，並給予他們各種各樣的幫助。托翁走了，樹卻成為歷史的見證。老太太一邊講解一邊輕輕地撫摸樹幹，如同撫摸親人。從這一微小的細節中便可看出，作為莊園的管理員和導遊，她是多麼熱愛這裡的一草一木，這不僅僅是一份職業，在這份職業中有生命的寄託——那背後是對自己民族的文化和歷史的熱愛，這種熱愛不是知識分子獨有的，而是滲透到每一個普通百姓的血液裡。

這棵「貧者之樹」是「托爾斯泰主義」最為直觀的註釋。托翁的作品中經常出現農民的形象，他長期與農民保持著密切聯繫，甚至與他們一起幹活——偌大的俄羅斯，這樣的伯爵恐怕只有他一個。托爾斯泰在一封給農民讀者的信中寫道：「你問，我喜歡不喜歡我所過的生活，——不，不喜歡。我之所以不喜歡，是因為我和我家裡的人都生活在奢侈之中，而我的周圍是一片貧窮的景象，同時我又無法擺脫這種奢侈生活，也無法解救這種貧窮。這就是我不喜歡我的生活的原因。生活中我惟一所喜歡的也就是在我的範圍內做我力所能及的事情，也就是根據基督的教義愛上帝和親人。愛上帝——意思是：愛善行和盡可能接近達到它。愛親人——意思是：像愛自己的兄妹一樣，愛所有的人。我致力於做到的正是這一點，也僅僅是這一點。」他不僅致力於改變波良納莊園及其周圍的農民的生活狀態，還直接給沙皇寫信替

農民申述他們遭遇的種種不公。在做這些事情的時候，托翁獲得了比文學創作還要大的安慰：「我欣慰的是，我能夠盡力完成主賜予的教誨：為建立一個我們大家都嚮往的上帝的天國。」屠格涅夫在其逝世前不久，曾到波良納莊園來做客，並與托爾斯泰徹夜長談。屠格涅夫希望托爾斯泰將時間和精力集中到寫作上，因為只有文學才是不朽的。但托爾斯泰顯然不這樣認為──在進入垂暮之年後，他竟然勇於「放棄文學」，去探求一條通往「上帝的天國」的道路。那是一道窄門，走的人不多。

人如何才能過與信仰一致的生活？

進入故居前，講解員要求我們都換上門口裝在一個大竹筐裡的皮套鞋，因為有的遊客的高跟鞋會對木地板造成傷害。看來，管理方在故居的保護上考慮到了每個細節。這棟宅邸裡的各個房間，完全按托翁生前的樣式陳設。托爾斯泰研究專家夏伊勒這樣描述道：「除了起居室，所有的房間都陰暗狹小。儘管托爾斯泰

2005.08.14 09.

進入托翁故居參觀必須穿上這樣一雙碩大無比的牛皮鞋，管理員說是為了保護故居的木地板

進財添丁後對兩側都進行了擴建。房間裡的陳設也很樸素，家具簡單堅固──只有長沙發上裝著軟墊。房子裡有幾塊地毯。但無一鋪在臥室。顯然，托爾斯泰期望人們冬天穿上毛氈靴或韌皮鞋，以免臥室

光禿禿的地板凍腳。」一樓首先是一間「候客室」，同時也是一個書架成群的藏書間。這裡有數萬冊的藏書，其中還有日文和中文的書籍，托翁是一個博學的哲人，他對東方哲學也有很深的研究。

我們從狹窄的木樓梯上了二樓，這裡是故居中最為寬敞的一個大廳。牆上掛著許多精美的肖像，有托爾斯泰和索妮婭的肖像，還有托氏家族祖先的肖像，這些作品都出自於大師之手，如列賓和拉姆斯科伊等人。大廳中間有一張長長的餐桌，托爾斯泰家人丁興旺，共有十三個孩子，還經常有客人來訪，如屠格涅夫、契訶夫、科羅連科等文壇名宿，因此這張長條餐桌比尋常人家的餐桌長得多。當年的鋼琴和留聲機還擺在原來的地方，留聲機是愛迪生專門送給托爾斯泰的禮物，可惜直到生命中的最後幾年，托翁才得以享受這一新奇的科學發明。

在托翁晚年擔任其秘書的瓦·布林加科夫，生動地記載了當時在波良納莊園中是如何使用這台珍貴的留聲機的：「留聲機先放出托爾斯泰的講話，而後放庫別里克、派特季、特羅揚諾大斯基的演奏和歌曲。這期間他幾乎一直沉默不語。但聽的時候出現了個有趣的插曲。留聲機放在客廳裡，喇叭口卻對著大廳，大概是為了擴大效果吧。聽的人坐在餐廳通向客廳的門旁，圍成半圓形。後來不知為什麼把留聲機移進大廳裡，放在門對面的牆旁邊的大臺子上。喇叭轉向了角落，那裡托爾斯泰和蘇霍金兩家人都圍著圓桌，在柔和的燈光映照下坐著聽，顯得十分舒適。」

這時，托翁卻提出：「應該把喇叭轉向門口，那樣他們也就能聽到了。」

「他們」指的是那些僕人們，「他們」正擁擠在前廳的樓梯上，通過欄桿向大廳內張望和留神捕捉傳到他們那兒的留聲機裡

伯爵講話的隻言片語。托翁時刻惦記著這些卑微的僕人，他從來不打罵他們，在僕人們眼中他是一位「好心的伯爵」。即便如此，托翁仍然為「主人」和「僕人」之間懸殊的身分而感到羞愧──貴族的身分帶給他的不是榮譽，而是恥辱，但他又無法重新投胎於一個農民家庭，甚至無法完全更換如今的生活方式。他被牢牢地限定在這樣一種等級制度之中，一整套的社會制度強於某個人的良心。

參觀完這間大廳，我們走進托爾斯泰故居的心臟──對於一名偉大的作家來說，最重要的地方不是其餐廳和寢室，而是書房。這又是一個小小的房間，書桌也小得可憐，跟今天某些公司老闆的「大班桌」相比，簡直就像是小學生使用的課桌。很難想像，《戰爭與和平》和《復活》這樣的鉅著，居然就是在這樣一

托爾斯泰的書房：這張托翁使用過的桌子，仍然保持著原樣。在二戰中，德軍進駐波良納莊園的時候，也未予破壞

張小小的書桌上寫出來的。瓦·布林加科夫這樣描繪托翁寫作時的場景：「托爾斯泰俯在桌子上，彷彿忘記我也在場。我站在一旁，不說一句話，保持室內的靜謐。一盞帶有白色燈罩的細長的小油燈恭敬地立在工作臺突出的一塊小木板上，照著托爾斯泰。他皺著眉頭不停地寫著，寫完一頁，翻過一頁，也不墊一張吸墨紙，致使未乾的墨蹟印在桌子上。他坐著。坐著，突然大叫一聲『哎呀！』可眼睛並不離開紙，發現有什麼地方不合適，又改正補充，再寫下去。通常他只是在下棋時才這樣歎氣的。」這個時刻，寫作對於托翁來說是全身心的投入，他自己創造了一個高於現實的世界，一個比波良納和俄羅斯都更為廣袤與豐富的世界。

在這張托翁工作了數十年的書桌旁邊，放著一個托翁親手設計的書架。可惜的是，原件在一九四一年德軍入侵期間遭到了破壞，如今的這個書架是按照托翁親手繪製的圖紙復原的。在戰爭期間，波良納莊園淪為德軍第二坦克集群司令部。德軍元帥古德里安曾經坐在托翁最喜歡的躺椅上忙裡偷閒地閱讀《戰爭與和平》——而德軍覆亡的預言其實就隱藏在這本鉅著之中。

書桌的上方掛著幾幅俄羅斯很常見的聖像畫，一張是聖母瑪利亞懷抱著小聖嬰，另外兩張是美麗的天使。每當鋪開稿紙寫作的時候，聖母、聖嬰和天使都陪伴在托爾斯泰身邊。托爾斯泰是一名「自己的基督徒」，他譴責教會是沙皇政權的幫兇，因而被教會革除教籍，但他堅信每個人都能以自己的方式接近上帝，信仰無需獲得教會的認可。對於信仰，托爾斯泰從不炫耀——他不認為「因為我是被上帝揀選的人，所以我比你更高貴」；相反，他在信仰中看到自己無法擺脫的罪，他因信仰而懺悔、因信仰而哭泣。晚年的托爾斯泰時常情不自禁地哭泣，在寫作的時候，在吃飯的時候，在與農民一起聊天的時候，在騎馬漫遊的時候……

這位白髮蒼蒼的老人，眼淚卻比任何人都多。哭泣即是一種懺悔。托爾斯泰認為，一個不懺悔的信仰者，必然是一個如同猶大那樣的偽善者，不承認自己有罪本身就是最大的罪惡：「一個不承認自己罪過的人，就像是一根頂端被嚴密堵塞的導管，任何東西無法從中通過。調和，悔悟，這就意味著打開管口，使自己成為有能力完善──幸福的人。」晚年的托爾斯泰已經功成名就，其影響力遍及世界，他甚至能夠公開譴責沙皇而不必擔心受到懲罰，因為連獨裁成性的沙皇都不敢對這顆「俄羅斯的良心」動手。但是，他卻陷入更為深刻的精神危機之中，寫作已經不足以挽救這一危機了。「人如何才能因懺悔而得救？懺悔之後如何避免犯罪？自己有沒有能力過另外一種生活──一種與信仰一致的生活？」這些問題每時每刻都在折磨著這位老人。

托爾斯泰居住的拱頂室

與書房相連的是托翁的臥室。臥室裡只有一張小床、一個大立櫃和一個床頭櫃，比今天的青年旅舍還有簡樸。這樣的陳設根本不像是帝國伯爵和享譽世界的作家的臥室，即使比起旁邊擺滿裝飾物的索妮婭的臥室來也遜色得多。托爾斯泰盡可能過樸素的生活，甚至通過參與繁重的體力勞動來為自己贖罪。他試圖將自己變成一個道道地地的農民，卻始終無法完全做到。最後，他選擇從波良納莊園出走，一直走向生命的盡頭。他悄悄地離開了，這是一條一個人的朝聖路。信仰不是一份宣言，乃是一種實踐。托爾斯泰在其晚年的日記中這樣寫道：「我總認為，如果一個人對信仰忠貞不渝，那他任何時候

也不會去乞求任何人，而如果信仰不堅定，動搖，那麼這個人必然會籲求所有人去相信他的信仰。」他用「出走」這一絕決的行動，來為自己的懺悔錄寫上了最後的句號。

世界上最小的墳墓

　　托翁最後的歸宿，不是波良納莊園溫暖的書房或臥室，而是阿斯塔波沃火車站站長臨時休息的小房間。這是一種永恆的懺悔，一個一生也沒有戰勝內心欲望的偉人永恆的懺悔。其實，所有人都無法戰勝自己的罪，除了謙卑地來到上帝的面前接受上帝的愛，我們別無他法。直到生命的最後時刻，托翁才明白這個最為單純的真理——真理有的時候是極其殘酷的，因為真理是惟一的。正是在遠去的火車車廂裡，在農夫骯髒的衣衫和凍裂的面龐上，在母親和孩子辭不達意的禱告中，托爾斯泰看到了上帝那無窮無盡的愛：「上帝——愛，就是這樣。我們認識上帝，只是因為我們正在愛。其實，上帝就存在於自身。這　　是　種說法，常常是一種不必要的，甚至於是有害的說法。如果人們問到：自己身上有上帝嗎？——我必須現在就說：是的，我在上帝的懷抱中。其實，和上帝在一起——就是和愛在一起。我正確地認識到這一點。對我來說，這就是一切，就是我的生活的說明和目的。」托翁死在上帝的懷抱中，他那憂傷痛悔的心是被上帝看重的。

　　托翁逝世之後，遺體被送回波良納莊園。一路上，絡繹不絕地站著前來見作家最後一面的農民們。托翁的死亡居然再一次讓沙皇寢食難安，沙皇擔心又會釀成民眾的暴動——在專制制度下，每一個受民眾愛戴的偉人的死亡，都會讓統治階層如臨大敵。如今，托翁的故居裡還保存著那間用鹿角裝飾的房間：

一九一○年十一月九日，托爾斯泰葬禮舉行的那一天，他那簡陋的棺木就被安置在這裡。那天，有數千人穿過這個房間，向這位偉大的文豪行禮告別。

我們走出故居，向數百米外的托翁的墳墓走去，這是我們在波良納的最後一站。路上，有少年人驅使著英俊的馬匹緩緩而過。托翁生前十分喜愛騎馬，即便是在八十二歲高齡時，還經常騎著他那匹名叫「戴莉爾」的愛馬在莊園裡馳騁，瓦·布林加科夫寫道：「一般來說，在騎馬出遊時似乎他喜歡選擇一些小小的障礙：如果小徑是繞彎的，他必定縮短路程，轉身照直穿越茂密的樹林和草叢；如果有一個小小的山丘，他必然要越過它；溝壑上若是有小橋——他偏偏繞過小橋，沿著陡坡過溝。」今天的莊園裡，再也看不到托翁騎馬的英姿，騎馬遊覽莊園已經變成一個服務於遊人的活動。

儘管我早已在高莽先生等人的文章中看到過關於托翁墳墓的介紹——人的偉大與墳墓的渺小形成最大的反差，但當我親眼看到這座小土包的時候，仍然不敢相信自己眼睛看到的這一切——我們正在一路高談闊論，旁邊的遊客中有來自於美國和法國的熱愛托翁作品的讀者，偉大的文學作品總是能夠穿越不同國族的心靈。忽然，講解員向我們作出停止說話的手勢，然後輕輕地指著前面——原來托翁的墳墓就在十米之外小路的旁邊。

是的，我們理應安安靜靜地來到托翁面前。這塊森林中的方寸之地，夾在兩條林間小路之間，按照中國的風水觀念，大概是不適合當作墓地的。但這裡正好是托翁童年時代與兄弟姊妹玩耍的地方，托翁生前就決定自己要安葬在此處。托翁被教會革除了教籍，不能安葬在家族墓地中，他也拒絕葬禮有任何的宗教儀式。

這個長方形的土包，還不到半米高，早已被茂盛的青草所覆

蓋，再加上將近一百年雨雪的侵蝕，已經讓人工的痕跡蕩然無存。附近也沒有任何標記說明這就是托翁的墓地，如果不是講解員的指示，我們也許馬馬虎虎地就走過去了。惟一顯眼的是，小土包前面放著幾束遊客獻的鮮花。據

世界上最樸素的墓地：托爾斯泰的墓地沒有任何標誌

說，這裡長年獻花不斷。這是迄今為止我所看到的最為簡樸的墳墓——沒有墓碑、沒有雕塑、也沒有十字架，只有旁邊的樅樹和白樺樹在沙沙作響。托翁的墳墓讓那些帝王們恢弘的陵墓都顯得那樣醜陋不堪。那些強迫別人參拜的木乃伊，讓人記住的只有主人的邪惡；而這個隱藏在森林中的小土包，卻以一種超越任何形式的美，與人類一起分享所有的幸福與痛苦。大家全都靜默了，生怕打擾托翁沉思的靈魂。這裡的樹也是有福的，它們每天都陪伴著托翁，每天都傾聽托翁的傾訴，並將托翁的聲音向更高的蒼穹傳送。

在這片森林裡，童年的托爾斯泰曾經與哥哥一起尋找「綠棍」。俄羅斯有這樣一個民間故事：森林裡埋藏著一根綠色的棍子，上面刻著一個秘密。一旦這個秘密被人揭曉，那麼所有人都會獲得幸福。那時，將不再有疾病，不再有痛苦，誰對誰都不會發脾氣，大家都彼此相愛，大家都會變成蟻國兄弟⋯⋯「尋找綠棍」不僅是一個童年的遊戲，可以說，托爾斯泰的一生都在尋找這根蘊藏著幸福的原理的「綠棍」。這根「綠棍」不在波良納莊園裡，也不在俄羅斯遼闊的大地上，這根「綠棍」就在托爾斯泰

的心中，就在我們每個人的心中——這就是我在波良納莊園尋找到的最大的秘密。

走出莊園大門，對面有一家餐廳和幾家買紀念品和書籍的小店。我們在這裡享受遲到的午餐，紅菜湯的味道十分可口。我倒是很想買一瓶波良納產的蘋果醬，可惜這類土特產不能帶回國。小書店裡賣的都是托爾斯泰的著作，司機買了兩本，一本是短篇小說集，一本是詩集。這位長相有點粗魯的司機，像珍寶一樣將兩本書抱在懷裡，他憨厚地笑著告訴我們，這是他最快樂的一天，既工作了，又到了心儀已久的波良納莊園參觀，還買到了托翁的著作，他要向我們表示感謝。這就是俄羅斯，一個人人熱愛文學的國家。是啊，只有在這樣的土地上，才有可能誕生托爾斯泰這樣偉大的文豪。

二○○五年十二月十三日

5.3 用愛來醫治受傷的靈魂：
訪契訶夫故居

俄羅斯文學與中國現當代文學之間有著極深的淵源，這種淵源可以說再無其他任何一個國家能夠比擬。俄羅斯文學是二十世紀以來幾代中國作家和讀者的精神資源和生命支柱。老詩人流沙河有一首題名為〈焚書〉的詩，描述了契訶夫在中國的文革時代的遭遇：

> 留你留不得，
> 藏你藏不住。
> 今宵送你進火爐，
> 永別了，契訶夫。
> 夾鼻眼鏡山羊鬍，
> 你在笑，我在哭，
> 灰飛煙滅光明盡，
> 永別了，契訶夫！

那時，中蘇之間的政治關係風雲激蕩，一夜之間反目為仇，致使中國人不得不告別心愛的俄羅斯作家。契訶夫大概怎麼也不會想到，不僅沙皇禁止他的作品，而且在遙遠的中國、在一個世

紀以後，他的書也會再度遭致祝融之厄。然而，中國讀者對契訶夫的喜愛卻是任何政治力量都無法消除的，文革結束之後，契訶夫許多作品的中文版本紛紛出版。流沙河該為此而感到欣慰吧？對此，契訶夫研究專家、學者童道明充滿感歎地指出：「戴夾鼻眼鏡留山羊鬍的契訶夫能如此神聖地進入一位中國詩人的形象思維裡，是因為這位俄國作家的作品早就存活在中國讀者的心坎上。」我也是熱愛契訶夫的中國讀者之一。如今，我終於走進了契訶夫位於莫斯科花園——庫德林大街的故居，我離契訶夫最近的時刻到來了。

從醫治身體到醫治靈魂

契訶夫肖像

安東・契訶夫有著極其不幸的童年和少年時代。他出生在俄羅斯南方塔甘羅格市的一個小雜貨商人的家庭裡，父親庸俗市儈又冷酷無情，強迫孩子們過早地為店鋪工作，這不僅影響了他們的身體發育，而且使孩子們無法完成學業。契訶夫在上小學的時候曾經留級過兩次，不是他偷懶，而是因為繁重的工作致使他無法完成功課。父親一度計畫讓他退學，以便在家裡幫忙幹活。母親拼命阻止了這個鼠目寸光的退學計畫。冷酷的父親每天都責打孩子們，有時甚至用鞭子抽他們，那種慘狀讓鄰居們都看不下去。有一天，小安東問班裡的同學是否也是每天挨父親打，這個同學告訴他：「我父親從來沒有打過我，他非常愛我。」小安東聽了，心都碎了，跑回家撲

到母親懷裡放聲痛哭。悲慘的童年被契訶夫寫進〈渴睡〉、〈萬卡〉、〈三年〉等小說之中，成年之後的契訶夫曾沉痛地說過：「在我小時候沒有童年。」

　　苦難成了契訶夫人生的導師。靠著超乎常人的勤奮，他如願以償考入當時最難進入的莫斯科大學醫學院。在大學求學期間，儘管學業十分繁重，他還是開始嘗試寫作一些簡單的幽默故事。沒有想到，這些文章在報紙上發表之後還頗受讀者歡迎，這更激發了他的創作熱情。同時，因為還要掙錢補貼家用，他便把學習之餘的時間全部都用在寫作短篇故事上。一個天才作家就這樣由一個偶然的機會誕生了。後來，當朋友詢問他早年究竟創作了多少小品文的時候，契訶夫回答說：「大約有一千！」

　　一八八四年，契訶夫從醫學院畢業，很快就以正式醫生的身分任職於契金斯克地方醫院。一八八六年三月，他在莫斯科市庫德林街租賃了一座橘紅色的二層小樓，和全家人一起搬了進去。大門口的木板上釘著一塊銅牌，上面寫著：「安・巴・契訶夫醫生」。由此，他開始了獨立的行醫生涯。他在一封給朋友的信中這樣寫道：「我現在住在庫德林街科爾涅耶夫家裡，對面是第四中學。房子像個抽屜櫃，顏色是自由色，也就是紅色。」可以看出，一直漂泊不定的契訶夫對這個新居還是挺滿意的。此後四年的時間裡，他一直在這裡居住和行醫，並且在此進入創作的成熟期。所以，儘管這棟房屋的產權並不屬於契訶夫所有，也不是他居住時間最長的房屋，但在其創作生涯中卻具有不可替代的地位。

　　我們在接待大廳裡購買了門票，便準備入內參觀。聽說我們是一群來自北京的作家，一位西裝革履、氣質不凡的管理員立即走過來，他是一位五十歲左右的男士，看上去像是一名大學教

授，他主動表示親自為我們作特別的解說。他熱情地領著我們進入一樓的主展廳，這裡擺放著契訶夫各個時期的照片、手稿、不同版本文集、報刊文章的剪報等等讓人目不暇接的史料。他說話的時候聲情並茂，滔滔不絕，簡直就像是剛剛從契訶夫的戲劇中走下來的人物。他告訴我們，這間博物館是俄羅斯眾多的契訶夫博物館中的一個，是一九五四年為紀念契訶夫逝世五十週年而成立的。當時，這棟房屋早已面目全非，學者們四處搜集契訶夫在此居住期間的家具和物品，人們紛紛捐獻珍藏的契訶夫的史料，經過半個世紀的努力，博物館才有了今天的規模。

在這間設計精巧的展廳裡，豐富的文字和圖片濃縮了契訶夫短暫的一生——在他四十四歲的生命裡，這位「業餘作家」卻創作了浩如煙海的小說、戲劇和散文，而這一切又是在疾病的折磨之下完成的。這是一個跟《紅與黑》的主人翁于連相比截然不同的、苦孩子奮鬥成功的故事：一個在父親開設的雜貨店裡被奴役的「小夥計」，一個下等市民家庭出身的、代人補習功課的中學生，一個一面求學、一面給一些市民報刊撰寫消閒解悶的作品的醫科大學生，最後竟成了偉大的、世界級的文豪——這其中，契訶夫完成了多少次有的人一生也不可能實現的飛躍，又克服了多少尋常人望而生畏的障礙啊！

我注意到牆上有一張醫學院畢業生的集體照，照片上的青年契訶夫已經蓄起了鬍子，這使他顯得更加老成。嚴肅而有些拘謹的表情，與旁邊的同學不一樣，表明他深受生活的壓迫。旁邊的畢業證書和大學成績單顯示，契訶夫在班裡成績十分優異，他的專業成績比起在日本仙台醫學專科學校求學的青年周樹人來要好多了——如果說魯迅所受的只是一些不完整的醫學教育、只能算是一名不太合格的醫生的話，那麼契訶夫則經受了俄羅斯最高醫

學學府的嚴格訓練、堪稱一名優秀的醫生，他的醫術與他的文學才華一樣優秀。

旁邊一個小小的房間，便是契訶夫的診所。這裡陳設著契訶夫當年使用過的各種醫療器械，牆角的櫃子裡整整齊齊地擺放著大大小小的藥瓶。本來，在當時行醫是一個收入頗豐的行業，契訶夫的很多大學同學，畢業之後不到幾年的時間，便躋身上流社會。契訶夫的工作比其他醫生都辛勞，卻始終沒有擺脫經濟上的困窘狀態，這是什麼原因呢？因為契訶夫從不拒絕給貧苦人看病，他一般都不向窮人收錢，甚至還免費贈送藥物給窮人。有一個夏天，他看了幾百名病人，總共卻只掙到一個盧布。因此，整個家庭的日常生活還得靠他寫作的稿費收入來維持。他通常每天從中午十二點到下午三點之間接待病人，其他時間都用來研究醫學、讀書和寫作，甚至在浴缸裡的時候也不忘構思新的作品。他開玩笑說，醫學是合法妻子，文學只是情婦。但是，隨著寫作的深入，他逐漸意識到文學的價值。在給作家朋友蘇沃林斯的信中，契訶夫這樣寫道：「假如我是醫生，那我就需要病人和醫院；假如我是作家，我就必須生活在人民中間！我認為，作家是時代的醫生。」

人的一切都應該是美麗的

另外一個房間是契訶夫寫作時使用的書房。契訶夫主要的藏書在郊外的莊園裡，這裡只有零星的一些參考書。房間很小，光線也顯得有些昏暗，但只有這裡是最少被人打擾的。契訶夫一般是在深夜裡寫作，因為白天總是有絡繹不絕的病人前來看病。雖然他有固定的診療時間，但還是有許多病人會在其他時間前來

畫家庫克尼塞克為《套中人》所作的插圖

敲門。以契訶夫溫和寬容的性格，當然不會將病人拒之於門外。於是，他的寫作只好放在夜晚進行。窗外飄著雪花，時不時有馬車經過的聲音，他沉思片刻，便在紙上奮筆疾書……當我們走進書房的時候，講解員放低聲音，似乎害怕打擾作家的創作：「就是在這張窄窄的寫字檯前，契訶夫完成了《無聊的故事》、《伊萬諾夫》等小說和戲劇作品，他喜歡在燭光下寫作，這盞黝黑的燭臺就是他當年使用過的……」是的，這盞小小的燭臺，伴隨著主人放聲大笑，也伴隨著主人潸然淚下，只有它才深知寫作的艱辛、痛苦、快樂與幸福。

書房裡掛在牆上的簡介告訴人們，契訶夫在這裡創作了超過一百多個短篇小說和若干個劇本。這些文字，留給讀者「噙著眼淚的微笑」和「微笑背後的眼淚」。我同意詩人劉湛秋的理解，真實的契訶夫並不是一個幽默的天才，乃是一位憂鬱的詩人。在契訶夫的作品中，比辛辣的諷刺更深入人心的，乃是直抵心靈最柔軟的那一部分的悲憫。在《苦惱》中，主人翁車夫波達波夫在寒夜裡拉了一個又一個的顧客，卻沒有一個人願意聽一聽他講述他死去兒子的悲傷，最後他只能向老馬傾訴，「要是他的胸裂開，苦惱滾滾地流出來，那苦惱就彷彿會淹沒全世界似的……那份苦惱包藏在這麼一個渺小不足道的軀殼裡……」這樣的場景讓我想起魯迅的《祝福》和老舍的《駱駝祥子》。而在《哀傷》中，契訶夫寫到一個鐵匠彼得洛夫在雪地裡拉著馬馱著老伴去看病，他一路嘮叨著，但老伴在途中死去了，他的兩條腿也凍僵被截肢了，但他對醫生說他不能死，因為「那匹馬是人家的，我得

還給人家，我得給我的老太婆下葬……」這樣一位可憐的老人，也許就是來到契訶夫的診所看病的無數個窮人中的一個。他們從莫斯科的雪地走進這所溫暖的宅子，然後又離開。他們走進契訶夫的小說，在一本本的書籍中復活，並走向無數讀者的心靈。

這張書桌是契訶夫的好伴侶。我站在書桌前，想像他寫作的艱苦。俄羅斯劇作家丹欽科這樣評價契訶夫說：「作者自己的思想永遠是敏銳的，目標永遠是正確的、高貴的，表現永遠是精巧的，而趣味永遠是高尚的。」契訶夫許多作品都讓讀者過目難忘，他寫的不僅是那個時代俄羅斯人的生活，也是今天我們正在經歷的生活，生活的苦難、人性的軟弱在哪一個國家、哪一個民族都一樣。這樣的寫作是一種「吃的是草，擠的是奶」的寫作，是一種對寫作者造成嚴重傷害的寫作，是生命激情的燃燒，正如丹欽科所說：「他的讀者們讚頌他的每一篇新作時，不是像對於一般地愛好的作家那樣漠不關心，卻是懷著一種掛慮的感激，明知這些作品恰如火焰的力量在慢慢消弱、而不久就會全熄的。」這種寫作與生命同在，是不可複製的。

契訶夫的作品在時而優美、時而犀利、富有詩意的憂鬱基調裡，充滿了對現實的濃重哀傷和對未來的無限希望——「遺憾的是，在那個美好的時代，你我都無緣駐足。」他對同胞懷有深切的愛和憤怒，用魯迅的話來說就是「哀其不幸，怒其不爭」。他曾說過，俄國是貪心和懶惰人的國土，這些人吃得多喝得多，喜歡白天睡大覺，睡著了還要大呼嚕。在俄國，結婚是為了有個人管家，找情婦是為了在外場面體面。俄國人心理狀態像狗——挨了打就嗚嗚地哼著，往角落裡躲，給它撓耳根，它便躺在地上打滾。這些尖刻的諷刺並沒有讓契訶夫陷入王朔式的痞子氣當中，因為他依然沒有放棄對天空的眺望——這就是俄羅斯的諷刺作家

契訶夫戲劇《三姐妹》劇照

們與中國的痞子作家們根本的區別。在沙皇俄國末期那令人窒息的空氣中，契訶夫仍然堅信：「人的一切都應該是美麗的——無論是面孔，還是衣裳，還是心靈，還是思想。」這也正是他創作的動力所在。他在不遺餘力地揭示人類精神世界日漸平庸化和野蠻化的境況的同時，也對人性的昇華抱有深深的憐憫與期盼——「人的一切都應該是美麗的」，直到一九○四年七月十五日，他微笑著飲下一杯妻子遞過來的香檳，從此進入永恆夢境的時候，他的這一信念始終沒有動搖。他目睹了那麼多卑瑣、墮落的人性，卻始終沒有被黑暗和邪惡所吞噬。

音樂大師蕭斯塔科維奇說過：「契訶夫的一生是純潔和樸實的典型——不是裝樣子的樸實，而是內在的樸實。」二樓是契訶夫和家人的幾間臥室，其陳設極為簡樸。其中，還有一間非常別致的大廳，像是一個微型的劇場。講解員告訴我們，這是後來專門增加的房間，許多紀念契訶夫的活動都在這裡舉行，戲劇演員們經常在此朗誦契訶夫的劇本，學者們也在此宣讀研究論文。在契訶夫的故居設置這樣一處小巧玲瓏的戲劇廳，應當是對作家的一種莫大的安慰。在逝世之後一百年間，契訶夫的文學成就獲得世界的公認。有研究者指出：在小說創作方面，契訶夫以數百篇的中、短篇小說與寫了長篇鉅著《戰爭與和平》的列夫‧托爾斯泰齊名；在戲劇創作方面，除了莎士比亞之外，契訶夫是作品在全世界上演次數最多的戲劇家。剛剛過去的二○○四年七月十五

日，是契訶夫逝世一百週年紀念日，從俄羅斯到世界各地都舉行了各種各樣的紀念活動，同時聯合國教科文組織也將這一年命名為「契訶夫年」，這是除了諾貝爾文學獎之外世界給予作家的最高榮譽。

最神聖的是不受暴力和虛偽影響的自由

我注意到，幾乎在各個房間裡都掛著俄羅斯偉大的畫家列維坦的風景畫，這裡收藏的列維坦的作品甚至超過一些專門的美術館。這是什麼原因呢？講解員微笑著告訴我們說：「契訶夫和列維坦年齡相仿，他只長列維坦一歲。如果你想從感性方面加強對契

契訶夫和哥哥在一起，契訶夫的哥哥是一名畫家。

訶夫小說的印象，那你最好去看列維坦的風景畫；如果你想從理性方面更深地理解畫家列維坦，那你最好去讀一下作家契訶夫後期所寫的小說和戲劇。他們兩人在藝術創作過程中的氣質神韻有很多相似的地方，他們內心對藝術的理解非常之和諧，他們還是終其一生的知音和摯友。」契訶夫與列維坦的友誼，是文學史和藝術史上的一段難得的佳話。列維坦的很多畫作都是在與契訶夫同遊、徜徉、釣魚、打獵、閒談過程中，在與契訶夫一家親密廝守過程中創作的，如果手邊找不到畫布，列維坦就會把他的即興創作和神來之筆劃到契訶夫家的家具上。契訶夫搬到任何一個地方，都會在書房的牆上懸掛列維坦的畫作和哥哥尼古拉的畫作。

契訶夫的家裡，有很多列維坦作畫時用過的畫筆畫具。這也就是為什麼好幾處契訶夫的紀念館，看起來都很像是一位畫家的畫室的原因。

契訶夫被稱作文學家中的「風景畫家」——如果你想要認識十九世紀俄羅斯的社會面貌，如果你想要認識人類心靈的冷暖，沒有比閱讀契訶夫的小說戲劇更好的方式了。就是在這裡，這張鋪著柔軟的絨布的桌子上，契訶夫寫下了一部重要的作品《草原》。在《草原》中有這樣一段話：「當久久地目不轉睛地看著深邃的蒼穹，不知何故思想和心靈就感到孤獨，開始感到自己是絕望的孤獨，一切認為過去是親近的，現在卻變得無窮的遙遠和沒有價值。天上的星星，幾千年來注視著人間；無邊無際的蒼穹與煙雲，淡漠地對待人的短促的生命；當你單獨和它們相對而視並努力去思索它們的意義時，它們就會以沉默重壓你的心靈；在墳墓中等待著我們每一個人的孤獨之感便來到了心頭。生命的實質似乎是絕望與驚駭。」這種深沉的哀愁，多麼酷似列維坦畫中的意境啊！

一八九○年，契訶夫剛滿三十歲，他的行醫生涯和文學創作都漸入佳境。但他卻依然採取了一個令人吃驚的計畫：不顧疾病纏身，不顧路途遙遠，不顧氣候嚴寒，遠赴荒涼的薩哈林島行醫兼採集寫作素材。薩哈林島是沙皇當局流放苦役犯的地方，是人人畏之不及的人間地獄。然而，契訶夫認為創作要出現新的突破，就必須到那裡去瞭解囚徒們最悲慘的生活，正如他自己所說：「我認為頂頂神聖的東西，是人的身體，健康，智慧，才能，靈感，愛情，絕對的自由——不受暴力和虛偽影響的自由，不管暴力和虛偽用什麼方式表現出來。如果我是一個大藝術家，這就是我所要奉行的綱領。」什麼是自由，只有在親身體驗不自

由的人們是怎樣生活的之後，才能有最為真切的體認。當俄羅斯文化界的名流們選擇去黑海之濱度假的時候，契訶夫卻隻身走向了冰天雪地的薩哈林島。

在薩哈林島的三個月裡，契訶夫幾乎與島上的每一個囚徒都交談過，順便還為許多多年來為疾病所苦的囚徒診斷和實施治療。許多年後，還有倖存的囚徒回憶說，島上從來沒有來過醫術如此精湛、品格如此高尚的醫生。沙俄當局派遣了一個攜帶手槍的密探，一路上像影子一樣跟蹤契訶夫——越是專制的政權，越是杯弓蛇影，把作家當作敵人來看待。不過，鑑於契訶夫崇高的聲譽，密探沒有對他採取任何騷擾行動。契訶夫在給友人蘇沃林的信中詳細地介紹了薩哈林之行：「我在那裡工作很緊張；我對薩哈林的所有居民進行了全面和詳細的調查，除了絞刑以外，什麼都看到了。我們見面的時候，我會給您看一大箱來自苦役地的各種各樣的東西，這些東西，作為原始資料，是極其珍貴的。我現在知道許多東西，心情呢，我帶回來的心情卻是不好的。當我還住在薩哈林島上時，我的五臟六腑感受到的不過是某種苦辣味，就好像吃了變味的哈喇油一樣，而現在呢，回想起來，我覺

索洛金繪《契訶夫在葉尼塞河邊》

得薩哈林完全是一座地獄。」契訶夫寫下近萬張調查卡片，並根據這些第一手資料撰寫出長篇報告《薩哈林島》。該書對囚徒們非人生活的記述震驚了俄羅斯社會，據說就連鐵石心腸的沙皇讀完該書之後也難以入睡。

在二樓的一個房間裡，專門闢出一個區域來展示契訶夫在薩哈林島上的活動，從一張張泛黃的照片上可以看出，作家與那些愁苦的囚徒們儼然是一家人，大家親密地簇擁著他，這在那個等級森嚴的時代簡直就是奇跡。從某種意義上說，《薩哈林島》是十九世紀末的《古拉格群島》，契訶夫一定沒有想到，二十世紀中葉在祖國廣袤的大地上會像癌細胞一樣出現無數的、比薩哈林島恐怖千百倍的「古拉格群島」。而索忍尼辛從事的事業，也是契訶夫事業的延續，是對俄羅斯文學中偉大傳統——為自由而呼喊——的繼承。

從薩哈林島回莫斯科，契訶夫選擇走海路，從太平洋到印度洋，穿越紅海，再進入歐洲。他在香港作了短暫停留，這是他到過的惟一的一個中國城市。契訶夫對香港的印象很好：「這港口妙極了，海上的運輸十分活躍，這種情景我就連在畫面上也沒有見過；道路修得很好，街上行駛著有軌馬車，鐵路造到了山上，有博物館、植物園。」契訶夫還乘坐了中國人拉的人力車，在中國人那裡買了「各種亂七八糟的東西」。其間，他還對俄國人指責英國人而感到不平：「當我聽到同行的俄國人罵英國人，說他們剝削外國人時，我很氣憤。我想：是的，英國人在剝削中國人、西帕依人和印度人，但是他為他們築路，鋪設自來水管，造博物館，傳播基督教，而你們也在剝削，你們又給了一些什麼呢。」寥寥數言，深刻地揭露了沙俄的「空手套白狼」的遠東政策——這樣的評論無疑是民族主義的解毒劑。

從薩哈林島歸來之後，契訶夫的世界觀發生了很大的變化，他突破了長期以來信奉的「托爾斯泰主義」，開始對俄羅斯的社會形態和人類的發展目標進行更為深邃的思考。他的身體健康每況愈下，如同朋友們觀察到的那樣──「他是怎樣顯然地被一種暗藏著的病痛所損傷著」。他再也忍受不了莫斯科的那種「沉悶的、小市民化到了令人發瘋的地步」的生活，很快搬出這所位於莫斯科繁華街區的住宅，搬到更接近自然的郊區居住。此後，契訶夫再沒有回來過，隨著疾病加重，他遠赴黑海之濱的雅爾達療養，人生的最後一站是德國的療養地巴登維勒爾。但是，這所漂亮的住宅，卻永久地烙下契訶夫的印記，並成為後人憑弔與懷念的地方。契訶夫本人是一位匆匆的過客，這棟房屋卻成為他的精神家園。

二〇〇五年十一月二十三日

5.4 那顆配得上苦難的心靈：
      訪杜思妥耶夫斯基故居

　　在經歷了巨大的苦難之後，不是埋怨苦難，而是追問自己
說：你有一顆配得上苦難的心靈嗎？這就是杜思妥耶夫斯基，如
果要選擇一個人來代表俄羅斯文學，我的答案既不是普希金，也
不是托爾斯泰，而是杜思妥耶夫斯基。

　　來到莫斯科，我們首先便開始尋覓杜思妥耶夫斯基的故居。
其傳記中記載，杜思妥耶夫斯基保存下來的這間故居，在他的父
親工作過的瑪利亞貧民醫院。一般的導遊書上沒有詳細的記載，
我們費了好些力氣才找到。位於瑪利亞醫院一側的家，是杜思妥
耶夫斯基精神上的故鄉。他在俄羅斯的大地上居住過許多地方，
從莫斯科到聖彼得堡，既有堂皇的公寓，也有惡臭的監獄，但只
有這裡才像母親的子宮一樣，讓他感到溫暖與平安。這是一棟被
柵欄圍起來的龐大建築，前面還有一大片草坪和一尊杜思妥耶夫
斯基的銅像——據說這是俄羅斯大地上最早的一尊杜思妥耶夫斯
基塑像。大門鎖住了，我們只好從側面轉進去。

紀念館裡的「潛規則」

　　瑪利亞平民醫院的大樓是一八○五年的老建築，外表看上去

像是一所希臘神廟。外牆剛剛經過粉刷而顯得煥然一新，昔日精湛的工藝從立柱、窗戶和飛簷上都能夠看出來。它不像是一所慈善醫院，倒像是一處貴族的府邸。可見，從沙俄時代開始，俄國政府就比較重視專門為貧民階層修建醫院，並建立免費醫療的制度。我們走進大樓，卻沒有發現絲毫與杜思妥耶夫斯基有關的痕跡。醫院依舊是醫院，承擔著救死扶傷的使命。幾名大夫在房間裡聊天。不一會兒，一名穿著白大褂、白大褂卻顯得有些骯髒的男大夫走出來，一屁股便坐在門前的階梯上抽起菸來。我們走過

去向他打聽杜思妥耶夫斯基博物館的所在，他告訴我們，作家的故居不在這棟主樓裡，而在左邊矮小的配樓裡，目前只有幾個小房間對外開放。

上午十一點左右，我們來到瑪利亞醫院一側的略顯

杜思妥耶夫斯基誕生的地方：瑪利亞醫院

寒磣的配樓前，果然發現門口有一個「杜思妥耶夫斯基博物館」的牌子。不過，讓我們深感失望的是，牌子上面寫著博物館直到下午兩點以後才開門，而我們下午早已有了別的安排，不能在此白白等候三個小時。難道就這樣帶著深深的遺憾離開嗎？

在本地生活多年的朋友，熟諳俄羅斯的生活方式。她勸我們不必為此擔心，也許有辦法讓管理員開門。於是，她走過去敲故居的大門。前來開門的是一名三十多歲的、個子高高的男子，他

一副滿臉不情願的表情，懶洋洋地向我們指了指門牌上寫著的開門時間。朋友立即微笑著與他耳語一番，他那難看的臉色立即變得滿面春風。原來，朋友告訴他，我們是從遙遠的中國來的作家，是熱愛杜思妥耶夫斯基的讀者，來一次很不容易，我們願意把買門票的費用付給他個人，不要發票，並額外多給他一筆小費。這位管理員立即同意了這個不錯的建議，看來這不是他第一次掙類似的外快——這也算是這個行業的「潛規則」吧。

對我們來說，這是一個意外的驚喜。我們各自掏出幾張盧布來，湊在一起交在管理員手中。他大大咧咧地將一大把盧布捲在一起放入口袋裡，然後跑到門口的售票台裡拿出一本關於故居的小冊子送給我們，特意說不必另外花錢。帶領我們走過一段黝黑的過道，進入杜思妥耶夫斯基家的客廳之後，他便滔不絕地講解開了。後來，朋友疑惑地說，不知什麼原因，管理員今天對我們出奇地熱情。第二天，大家一盤算，原來我們當中的一位朋友，把盧布上的數字看錯了，多給了兩百盧布。有了這筆不薄的「小費」，管理員自然要將看家本領拿出來為我們服務了。這也成為我們參觀杜思妥耶夫斯基故居的行程中一個有趣的小插曲。

小康之家的幸福童年

杜思妥耶夫斯基家的客廳很小，完全沒有普希金故居和托爾斯泰故居典雅豪華貴族氣派，最多只能算是中產之家的水準。客廳的牆上掛著杜思妥耶夫斯基父母的肖像，管理員告訴我們，這是他們留存於世的唯一的肖像。杜思妥耶夫斯基的父親當時在這所醫院裡當醫生，同時也是一名小貴族，產業在遙遠的鄉下，在莫斯科郊外還擁有一處別墅，夏天全家都到那裡去度假。客廳裡

的陳設，是按照杜思妥耶夫斯基少年時代的樣子復原的，許多家具也是當年的舊物，沙發上斜放著的小提琴，是杜思妥耶夫斯基小時候拉過的那把。這間博物館建於一九二八年，由於杜思妥耶夫斯基對暴力革命持反對態度，蘇維埃政權對其評價不高，革命領袖列寧和長期負責意識形態的政治局委員日丹諾夫都曾斥責其為「反動作家」，所以這間博物館一直未能得到充足的經費和應有的重視，其規模遠遠不能與普希金和托爾斯泰的博物館相提並論。直到今天，這個博物館仍然在充實展品和資料的過程中，內部裝修也只能一間間地推進，遊客也始終不多。還有一個更為重要的原因是：雖然杜思妥耶夫斯基的地位在俄羅斯國內和國外日漸上升，但真正能讀懂杜思妥耶夫斯基作品的思想內涵讀者，永遠只是少數人。

　　一八二一年，杜思妥耶夫斯基的父親受聘到瑪利亞醫院擔任醫生，同年十二月，杜思妥耶夫斯基便出生在這家醫院裡。直到十六歲被送往彼得堡的軍校，杜思妥耶夫斯基的童年和少年時代都在這裡度過。這間小小的客廳，光線昏暗，空間侷促，卻是孩子們的樂園。窄窄的沙發前有一張寫字檯，這是杜思妥耶夫斯基和兄弟姐妹們讀書寫字的地方。在眾多的弟兄姊妹當中，杜思妥耶夫斯基讀書最有天賦，他從小便學習法文、德文和拉丁文，對研究聖經亦有濃厚的興趣，他從小便是一個宗教感特別強烈的孩子。雖然父親脾氣暴躁，根本不關心孩子，但他得到了來自母親、姐姐以及外祖父的關愛。同時，由於家就在醫院邊上，他從小便看到了那些來醫院就醫的衣衫襤褸、貧困潦倒的窮人們的悲慘遭際。這一切都深刻地影響了他的世界觀，並成為此後創作的源泉。

　　由於母親的精心操持，這個並不富裕的家庭變成一個簡樸而

溫馨的小康之家。客廳裡面是孩子們的臥室，並排著幾張小床，哪一張床是杜思妥耶夫斯基的呢？可以想像，晚上睡覺時，七個孩子會多麼吵鬧。一幅小小的聖母畫像掛在床頭，孩子們通常都是在禱告之後才睡覺。在信仰上相當虔誠的母親和外祖父，經常給孩子們講述耶穌的故事，愛便像種子一樣在其心中紮根下來。後來，杜思妥耶夫斯基在日記中寫道：「對別人更慈祥、更關心、更愛護些。忘我地去幫助別人，別人一定會懷念你。讓自己生存的同時，也讓別人生存——這是我的信條。忍受、勤勞、祈禱、並且經常抱持著希望，這是我迫切想要貫注於全人類的真理。」作為小貴族和醫生的父親從來不懂得愛人，並且苛待農奴，後來突然死於非命，有人說是被農奴所暗殺。但他的兒子卻在這裡學會了如何去愛別人，如何通過寫作來讓更多的人學會愛人。無條件地去愛那些不可愛的人，是一件最難的事情。但是，再難也不能中止這樣的努力。

穿過長長的走廊，後面是父母的房間，保姆的房間已經改為儲藏室。這些房間都還在裝修之中而不能開放。對外開放的還有一間陳列著手稿和老版本的著作的小展廳，展廳的牆上掛著杜思妥耶夫斯基最有名的那幅憂鬱地沉思的肖像，肖像下面擺設著作家使用過的一把椅子。許多杜思妥耶夫斯基的同代人都把他描述成一個「陰沉沉的人」，當然這種印象跟其作品的風格也有一定關係，但他的妻子安・格・杜思妥耶夫斯卡婭卻指出，如果你深入與杜思妥耶夫斯基交往，就會發現他是一個「有美好心靈的人」、「他遭遇了那麼多的不幸，卻沒有怨天尤人，要是換了別人，經歷了那麼多苦難，也許會冷酷了，他卻仍然愛著人們，給人們以幫助」。當她還是杜思妥耶夫斯基聘用的一名速記員時，杜思妥耶夫斯基就經常向她回顧自己那幸福安寧的童年，「滿懷

深情地談到母親，談到特別愛的哥哥米沙和大妹妹瓦連卡，以及那個在瑪利亞貧民醫院的家」。而杜思妥耶夫斯基第一次登門拜訪的時候，馬車夫的黑色墊子被小偷偷走了，他立即掏錢讓他去買一張新的墊子，而那時他本人尚且欠債累累。這個細節深深打動了心靈善良的這名年輕女子，後來她終於答應了作家的求婚。

信仰、音樂和文學充滿了杜思妥耶夫斯基的童年和少年時代，信仰、音樂和文學讓他懂得了怎樣去愛人，以及怎樣接受別人的愛。家裡藏書不多，母親時常給孩子們朗讀普希金的詩歌。還有鋼琴和小提琴，是每個孩子都要學習的功課。他一生都在努力更加與上帝親近。一八七○年，杜思妥耶夫斯基在一封信中談到了正在醞釀的長篇小說《卡拉瑪助夫兄弟們》：「在這本書的各部分中貫穿到底的主要問題，也是我一生中有意識或無意識地苦苦自擾的難題：上帝的存在！」上帝存在於苦難之中，存在於匱乏之中，存在於悲劇之中。在這本人類文學史上最偉大的作品中，杜思妥耶夫斯基的親人們、朋友們，他童年時代所觀察到的那些無助的窮人們，瑪利亞醫院裡通宵不停的呻吟和哭泣，都一起出現了。

離上帝最近的「白癡」

在這小小的空間內，杜思妥耶夫斯基奠定了其信仰的根基——愛每一個普通的生命，反對以別人的犧牲為代價換取「理想社會」的思路。他嚴厲指控崇尚暴力的「英雄」和「君王」，這也正是列寧和史達林們不喜歡他的根本原因。杜思妥耶夫斯基從父親的失敗以及悲慘的死亡當中，洞悉了什麼是人類應當堅守的真理，並從聖經中找尋俄羅斯社會的出路。他沒有像父親那樣

去學醫，而是走上文學道路，他意識到比醫治身體的疾病更重要的是研究人的精神；這與魯迅棄醫從文的經歷是一樣的。靈魂的疾病比身體的疾病更加嚴重。他希望通過寫作，讓自己也讓讀者更加與上帝接近。法國作家紀德在《關於杜思妥耶夫斯基的幾次談話》中指出：「在杜思妥耶夫斯基的全部作品中，沒有一個偉人。在他的作品中，如同在福音書中一樣，天國屬於精神上的窮人。」杜思妥耶夫斯基的一生是向真理不斷靠近的一生，他也用作品作為福音書的註解，將人們引導走向真理的方向。他的外祖父和母親都曾經教他怎樣面對上帝禱告，他的寫作終於也變成了禱告。在這個冷酷的世界上，幸福何以可能？幸福何以真實？像梅什金公爵那樣生活吧，即使被人們嘲笑為「白癡」──這樣的「白癡」其實離上帝最近。

比起托爾斯泰喋喋不休的道德教誨來，杜思妥耶夫斯基的心靈拷問更讓人感到揪心。托爾斯泰只是努力嘗試著去過一過「像」農民那樣的生活，而杜思妥耶夫斯基本人則冒險進入到精神的煉獄中去體驗──「我就是群魔中的一員」。他是沙皇時代最後一個先知，他險些被沙皇送上絞刑架。他呈現的是最為質樸的真理，與時代潮流相逆的真理，因此最難被人們接受。他堅信拯救與不朽才是「真正的俄羅斯問題」，革命絕不是俄羅斯的出路，群魔都從瓶子中逃出來，誰能將他們重新裝進去呢？在這個即將王綱解紐的時代，他感覺到腳下的土地正在鬆動，感覺到暴風雨的來臨，他警告同胞們不要走向那片無邊無際的沼澤地，不要以仇恨和暴力為動力來建立所謂的美好社會。因為一個沒有愛的世界、沒有上帝的世界，人的價值將被否定，真理將被遮蔽。

這是一顆配得上苦難的心靈，這是一位行走在義路上的先知。可是，在劇變前夕的俄羅斯，沒有人聽得懂杜思妥耶夫斯基

那幔子裂開的預言，人們從不去崇拜那些謙虛的人、卑微的人、認罪的人，而去崇拜那些殘酷的人、傲慢的人、自義的人——人們天生就願意做這樣的領袖的奴隸。於是，那些「七嘴八舌的大多數人」，鼓噪著殺死耶穌、趕走杜思妥耶夫斯基。在半個世紀之後，同樣孤獨的紀德終於理解了杜思妥耶夫斯基的哲學：「面對人類現實，他保持了一定謙遜的、順從的態度，他從不強求什麼，他從不迫使事件傾向於他，他似乎在自己的思想中履行了福音書中的告誡：『誰欲救它實將害它，誰棄絕它使它永生。』」孩子們的臥室有一扇小小的窗戶，少年杜思妥耶夫斯基也許長久的趴在這扇窗戶前眺望高處浩瀚的星辰。面對滿天的星辰，如何才能不陷入虛無主義的陷阱呢？惟一的解救之道在於：向光靠近。

美國文學評論家蘇珊·桑塔格說過：「愛杜思妥耶夫斯基，就是愛文學。」杜思妥耶夫斯基一生都沒有擺脫貧窮的狀態，但他更沒有放棄對比他更窮的人的愛和憐憫。因為上帝也是如此愛著他、憐憫著他。從瑪利亞醫院走進軍校，從軍校走向刑場，從刑場走向被稱為「死屋」的監獄，從莫斯科走向彼得堡，杜思妥耶夫斯基在其所有的作品中，都發出這樣深切的呼籲：我們要在愛中共生——他的《死屋手記》居然能讓以殺戮為樂的沙皇本人淚流滿面，這本身便表明了愛所具備的不可摧抑的力量。

二〇〇五年十一月二十二日初稿
二〇〇八年一月三日定稿

5.5 被囚禁的海燕：訪高爾基故居

　　與人潮洶湧的普希金和托爾斯泰的故居相比，位於莫斯科小尼基塔街六號的高爾基故居顯得冷冷清清。歷史就是如此無情，對於一個作家及其作品的評價，必須在經歷一定的時間距離之後，才有可能塵埃落定。在史達林時代，為了確立「無產階級文化」的先進性，作為革命的「海燕」和「旗手」的高爾基，獲得了文學界的「列寧」的崇高地位。無數的城市、廣場、街道、工廠、公園、劇院甚至勞改集中營，都以高爾基的名字來命名。高爾基的聲望遠遠溢出文學領域，甚至蓋過俄羅斯文學之父普希金和俄羅斯文學的良心托爾斯泰。由於二十世紀二三〇年代西方知識界的普遍左傾，高爾基在西方世界也得到高度的讚美。他所獲得的一切，是任何與他同時代的作家都可望而不可及的。他什麼都有了，美中不足的是，就差一頂諾貝爾文學獎的冠冕。僑居國外的俄羅斯作家蘇爾切夫並非開玩笑地認為：有一次高爾基與被上帝遺棄在沙漠上的魔鬼簽了合同，於是「高爾基這樣一個中流作家所獲的成就是普希金、托爾斯泰和杜思妥耶夫斯基生前所不曾獲得的。高爾基擁有一切：榮譽、金錢、女人的愛。」這樣的命運對高爾基來說並不完全是喜劇，反而烙上了濃重的悲劇色彩。作家的地位不是靠某政權的大肆宣傳就能永久確定的，惟一可以依靠乃是他本人的作品。如今，歷史的浪潮幾起幾落，對高

爾基的評價也經歷了數次大起大落。在俄羅斯文學的序列中，高爾基終於擺脫了被「捧殺」和被「罵殺」的命運，回歸其本來應有的地位。

黨所賞賜的豪宅

一度被當作「無產階級文學聖地」的高爾基故居，在二十世紀九○年代初曾被關閉，近年來才重新開門迎客。這一棟掩映在幾棵大

高爾基故居，這是一棟極具現代色彩的建築

樹背後的、具有鮮明的現代風格的建築，是俄國建築師謝韓德於一九○○年設計建造的，也是其最得意的代表作。它原來的主人是沙俄時代的富商良布申斯基，所以這裡曾是富翁們夜夜笙歌的場所。十月革命之後，這所住宅被收歸國有。當高爾基從海外歸來之時，史達林為表示對其籠絡之意，特意下令將這所位於莫斯科市中心的豪宅賜予其居住。在大門的牆壁上，我看到這樣一塊簡潔的銅牌——「阿‧馬‧高爾基於一九三一年至一九三六年的居所」。也就是說，高爾基在這裡度過了其生命中最後五年的時光，而這五年恰恰是他一生中最風光、最受尊崇卻也最痛苦、最缺乏自由的一段歲月。

高爾基與阿‧托爾斯泰比鄰而居。與包括阿‧托爾斯泰故

居在內的周圍的古典風格的建築相比，這棟今天看來依然充滿前衛氣息的建物，顯得如同未來世界的巨獸般古怪而張揚：疊層式的屋頂構造、大小不一的窗戶、鑄鐵的窗花格，使之具有了某種張牙舞爪的動感。而最引人注目的是大廳中央那如浪濤洶湧的大理石樓梯，讓人宛如進入哈利‧波特的魔法世界裡，難怪來訪的羅曼‧羅蘭感歎說：「高爾基住在一棟駭人的樓房裡。」羅曼‧羅蘭的這一形容顯然是雙關之語。一九三五年，羅曼‧羅蘭作為蘇聯政府的「統戰對象」受邀訪問莫斯科期間，經常在高爾基家中做客。羅曼‧羅蘭的性格比高爾基更加懦弱，與他書中的主人翁克利斯朵夫恰恰相反，他在日記中詳細記載了在蘇聯觀察到的一切，卻留下遺囑吩咐說，這些日記必須在他死後五十年才能發表。在日記中，羅曼‧羅蘭寫道，高爾基「正在違背自己的天性行事」、「正努力不去譴責強有力的政治朋友們的錯誤」、「沒有人能知道，他內心所進行的激烈掙扎」。他敏銳地覺察到高爾基內心的風暴，傷感地形容高爾基是「鼻孔上穿著鐵環的老熊」。

高爾基並不喜歡這所豪宅，「黨」卻命令他必須在此居住──雖然他並非「黨員」，卻比黨員更需要遵循「黨」的指令。在回國前，高爾基曾派秘書為其挑選住所，在給秘書的一封信中寫道，他不想住到「宮殿」或「廟宇」中去。史達林卻絲毫不會理會高爾基本人的意願：一九三一年五月十四日，高爾基在莫斯科白俄羅斯車站下車後，就被直接送進這座龐大的住宅。高爾基本人一直不承認這個別人替他選定的「家」，在肺病日益嚴重的晚年，他多次提出申請去陽光明媚的義大利去療養，史達林卻始終不予批准──在即將開始對高爾基的好友布哈林進行審判的關鍵時刻，猜忌心極重的領袖怎麼會「放虎歸山」呢？

大而無當的房間裡是一顆孤獨的心

　　看守故居的是幾位年邁的老太太，她們個個都老得走不動了一般。由於來客稀少，門口的一位老太太正坐在椅子上打盹。莫斯科深秋的陽光柔和溫暖，沐浴著陽光小憩真是莫大的幸福。當聽說我們是來自中國的作家時，她立即表示可以免去我們的門票，這是俄羅斯對作家的特殊待遇──這種待遇我在中國的景點、文化遺址、博物館和名人故居中從未遇到過。看來，俄羅斯這塊土地盛產大文豪不是偶然的，有著深厚的「群眾基礎」。步入內室，我這才發現高爾基書房、臥室和客廳的陳設都相當簡單，是我所參觀過的俄羅斯作家故居中最簡陋的。這裡的家具大多是蘇維埃時代統一製作和配置的，笨拙而沉悶，全然沒有俄羅斯固有的文化風格和藝術氣質。

　　解說員是一位身材高大的中年女子，她告訴我們，高爾基本人並不喜歡這些家具，但他不願再去麻煩官方，他告訴家人：「既然他們已經配置了，我們就湊合著使用吧。」在故居的說明書上這樣寫道，這裡「只有必需的東西」。可見，底層出身的高爾基確實生活簡樸，與自稱「無產階級作家」卻一直保持貴族派頭的阿·托爾斯泰形成鮮明的對比。高爾基的工作室雖然面積巨大，但陳設比刻意追求簡樸的列夫·托爾斯泰的工作室更為簡單：寫字檯是特製的，又高又大，上面幾乎沒有什麼擺設，就像是一張乒乓球桌。桌子上的書籍和文稿都保持著高爾基生前的模樣，主人通常將書桌收拾得整整齊齊。旁邊的牆上掛著一幅巨大的「五年計劃」的圖表，高爾基對經濟和工業方面的問題頗感興趣，在寫作閒暇時候，經常站起來「按圖索驥」地研究掛圖上的城市規劃，並先後提出許多建議。當然，有關方面從來沒有將這

些建議當真。

這間工作室裡僅有的貴重擺設，是一張中國的供桌、兩隻中國方凳和玻璃櫥中眾多的東方小雕像。這些來自中國和日本的象牙雕刻、瓷器、木雕等藝術品，還僅僅是高爾基的東方藝術收藏中的很小一部分。管理人員告訴我說，高爾基的大部分收藏都已捐獻給國家藝術館。顯然，高爾基經濟狀況良好，否則不可能有這麼多錢來購買這些價值不菲藝術品。由於他的作品通過國家宣傳的手段深入千家萬戶，他亦成為同代人中版稅收入最高的作家。高爾基一生都沒有到過中國，他的書架上有《孔子》、《老子》等已經翻譯為俄文的中國古代典籍。高爾基並不知道，在他死去十多年之後，他亦成為中國讀者心目中最偉大的無產階級文豪。他是蘇聯文學的象徵：作品大量被選入中國的中小學課本，差不多有兩代中國青年是閱讀著他的作品長大的。解說員告訴我們，直到現在，到高爾基故居來參觀的中年以上的中國人仍然非常多，他們對高爾基作品的熟悉程度讓她也感到驚訝。

高爾基的書房和客廳都非常寬大，客廳差不多可以容納一個連隊的人，可以想見當年他在這裡接待過多少客人。客廳一角的大鋼琴，留下過當時最優秀的音樂家們即興演奏的天籟之音。坐在客廳的角落裡傾聽音樂的時候，大概是晚年高爾基少有的心情輕鬆愉快的時刻。由於當局的嚴密控制，他很難在家中接待他所摯愛的勞苦大眾，這裡的客人「談笑有鴻儒，往來無白丁」，這並非作家所願，可他無力改變這種境遇。史達林多次親自光臨此處，與高爾基單獨會談，這是任何一位作家都不曾享受過的尊崇。甚至蘇聯作家協會的「籌備會議」也在此召開，最高當局特意以此來顯示對高爾基的尊重，精通權謀術的史達林知道如何讓高爾基心滿意足，他洞悉知識分子的虛榮心。當然，高爾基擁有

的只是名義上的尊重，官方的文藝政策和文化官員的人選早就確定了，他根本無力在這些方面施加個人的影響，他只能扮演傀儡和花瓶的角色。

這所住宅見證了蘇俄時代文壇若干大事的發生，也見證了高爾基的家庭悲劇：房間裡最引人注目的，是一張差不多有半米見方的高爾基與兒子馬克沁的照片。馬克沁是父親的得力助手，他對當時史達林的政策有著相當深刻的認識，並幫助處於「隔離」狀態的父親獲得許多蘇聯社會的真實資訊。然而，就在兩眼摸黑的高爾基最需要兒子的幫助的時候，一向身體矯健的馬克沁突然死於一場感冒，年僅三十七歲。馬克沁之死至今仍是一個謎。有人認為他死於最高當局的毒藥，這是史達林對不完全馴服的高爾基的警告與刺激；也有人認為是格別烏首腦亞戈達垂涎于高爾基兒媳的美貌，才下毒手殺害馬克沁。兒子的死亡給高爾基以致命的打擊，他的身體狀況迅速惡化。

高爾基是被謀殺的嗎？

高爾基本人的死亡也是蘇俄歷史上的一大疑案。史達林在其死後興起大獄，將高爾基的醫生和若干友人指為殺害高爾基的兇手而送上法庭。然而，俄羅斯歷史學家巴拉諾夫在《高爾基傳》中卻指出，下令殺害高爾基的不是別人，正是史達林本人。俄羅斯文學史家巴辛斯基在《高爾基》一書中也認為，高爾基死於史達林的毒殺的可能性極大。當史達林準備拿加米涅夫開刀的時候，高爾基請求寬恕這位老朋友——加米涅夫在政治鬥爭失敗之後，被貶到科學出版社擔任副社長，而社長正是高爾基。當出版社被查抄之後，高爾基終於忍無可忍，宣佈要出國治病。當老熊

不再順從鼻子上的鐵環的時候，主人該怎麼辦呢？史達林深知高爾基的反對會對即將實施的政治清洗運動造成何等重大的危害，於是他命令亞戈達——「好好保護高爾基，不要讓敵人利用我們的海燕。」

一九三六年六月九日，高爾基突然陷入昏迷之中，史達林親自趕來探視，在其病榻前駐足良久，高爾基一直沒有知覺。史達林剛剛離去，高爾基突然又活了過來，向驚詫不已的親友們說：「我究竟死還是不死？」九天之後，這名一度聲稱自己的身體是「鋼鐵鑄造」的作家才痛苦地死去。此時此刻，史達林、莫洛托夫、伏羅希洛夫一直圍坐在他的床邊喝著香檳酒。高爾基的好友、移居國外的庫斯科娃寫道：「他們站在沉默的作家身旁，晝夜燃著蠟燭。」作為「史達林集中營中最自由的囚徒」，高爾基死後得到了最隆重的安葬，史達林親手捧著高爾基的骨灰盒，陰陽兩隔的兇手與受害者以此種方式相遇——這是蘇聯歷史上最具戲劇性的時刻之一。

在這個房間裡，掛著多幅高爾基在一生中不同時期的照片。高爾基的長相不算英俊，卻絕對讓人一眼難忘：寬闊的額頭、凌厲的眼神、直立的頭髮和翹起的鬍鬚，深深地烙上了苦難生活的印跡。這些照片也顯示出，高爾基確實是一個具有「雙重面孔」、「雙重靈魂」、「多副面孔」的人——他不僅衣著不同，而且表情也不同：有的像俄國農夫，有的像猶太先知，有的像佛教菩薩，有的像哥薩克悍匪。就連對人性有著深刻體察的列夫‧托爾斯泰也沒有能夠看透高爾基，一度認為高爾基是一個真誠的莊稼漢，後來才發現其城府極深。托爾斯泰在作品中經常讓自己的靈魂處於全裸狀態，高爾基卻不會輕易讓讀者窺視到他的心思意念。托爾斯泰在晚年的日記中對高爾基評價不佳，他甚至預見

到高爾基的悲劇及其根源：「飯後讀有關高爾基的文章。讓人奇怪的是我克制住了對他的不友善的感情。我認為他像尼采一樣是個有害作家的看法是正確的：巨大的天賦和缺乏任何一種宗教的，也就是理解生活意義的信念並存。他依靠我們『有教養』的世界，而這個世界又從他身上看到了自己的表現者，更加嚴重地薰染這個世界的自信心。」

虛榮心的悲劇與灰色的人生

托爾斯泰的看法是準確的：高爾基沒有恒定的價值皈依，而人的良心從來都是靠不住的。許多時候，自己以為在憑著良心做事，其實卻在助紂為虐。高爾基與蘇維埃政權之間的關係便是如此。他曾直接批評列寧和季諾維也夫在十月革命之後對俄國知識分子的打擊和殺戮，也曾親自出面拯救許多即將被送上刑場和送進集中營的作家藝術家朋友。在革命大潮滾滾向前的時候，他寫出了《不合時宜的思想》一書。但在史達林時代，他很少發出異議的聲音。從表面上看，高爾基與史達林之間親密無間，實際上兩人沒有任何共同的語言。高爾基基本上接受布爾什維克主義「改造人的靈魂」的觀念，卻還殘存著些許白銀時代的人文主義和人道主義的價值觀，這使他無法完全認同史達林的暴政，但也沒有採取「不合作」的姿態，因為他深知自己絕對不是史達林的對手。史達林今天可以把你捧到天上，明天也可以把你踏到腳下。俄羅斯歷史學家拉津斯基在《史達林密聞》中記載了一則逸事：史達林命令以高爾基命名莫斯科一家著名的藝術劇院，當時任《消息報》總編輯的格隆斯基小心翼翼地提醒說：「史達林同志，這個劇院上演的劇本多半是契訶夫寫的呀……」史達林回

答：「沒有關係，高爾基虛榮心強，我們應當用繩索把他拴到黨的身上……」

於是，高爾基不得不接受囚籠中的困獸的命運，這只海燕只擁有鳥籠中的天空。他不得不承認史達林是「主人」和「當家的」，不得不寫文章吹捧勞改營「改造人」的功績，這些都成為其人生中不可迴避的污點。高爾基崛起於底層社會，深知如何才能在險惡的環境中生存下來，他對危險有一種野獸般的敏感。如果不讓自己陷入過於危險的境地，他還是願意多做一點好事的，正如多年來研究高爾基的巴拉諾夫所指出的那樣：「一般地說，索忍尼辛與高爾基體現著兩種不同的創作與生活的模式。前者從自己的身上發現了一種要求向制度挑戰、要高於制度、要和制度決裂的力量。後者則是不很堅定地、試圖通過『外交』途徑在制度範圍內肯定獨立而又創造性地表現自我的可能性，儘量迫不得已地維護這種制度。企圖把高爾基説成不過是為了圖名利才去為制度效勞的奴僕，壓根兒是不公正的。」換言之，晚年高爾基的人生是一種灰色的人生，自從他住進這所巨大的宅子之後，自從表面上是秘書實際上是格別烏安全人員的克留奇科夫成為其「家庭成員」之後，他的反抗便只能是消極反抗了──惟一對得起良心的是，他至死也沒有動筆為史達林寫一部歌功頌德的傳記。高爾基不是大義凜然的英雄，但不是也忠心耿耿的幫兇；他不是俄羅斯文學的最高峰，卻也是二十世紀俄國文學史不可或缺的一頁；他竭盡所能地去探尋真理，儘管這種探尋最後發生了悲劇性的偏差。

是的，高爾基是「幫兇」與「烈士」這兩極之間的「大多數」，他的弱點極大地限制了他人格力量的提升，也削弱了他作品的藝術及思想成就。性格的弱點和時代的限制，讓他只能是一

位沒有完成的大師。巴拉諾夫指出：「在對立的兩極之間——一極是不妥協地和制度作鬥爭（單獨的人哪來的這麼大的勇氣，那個索忍尼辛，一般說來是罕見的特殊現象），一極是公開地忠實地為制度服務（這種人也不太多了）——有許多獲得不同程度成就的藝術家，他們試圖儘量少地偏離真理。」站在高爾基的書桌前，站在頂天立地的書櫃邊，站在花朵盛開的院子裡，我想，這位有缺陷的文豪不應被送上歷史的審判席嚴格地盤問，但他那無可奈何的悲劇命運卻值得後人長久地思索。

二〇〇五年九月七日初稿
二〇〇五年九月十六日定稿

第六章
旁觀者清
• • •

6.1 紀德：你在床上的時候，
　　　「老大哥」也在盯著你

　　一九三五年，法國作家羅曼·羅蘭應邀訪問莫斯科，寫下了《莫斯科日記》。然而，在原稿的標題頁上，他有如下的題詞：「未經我特別允許，在自一九三五年十月一日起的五十年期限滿期之前，不能發表這個本子——也不允許出版任何片斷。」有時，歷史的發展比人的預測奇妙千百倍：就在羅曼·羅蘭設定的日期到來的時候，當年他所要捍衛的那個龐大的史達林帝國已經處在風雨飄搖的境地，在一九八五年之後的第四年，蘇聯從地球上消失了。作家的眼睛是用來觀察世界的，但他是否願意說出他所觀察到的真相，則更依賴於他內心的勇氣。

　　一九三六年，同樣應邀訪問蘇聯的法國作家紀德出版了《從蘇聯歸來》一書。紀德並沒有因為史達林和蘇聯政府的熱情款待、精心安排參觀項目而成為其吹鼓手，也沒有迫於當時歐洲左翼知識分子「政治正確」的壓力而保持沉默。相反，這位睿智的觀察家嗅到了那個龐大帝國四處彌漫的血腥味，紀德直截了當地批評道：「我懷疑世界上是否還有哪一個國家，甚至希特勒的德國，其思想和精神比在蘇聯更不自由、更受壓抑、更膽怯（受恐嚇）、更附庸化。」紀德對蘇聯的尖銳批評，立即被淹沒在當時

普遍左傾的歐洲知識分子的唾沫之中。甚至羅曼・羅蘭也加入了攻擊紀德的行列，對此紀德一針見血地指出：「羅曼・羅蘭對我的攻擊使我痛心，這隻老鷹已經築好牠的巢了。」這個反擊，看似很輕，其實很重。

一個沒有個性和個人幸福的國度

　　羅曼・羅蘭的《莫斯科日記》和紀德的《從蘇聯歸來》相繼在中國出版。前者是第一次出版，後者卻是六十一年以後的重版。當年，中國最早的馬克思主義者之一的鄭超麟先生，在國民黨的中央軍人監獄中根據紀德的法文原文翻譯了全書。一邊翻譯，他還一邊遭到難友的批評，説這是反蘇的書，不要翻譯過來被敵人利用。鄭超麟這位翻譯者的遭遇跟紀德這位作者簡直一模一樣。一九三七年，這本書由亞東圖書館出版。而在一九四九年以後，這本書自然而然被束之高閣，直到一九九八年才得以重版，這時，譯者鄭超麟老先生已經九十八歲，四月份寫下此書的新序，八月份就去世了。鄭超麟老人的一生以及他所觀察到的百年中國的歷史進程，與紀德的這本小書互相形成了一種頗有意味的映照。

　　對真相的態度，是一個知

紀德在《從蘇聯歸來》中揭露了蘇聯社會的種種黑幕

識分子品格的試金石。面對這一試金石，《約翰·克利斯朵夫》的作者羅曼·羅蘭沒有展示出應有的光澤和硬度來，紀德卻展現出一個真正的知識分子的勇氣和良知。紀德認為，真的就是真的，假的就是假的，任何正義、崇高、平等和自由等理想都不能被當作面具，將真的變成假的、假的變成真的。他只相信自己的眼睛和心靈，而絕不相信宣傳工具所製造的那些比真實更「真實」的東西。高爾基正是相信了那些東西，自覺地戴上一副有色眼鏡，從而昏昏噩噩地度過自己的餘生。羅曼·羅蘭與紀德一樣，發現了真相，並在《莫斯科日記》中記載了甚至比紀德還要詳細的真相，但他不僅不敢將這一切發表出來，而且還昧著良心撰文攻擊紀德——他心中知道，紀德所寫的莫斯科的情況，並沒有任何誇張和誣衊的地方，紀德的文字與羅曼·羅蘭的《莫斯科日記》中的細節有著驚人的相似之處。與高爾基的昏庸和羅曼·羅蘭的怯懦相比，紀德像白金一樣顯示出獨立知識分子嶙峋的風骨。

蘇俄比納粹德國更加重視宣傳。其宣傳包括兩個部分：一是對內宣傳，用以造就一個忠順的愚民階層；二是對外宣傳，用以獲得國際社會的支持。二十世紀五十年代，在蘇俄勢力擴張到頂峰的時候，困居臺灣的自由主義思想家殷海光翻譯了普林斯頓大學教授熱希達所著之《怎樣研究蘇俄》一書，並在註釋中詳細分析蘇俄的這一伎倆。殷海光指出，自蘇俄革命以來，若干對蘇俄頌揚的報導，都是共產黨的「政治佈景術」的產品。這一專門技術，就對外而論，為一切獨裁極權地區對付外來參觀、訪問、考察、研究者而使用。這種技術使用之目的，在陳示獨裁極權地區之某些臨時佈置的風景，使外來客在認識歷程中造成良好印象，因而可能發展成良好的對外關係。一切獨裁極權地區，內部漆黑

一團，見不得人的事不可勝數。為了遮蓋這種醜態，並進而造成外來客一種良好的印象錯覺，所以統治者在外來客光降之際，要費一番手腳，佈置若干鏡頭，讓你看了點頭稱「是」。所以，殷海光反問說：「經由這種過程而寫出的報導，你說它是假的嗎？它確實是訪問者自動寫的。你說它是真的嗎？他寫的不過是臨時的佈景而已。這類報導，真是現代極權政治的特種副產物。無論什麼聰明人，你的觀察力，在或多或少的程度以內，不能不受目之所視及耳之所聽之影響。」

紀德訪問蘇聯的時候，鑑於他在西方世界所擁有的崇高地位，史達林給予他國家元首般的接待規格，企圖讓他返回西方之後成為自己政策的吹鼓手。然而，紀德卻在官方精心安排的參觀訪問中，發現了史達林不希望他知曉的蘇維埃政權的另一面。參觀集體農莊的時候，官方安排的當然是「樣板」和「模範」，這裡莊稼欣欣向榮，紅花綠草在院子裡繁榮生長。紀德走進農莊成員的家中時，卻得到了一種不快的奇怪印象：「一種完全消滅個性的印象。每幢住宅都有同樣的醜陋的家具，同樣的史達林肖像，此外絕沒有什麼東西：沒有一件個人物品，沒有一點個人紀念。各個住宅都可以互相交換的；那些集體農場人員本身似乎是可以互相交換的，他們由這家搬到那家，甚至自己都不覺得。」當時，很多人批評紀德的這種觀點是典型的「小布爾喬亞的情調」——革命政府首先要解決的是人民的生存權，馬鈴薯加牛肉難道不是共產主義嗎？紀德卻不這樣認為，他對「全體的幸福只有解消各人個性才能得到、全體的幸福只有犧牲個人才能得到」的理念提出質疑，他堅信這絕不是一種進步。他認為，沒有個性，也就沒有生氣；沒有個性，也就沒有自由。

一種依靠庸俗性維持的整齊劃一

對於蘇聯社會日益猖獗的個人崇拜的風氣，紀德深惡痛絕。他寫道：「在工廠的辦公室處，有一幅象徵性的大圖畫很引起我們注目：中央，史達林在說話，政府要人分坐在他的左邊和右邊，正在鼓掌。……史達林的肖像到處皆是，他的名字在每個人嘴裡，無論什麼演說必須帶有稱頌他的話語。我無論進入什麼房子，哪怕是最貧苦的最卑陋的吧，都看見史達林的肖像掛在牆上，無疑地在從前神像的位置。崇拜麼，愛麼或懼怕麼？我不知道。無論何時何地都看見他。」這不就是歐威爾《一九八四》中那個目光炯炯有神的「老大哥」嗎？那時，歐威爾還沒有寫出《一九八四》，紀德卻在現實生活中發現了這樣一個壓抑人性的國度。紀德發現，民眾對史達林的感情，恐懼比愛戴更加強烈。有一次他到郵局發電報，電報中有一處提到史達林，發報員要求他在史達林前面加上「偉大的」這一修飾語。紀德堅持不加，結果這封電報沒有發出去。像紀德這樣一位既深受西方人文主義傳統薰陶，又被二十世紀現代主義精神激蕩的知識分子，很難認同這種明目張膽的、拙劣而野蠻的個人崇拜。

紀德還觀察到蘇聯社會的「格別烏化」，告密之風四處蔓延，人與人之間缺乏信任感。正如蘇聯崩潰以後、負責格別烏改組的最後一任主席巴京卡所說，主宰蘇聯社會的，不是某一領袖人物，而是格別烏這一龐大的、無所不在的秘密警察組織，它是蘇聯社會的大毒瘤。格別烏奉行的原則比它實在的機構還可怕。紀德精闢地指出：「在法國，政黨機關若是要揭發某人陰私的時候，那一定要找這人的仇敵來做這個卑鄙工作。在蘇聯則是找這人的最親密朋友來做的。人們不是請求做，而是責令做。最好

的罪證，便是那種愈否認而愈加有力的。」通過這種方式，統治者的統治似乎大大強化，但從另一個方面來看卻大大弱化——因為全社會的人際氛圍遭到最大程度的毒化，這個社會不再是一個有信任感的契約社會，人們被迫生活在謊言與虛偽之中，也就失去了獨立思考能力和創新能力。紀德指出：「人們什麼都不敢信任。小孩天真的言辭會葬送你。人們再不敢在小孩面前說話了。每個人監視著，自己監視著，被人監視著。再沒有一個自由說話的人了，除非在床上，同自己老婆，倘若認為老婆是靠得住的話。」這樣的社會，表面上看牢不可摧，實際上不過是被白蟻蛀孔的房樑，一遇風吹草動變倒塌了。

　　一個由秘密警察主宰的社會，必然是優敗劣勝的社會。因為最優秀的人都是不遵循「統一思想」的人。可怕的是，蘇聯帝國太大了，統治者殘殺再多的人也不容易被外界發現。許多人徹底始終在古拉格群島深處，如果不是索忍尼辛的記錄，誰也不相信鐵幕後面所發生的這一切。紀德感歎道：「貧乏愈麻木，就愈加悲慘。那些失蹤的人，那些被致使失蹤的人，乃是最有價值的人；在物質的出息上也許不是最有價值的，然而恰是他們能不同流合污，能表現出與群眾有別，而群眾之統一，其整齊性，是全靠一種庸俗性維持著，這庸俗性愈變愈下流了。」如果優秀分子的創造力和想像力遭到殘酷的壓制，一個民族、一個國家的國民的生活的活力自然就每下愈況。

　　那是一個「老大哥」無處不在的國度，那個國度不是人類的希望所在。紀德忠於他的眼睛，忠於他的良心，在漫天的謾罵和攻擊中寸步不讓。寫完《從蘇聯歸來》後，他還寫了一篇〈答客難〉，從昔日的戰友到普通的讀者的責難，他既耐心解釋又針鋒相對，一個人面對一個帝國以及帝國眾多的支持者們。腹背受敵

的紀德、左右開弓的紀德，一個人構成了世界的另一極。這才是知識分子「雖千萬人，吾往矣」的大勇。當半個世紀之後，蘇聯帝國崩潰之時，這本《從蘇聯歸來》更是閃爍著先知的話語一般的光芒。

二〇〇九年五月定稿

6.2 泰戈爾：他們與法西斯何其相似

　　以二十世紀二三〇年代之「蘇聯觀察」而論，在西方有班雅明、紀德和羅曼・羅蘭等赫赫有名的文豪的筆記。紀德在當時歐洲知識界相當左傾的大背景下，敢於直陳蘇聯社會的若干陰暗面，體現了知識分子的良知與獨立性；羅曼・羅蘭看到蘇聯社會的種種黑暗面，卻將《莫斯科日記》封存到去世五十年後才問世，顯示了他性格中懦弱的一面。當時，美國知識界也普遍左傾，專門揭露美國社會醜聞的記者林肯・斯蒂芬訪問俄羅斯歸來，讚不絕口地說：「我到過未來！」從杜威的《俄羅斯印象記》到埃迪的《俄羅斯的挑戰》，從康茨的《蘇維埃對美國的挑戰》到斯圖爾特的《人人有工作的地方》，這些文化名流訪問蘇聯歸來之後傾瀉而出的書籍和文章，對公眾和政治家產生巨大的影響，在美國形成羅斯福新政的意識形態的組成部分，正如歷史學家路易斯・費爾所指出的那樣：「對社會進程進行有計劃的人類干預以提高人民的福利，這整個的想法，在美國知識分子和社會領導人的思想裡，和蘇聯的實踐聯繫了起來。美國的思想轉變，大致是由此前十年到蘇聯旅行的區區幾百個人造就的。假如托克維爾不在其中的話，他們發表的那些報告對美國政治的影響，將比歷史上任何其他外來影響，都將產生更加深刻的影響。」

泰戈爾在《俄羅斯書簡》中指出，蘇聯與納粹德國何其相似

知識分子的蘇聯觀察，可以用來衡量觀察者本人是否有具有真正的智慧、遠見和勇氣。許多人受蘇聯當局的邀請前去訪問，所見所聞都是精心安排的假相，他們囿於左派意識形態，滿足于貴賓的待遇，再加上居高臨下的心態與知識分子的虛榮心，遂深陷在哈哈鏡當中不能自拔。當三十多年後索忍尼辛的《古拉格群島》發表，當半個世紀之後蘇聯的旗幟從克里姆林宮落下，這些西方左派的「蘇聯觀察」遂成為超級諷刺，人們發現他們的智力居然停留在孩童階段，他們自覺不自覺地充當了蘇聯當局的「吹鼓手」——而這正是知識分子的大忌。與這些左派知識分子相比，印度哲人泰戈爾也於一九三○年秋應邀訪問蘇聯，並留下了薄薄的一本《俄羅斯書簡》——他的看法卻截然不同。

領袖是玩弄民眾的「魔術師」

作為教育家的杜威在蘇聯驚訝地發現，蘇聯在普及基礎教育方面超過了美國，「我在世界上任何地方也沒有看到聰明快樂、用心學習的兒童有這麼大的比例」；泰戈爾也很重視孩子的教育，他的思想中有一定的民粹主義傾向，所以剛到蘇聯的時候，也對蘇聯的教育改革十分欣賞，讚歎說：「這裡的農民和工人教

育得到了很大的發展。」但他很快就發現，蘇聯民眾的識字率固然在短短十多年的時間中有所提高，但教育的內容和方式卻不敢恭維：「他們把教育變成一種模子，而按照模子鑄造的人性是不存在的……如果科學理論不與活生生的人的頭腦相結合，那麼，總有一天不是這種模子破產，就是人的頭腦僵化，而且人還會變成會動的木偶。」泰戈爾已經發現，這是一種以愚民為目的而不是以解放民眾為目的的教育，這種教育是為了維持和鞏固共產黨政權而服務的。這個政權不需要心智自由的公民，只需要奴性十足的順民。

三〇年代初，史達林的獨裁統治基本確立，各項政治清洗方興未艾。泰戈爾在鄉村看到被整治得服服貼貼的農民表演的對領袖「感恩戴德」的活報劇，也看到孩子們如何像背誦課本一樣用童稚的聲音表達對黨的忠誠。在蘇聯訪問期間，他沒有發現赤裸裸的暴力，訪問的安排者當然不會帶他去監獄和勞改營去參觀，也不會讓他去裝腔作勢的法庭參加旁聽。但是，泰戈爾捕捉到這個社會靠暴力來維持的若干細節，他敏銳地指出：「我承認專政是一種巨大的災難，並且我還相信，這種災難今天在俄國仍然在製造許多暴行。」作為一名人道主義者，作為一名「愛的哲學」的傳播者，他對一切形式的專制主義都很反感。泰戈爾沒有直接點名批評史達林，也許他要給主人留點面子，也許這是東方人特有的「禮節」文化，但他一針見血地指出：「由於追求無限的權力，就會毀壞人的理智。……專制的國家就處在這樣的魔法之中——一個魔術師走了，另一個魔術師還會製造另一個咒語。」在他眼中，偉大領袖就是一個玩弄民眾的「魔術師」。當然，史達林不會認真傾聽泰戈爾的意見。泰戈爾前腳剛走，史達林主導的下一場大審判又開幕了。

暴力只會破壞，不會建設

在泰戈爾看來，蘇聯模式的專制，比當年沙皇的專制還要惡劣。「在俄國現在仍然可以看到領袖的強大威權。但是這種威權並不為自己尋求萬古長存的道路——而昔日沙皇統治者曾經尋求過這種道路。他們用愚昧無知和宗教迷信來束縛人民群眾的思想，以哥薩克人的皮鞭來扼殺他們的勇敢精神。」也就是說，沙皇們的帝國是世襲的，是「家天下」，所以沙皇們想方設法讓帝國傳承下去。通常情況下，他們還不至於太過為所欲為，在某些場合還要表現出一定的仁慈來。而共產黨的蘇聯，權力是在血腥殺戮中獲得的，是「黨天下」，由於始終沒有解決繼承制度的問題，獨裁者只是滿足於生前權力無邊，而不顧死後洪水滔天。泰戈爾斷定：「在這裡是強大的個人在實行專政，但是不可能持久，而且永遠不可能使稱職的領導人繼承下去。」

作為與甘地同樣持非暴力主義理念的哲人，作為印度歷史文化中非暴力這一寶貴傳統的繼承者，泰戈爾本能地厭惡暴力，即便為了所謂的「崇高的理想」而「不得不」施行的暴力。他認為，在任何情況下，暴力都只能帶來負面作用：「他們的建設事業需要儘快奠定基礎，他們才毫不動搖地訴諸暴力。但是不論需要多麼緊迫，暴力這種東西總是帶有片面性的。它只會破壞，而不會建設。」暴力和謊言不能永遠地統治人民，人民總會有覺醒和反抗的那一天，泰戈爾指出，「受過教育的思想在譴責了怯懦之後，終究有一天會強烈地要求自己獨立思考的權利」。如法國思想家巴斯卡所說「人是會思想的蘆葦」，暴力和謊言只能暫時阻止和壓制人們的獨立思考，卻不能將人類求真的本性連根拔起。所以，在經歷了漫長的史達林時代和布里茲涅夫時代之後，

蘇聯的體制內還是出現了薩哈羅夫、戈巴契夫、雅科夫列夫、葉爾欽這樣的反叛者。

　　泰戈爾不是政治家或社會學家，更不是蘇聯研究專家，他在蘇聯只是走馬觀花地旅行了兩個星期，所以他未能全面地對蘇聯的制度作出理論的分析；這些書信是他在回程的輪船上匆匆寫就的，所以也不是一本系統的著作。即便如此，在與印度的現狀作比較的時候，雖然他對英國人的殖民統治作出尖銳的批評，但他並不認為蘇聯的模式可以搬用到印度來幫助印度獲得「解放」，印度人不會接受並適應此種激烈的社會革命的模式。泰戈爾更意識到，蘇聯模式不僅無法在其他國家推廣，即便在蘇聯本土亦不可能取得最終的成功，他直截了當地指出：「在當今這個病患的時代，布爾什維克的政策可能是一種治療方法，但這種治療是不可能持久的。」他也許是最早指出蘇聯制度存在自我毀滅的癌細胞的預言家之一。

共產主義與法西斯主義是一丘之貉

　　泰戈爾還有一個人所未見的發現，那就是：蘇聯的史達林主義與義大利和德國的法西斯主義相比，表面上對立，骨子裡卻相似──「他們不能正確地劃清個人和社會的界限。在這方面他們同法西斯分子相類似。他們忘記了，削弱個人，不可能加強集體。如果束縛個人，那麼集體也不可能獲得自由。」希特勒與史達林之間的相似之處以及他們在邪惡方面的競爭，被後來的戰爭掩蓋了。納粹宣傳部長戈培爾與蘇聯外長莫洛托夫會談過多次，戈培爾很不喜歡蘇聯人，他在日記中寫道：「莫洛托夫的陪同人員十分平庸，也沒有一位大人物。他們好像無論如何也要確認

我們對布爾什維克群眾的本質的理論認識。他們的臉上顯現出相互間的懼怕和種種弱點。甚至與他們隨便閒談也幾乎完全沒有可能。國家政治保安局警覺地注視著。這太糟糕了！在這個世界裡人的生命沒有任何價值。」戈培爾是慣於指鹿為馬、睜著眼睛說瞎話的偽君子，可他畢竟還對古典文化和藝術有幾分喜好。當戈培爾想與俄國同行談論藝術的時候，對方只能像背書一樣回答以馬列主義教條。由此可見，蘇聯體制對智慧和自由的敵視程度甚至超過納粹德國。

希特勒帝國僅僅肆虐十多年時間，影響範圍也基本上局限在歐洲，隨著第三帝國的覆滅、二戰的結束，納粹思想及其制度得到了有效的清理和根除；而史達林帝國則整整肆虐了三十多年，影響遍及全球，在史達林死後，其思想體系及其制度又延續了三十多年。史達林當之無愧是一名「精神暴君」，正如尼采所指出的那樣，「精神暴君」施行暴力的辦法是使人們「相信他擁有真理，但這種信念所固有的殘忍、專橫、暴虐和兇惡還從來沒有如此有力地表現出來」。所以，史達林的罪惡的廣度和深度，均有甚於希特勒。美國歷史學家李波厄特在其研究冷戰歷史的著作《五十年傷痕》一書中，對比了納粹德國和蘇俄帝國的相似之處。他認為，納粹從未就其整個罪行與它那些邪惡的盟國進行很好的溝通，在這一點上共產世界做得更為成功，「共產主義能夠一個接一個地在很多國家掀起巨大的效仿行動，黑暗的波蘭森林地帶被當作莫斯科的地窖，從這裡到金邊外的曠野，有上千萬人銷聲匿跡。納粹是要摧毀一個世界去建立一個民族性『更純的』社會，而史達林、波爾布特和其他許多『小史達林』則要摧毀現存的世界去建立一個更純的，或者說是一個更為徹底的從屬制『無產階級』社會。」這種比較甚少被人們注意。在左翼思想仍

然強勁的西方知識界，人們都爭先恐後地聲討納粹，卻對共產世界的暴行保持沉默；似乎納粹是一種獨一無二的罪惡，而共產制度是一種雖然有錯但值得原諒的「烏托邦嘗試」。沒有人會將希特勒的畫像當作藝術品懸掛在家中，而史達林和毛澤東的畫像卻被許多懷舊的俄國人和中國人以及好奇的西方人收藏起來。在此意義上，泰戈爾的這本《俄羅斯書簡》仍然沒有過時。

二〇〇九年四月二十四日

6.3 班雅明：沒有美，便沒有善

在德語思想家中，班雅明是一個奇人。在漢語世界裡，雖然並沒有多少人真正讀得懂他，他的知名度卻出奇地高，引用他格言體的語錄甚至成為知識界的時髦。漢娜・鄂蘭說過，班雅明學識淵博，卻不是學者；他研究文本及註釋，卻不是語言學家；他翻譯普魯斯特等法國作家的作品，卻不是翻譯家；他寫過神學論文，卻不是虔誠的教徒；他寫文學評論，卻不是文學批評家。其實，在鄂蘭排列的這幾種「似是而非」的身分之外，班雅明還有一個更加重要的身分，那就是具有高度藝術敏感力的美學家。在班雅明的著作中，與藝術有關的內容差不多占一半以上，最暢銷的那些書尤其如此──《單行道》、《發達資本主義時代的抒情詩人》、《巴黎，十九世紀的首都》、《機械複製時代的藝術》等等。在新一輪的城市改造浪潮裡，我們的城市正變得越來越醜，此時此刻，閱讀班雅明的文字便成了一種懷舊。

知識分子的「特權」與「不自由」

一九二六年，班雅明訪問蘇聯，並在莫斯科居住兩個多月。導致他達成此行的有三個因素：首先，他要去會見曾經在義大利邂逅的情人、拉脫維亞女導演阿斯婭・拉西莫；其次，他要汲取

關於蘇聯社會的第一手知識，以便決定是否加入德國共產黨；第三，為報紙寫報導，這些報導次年以〈莫斯科〉為名發表於《創造者》雜誌上。

但是，記載班雅明對蘇聯更為直觀的印象的《莫斯科日記》，卻在他逝世之後四十年才得以發表。雖然班雅明沒有像羅曼‧羅蘭那樣留下明確的遺囑，規定該日記發表的時間——一九四〇年納粹的軍隊席捲法國，當班雅明精疲力竭地抵達法國和西班牙的邊境的時候，卻被西班牙拒絕入境，他不願落入納粹手中受盡屈辱而死，毅然選擇了自殺。

班雅明的《莫斯科日記》是研究史達林時期的文學藝術的一份詳盡的史料

在那種境況之下，他沒有從容的時間和心態來安排如何處理自己的文稿——但是，這部書稿延遲如此之久的時間才問世，而未能在史達林主義肆虐的二十世紀中期發揮其影響力，不能不說是一大遺憾。

《莫斯科日記》英文版的內容簡介如是說：「班雅明的日記描述了一個作家的兩難境地：一方面被革命的承諾所誘惑，另一方面又不願對革命在人道和制度善的諸多失敗閃爍其詞。」實際上，對於一度迷戀馬克思主義的班雅明來說，莫斯科之行是一次理想破滅之旅。根據在莫斯科觀察到的一切，他放棄了當初加入共產黨的想法。從此以後，這個問題不再是一個困擾他的問題。

二〇年代中期，班雅明在西方世界的知名度還不夠高，蘇聯當局也沒有重視他的來訪。他沒有受到蘇聯領袖們的接見，他

的訪問比羅曼‧羅蘭、紀德、泰戈爾和瞿秋白等人都更「私人化」，這反倒讓他的觀察更加深入和細膩。儘管如此，他也感受到：「作為作家，我在一個城市裡享有物質和行政事務特權。」蘇聯當局在經濟困難的情況下，儘量給他提供種種便利條件，這是對歐洲知識分子的一種統戰策略。而對於生活在蘇聯的知識分子來說，既可以選擇與當局合作而享受特權，也可以選擇不與當局合作而保持自由。班雅明發現，國家的「包養」乃是知識分子喪失其獨立性的開端，國家的力量比資本的力量還要可怕，他追問說：「一個國家如果無產階級是雇主，知識分子該如何生活？無產階級如何界定其基本生存條件？知識分子會找到何種環境？能指望無產階級政府什麼？」

班雅明觀察到，被體制收編的知識分子大都不快樂，而體制外的知識分子前途更是堪憂。他在蘇聯接觸到的大部分知識分子都是猶太人，都是政治上或藝術上的反對派，他們後來大都成了史達林「大清洗」的犧牲品——包括班雅明的情人阿斯婭，她在三〇年代被送進古拉格群島勞改。對此，班雅明早有預料：一種毀滅美的制度，首先便要消滅美的創造者。

在這個不美的世界裡

在班雅明的眼中，藝術的背後當然有價值取向，偉大的藝術必然與善相關；反之，一種惡劣的專制制度，也必然是美的戕害者。所以，班雅明雖然沒有像紀德那樣毫無顧忌地從政治制度的層面上批判蘇聯的罪惡，但他也意識到這種毀滅美和善的制度不可能將人類帶往光明的未來。他在《德國悲劇的起源》一書中指出：「對邪惡的認識——作為知識是首要的。……邪惡隨著對知

識或對判斷的欲望而產生於人自身。」他對蘇聯的邪惡的認識，是從它對美的破壞和對醜的張揚開始的。

俄國傳統建築的精粹體現在教堂中。東正教的建築迥異於天主教和新教的建築，其華麗與繁複程度甚於宮殿。布爾什維克掌權之後，以無神論治國，迅速展開大規模的宗教迫害，大批神職人員被殺害和囚禁，大量教堂遭到洗劫甚至毀壞，前神學院學生的史達林親自下令將聖索菲亞教堂炸毀。政局逐漸穩定下來之後，當局將許多殘存的教堂改造成「無神論教育中心」，以粗劣的裝飾替代教堂中原有的繪畫和雕塑藝術，對於此種「煮鶴焚琴」之舉，班雅明痛心疾首：「教堂裡面不僅空蕩，而且像一隻被屠宰的鹿一樣被挖空了內臟。現在成了教育群眾的『博物館』。去掉內部設施——就殘存的巴洛克風格的祭壇判斷，藝術上講是毫無價值了。過道和拱頂點綴的色彩明亮的花環過於暴露了，真是沒有指望，更有令人悲哀者，室內古色古香的石頭，僅存的一點多彩拱頂的記憶，被篡改成淺薄的洛可可風格。」作為旁觀者，他當然無能為力。

蘇聯當局不僅踐踏公民的宗教信仰自由、破壞本國的文化遺產，更壞的作為還是對普通人日常生活中的美的消滅。在當權者看來，「美」是屬於資產階級和小資產階級的專利，無產階級只要「實用」就行了。班雅明要給阿斯婭買一件衣服，結果發現有錢也買不到一件漂亮的衣服：「最先去的是一家國營商店，牆上高掛著紙板畫鼓勵農民和工人聯合起來。這種甜蜜蜜味道的陳列這裡無處不有：鐵錘、鐮刀、齒輪和各種工具被荒唐地弄在絨面的紙板上。這家商店只有農民和無產者用的東西。」即便在過去大家都盛裝出席的劇場裡，也找不到幾個衣冠楚楚的人：「最正式的衣服如鳳毛麟角，就像幾周大雨後出現在諾亞方舟上的鴿

子。人們的外表很一致，很無產階級：典型的西歐式帽子，軟帽或禮帽則完全消失了。」

蘇聯的文學藝術的水準也直線下降。班雅明興致勃勃地受邀去看一場畫展，結果卻發現：「展覽本身平庸，材料也毫無例外地沒有藝術趣味。擺放得倒不錯，也有一定科學價值。我們在那兒時有個解說員，但我們聽到的都是每個展品上所示卡片上已經說明了的東西。」他在莫斯科看了幾場電影之後，便再也不去了，因為「俄羅斯電影本身除了少數傑出者外，大體來講不怎麼樣。俄羅斯電影正為題材犯難。電影審查事實上很嚴格」。其實，那還是黨對文藝干涉最少的二○年代，到了三○年代，那才是一點縫隙都沒有了。許多電影是否公映，居然要拿到政治局會議上討論。

私人生活的消失和被統治者的「憂鬱症」

消滅美的第二步，是對私人生活的壓制、對國家與個人之間的「公共空間」的擠壓。班雅明發現，在莫斯科，私人生活「日漸萎縮」，甚至「根本就沒有私人生活」。當時的蘇聯已經是一個高度意識形態化的社會，每個人都爭先恐後地在生活的細節上展示其「政治正確」的立場。班雅明的蘇聯朋友告訴他，在共產黨等級社會裡孩子是如何起名的，「從孩子能指列寧畫像起，他們的名字就叫『十月』」。當父母對孩子「命名權」也被黨所擄掠、所遙控的時候，孩子便成了「黨的孩子」。

班雅明去過一些有名的藝術家和作家的家中，發現他們的家具千篇一律，好像是辦公室中統一訂制的家具一樣。每一件家具都讓人用著不舒服。原先許多俄羅斯中產階級家中必備的鋼琴突

然之間消失了，因為「『鋼琴』作為小資產階級室內必陳之物在家庭裡卻是一切災難不幸的真正動力核心」。難道音樂也有潛在的顛覆社會主義制度的危險嗎？

正是通過干涉民眾家庭中的陳設，國家權力深深地嵌入家庭這個最為私人化的空間，從而顯得無所不在。這種權力支配的技術在此前人類的歷史上還從所未有過，即便是此後數年在德國崛起的希特勒政權，在其巔峰時刻對民眾日常生活的控制程度，亦未曾達到史達林掌握絕對權力前夕的蘇聯。班雅明充滿諷刺意味地寫道，對於莫斯科所有制度而言，大概只有乞丐最可靠，也只有他們才能「拒絕改變什麼」。而其他所有人都被體制化了：「這裡別的一切都是在『修理』的旗幟下發生的。每個星期莫斯科人家空空蕩蕩房裡的家具得重放一遍——這是家居生活唯一可以沉湎的奢侈，這麼做提供一種隨心所欲駕馭『舒適』的家的感覺，其代價就是被駕馭者都患上了『憂鬱症』，需要修理。」人被「物化」得跟房間裡的家具一樣，而人之所以為人，標誌便是還剩下那麼一點「憂鬱」的感覺。

早在二〇年代中期，蘇聯的個人崇拜便蔚為大觀。那時，史達林正在朝著權力的最高峰攀登，列寧的老近衛軍們還掌握著各個部門的實權。所以，這一時期個人崇拜的對象不是史達林，而只能是列寧。班雅明感歎說：「對列寧的偶像崇拜在這裡尤為令人難以置信地氾濫。庫斯涅茲基街上有一家專賣列寧像的商店，各種尺寸、各種姿勢、各種材料的都有。在俱樂部的公用室裡可以聽到收音機裡播放的音樂，也可以看到一尊真人大小的列寧塑像，一副表情輕鬆的樣子，作演說家狀。大多數公共場合都有列寧像，連廚房和洗衣房都掛著他的小照片。」班雅明對無產階級革命領袖如此不敬，即便想入黨恐怕也不得其門而入了。如果遲

十年或二十年抵達蘇聯訪問，班雅明肯定會更加驚訝地發現，史達林的畫像將數十倍於列寧的畫像，而此後赫魯雪夫的畫像、布里茲涅夫的畫像，同樣將滿坑滿谷。二十二年之後，英國作家歐威爾創作《一九八四》的時候，便從蘇聯的現實中提煉出了「『老大哥』的眼睛永遠盯著你」這個情節來。

那不是一個「宜居」的國度，離開莫斯科之後，班雅明再也沒有回去過。與那個時代所有的歐洲猶太知識分子一樣，他在蘇聯的共產極權主義和德國的法西斯主義之間如驚弓之鳥，歷史沒有給他充足的時間來完成其寫作和思考。在這本如同攝影集般緊湊而冷靜的日記中，讀者可以通過班雅明對那個寒荒國度的「拍攝」，來重溫他非凡的人生軌跡，以及一個帝國在夕陽下長長的影子。

二○○九年十二月十七日

6.4 殷海光：蘇俄不是鐵桶的江山，而是紙紮的房子

　　俄羅斯作家拉津斯基在《史達林秘聞》講述了一個小故事，這個小故事比所有重大的歷史事件都更能彰顯蘇聯社會的本質：在三〇年代的「大清洗」中，濫捕無辜的行動大都在深夜進行，人人自危，風聲鶴唳，生怕夜間有人敲門。許多住在高樓上的人為免遭被捕後的嚴刑拷打和侮辱，在秘密警察敲門時，便縱身跳下，以死相抗。一天晚上，莫洛托夫和卡岡諾維奇在史達林別墅的花園中夜宴閒談時，為天上一個星座的名稱小有爭論。莫洛托夫說是獵戶星座，卡岡諾維奇說是仙后星座。在一旁笑聽爭論的史達林認為此事容易，給天文館打個電話就可搞清，便吩咐秘書給天文館打個電話。誰知原天文館長、一位天文學家已與其他幾位天文學家一起被清洗掉了，新上任的天文館長原是格別烏軍官，回答不了這個問題。新館長急忙派車去找一位尚未被清洗的天文學家。這位天文學家自許多同行好友被捕後一直惶惶不可終日，此時見一輛汽車半夜突停在自家門口，門鈴又按得很急，以為末日已到，在開門時突發心臟病死在門口。汽車只得急馳去找另一位天文學家，而這位天文學家與新近被清洗的那些天文學家亦是好友，在夜裡兩點半突然被急促的門鈴聲驚醒，以為大限已到，這位老人不願再受凌辱，縱身從視窗躍向夜空，結束了自己

的生命。幾經周折，天文館長終於在清晨五點鐘打聽清楚了星座的名稱，急忙給史達林的別墅掛電話：「請轉告莫洛托夫同志和卡岡諾維奇同志……」值班人員卻回答說：「沒人可以轉告，他們早就睡覺去了。」

極權國家的統治者宛如綁匪

這樣的國家真的如鐵桶一般牢固、如泰山般穩定嗎？二十世紀中國最傑出的自由主義思想家殷海光，並沒有在共產黨政權的統治下生活過，但他後半生所生活的蔣氏父子治下的臺灣，其黨國體制亦複製自蘇俄，雖然畫虎不成反類犬式地將極權主義嫁接成了威權主義，蘇俄之遺風猶存；所以，殷海光身居孤島而對專制之惡深有體驗，他兩翼作戰，既揭露中國共產黨政權以及所有共產黨政權的專制暴虐，也批判國民黨以戡亂為名實施的白色恐怖。如同身臨其境般，他將蘇俄政權維持統治的秘密和民眾的生活狀況看得一清二楚：「極權統治要行得通，最基本的一個條件，是把所有的人納於一種被劫持的情勢之下。被劫持的人眾之中，即令有心知其非而極度不滿者，但亦無可奈何。這種劫持之勢，與遇盜持槍相向時，被劫者瞪眼結舌，任其擺佈，在結構上或形勢上完全相同。」民眾雖然被劫持，雖然既不敢言也不敢怒，但並未從內心歸附。所以，倚靠暴力所達致的統治的穩定，只是暫時的，隨時可能轉變為不穩定，正如殷海光所分析的那樣：「這種統治手段要能收效，基本條件之一，必須把被統治者的身體在任何時候置於步槍的可能射程之內。這樣的統治固甚整齊森嚴，可惜經不起考驗。一旦機會來臨，人民脫離步槍的可能射程，則紛紛掙脫鐵鏈。」殷海光逝世之後二十年，蘇東國家紛

紛發生劇變，其興也勃焉，其亡也忽焉，驗證了他當年的預言。

　　二十世紀五〇年代，蘇俄所掀起的赤潮席捲全球，自由世界呈現守勢。中共佔據大陸，國民黨敗退臺灣。蔣式父子不僅沒有啟動臺灣的民主化，反倒認為失去大陸是因為專制不夠，遂強化黨國體制，箝制言論自由，將殷海光等自由知識分子當作不穩定因素，以軍警特務來打壓威嚇之。殷海光在此個人的逆境和全球自由力量的危局之中，不顧自身之安危，揮動如椽之筆，發為獅子之吼，批判專制制度之不當、不法、不義，大力鼓吹自由、民主、法治及公平理念，為臺灣乃至整個華人世界留下了自由的火種。他並沒有因為堅持反共立場而諂媚國民黨政權，更沒有因為反對國民黨而對共產黨心存幻想。他為之而奮鬥的乃是一個「自由中國」，他生前雖然沒有看到民主在海峽兩岸實現，但對於中國人能夠過上民主自由的生活的前景始終沒有絕望。殷海光逝世二十年之後的一九八九年，臺灣已經成功地實現了民主轉型，《自立晚報》在一篇紀念文章中高度評價他以一個文弱書生的力量改變臺灣政治生態的歷史功勳：「作為一位知識分子，他一生所關懷的是自由、民主與正義，作為一位大學教授，他一生所鑽研的是分析哲學與文化問題。海光先生的成功之處，就在於他能將自己的學問用於批評工作。」殷海光將「學問用於批評工作」的表現之一，便是翻譯並註釋美國普林斯頓大學教授、蘇聯問題專家熱希達所著之《怎樣研究蘇俄》一書。在大部分人都羨慕或畏懼蘇俄的五、六〇年代，殷海光通過對此書的翻譯，讓普通民眾看到蘇俄之真面目，認識到蘇俄不是鐵桶的江山，而是紙紮的房子，從而喚起民眾追求自由、捍衛人權的勇氣與信念。殷海光在翻譯這本著作的同時，付出巨大的心血對其加以註釋，註釋的分量與原著的幾乎是一比一。殷海光所加之註釋，並非如一般書

中的註釋，僅僅是提供一些背景性的知識，而是融入了他本人對專制主義的研究心得。這是在當時臺灣新聞出版受到嚴密控制的情形之下，他使用的一個躲避新聞檢查的辦法。因為這是一本翻譯的著作，又是一本反共的著作，所以可以避開警總審查官的眼睛，得以在註釋中將自由民主的理念暢所欲言。

蘇俄與中國都是精神病態的帝國

殷海光所譯《怎樣研究蘇俄》

熱希達所著之《怎樣研究蘇俄》一書，是一本方法論上的「示範」之作。對於蘇聯這個鐵幕之後的龐大帝國，西方研究者長期以來都感到「不易把捉」。或陷入真假難辨的資料的汪洋大海之中，或以西方固有之政治、經濟模式去硬套蘇聯社會，得出的結論自然是刻舟求劍、緣木求魚。熱希達在寫作此書時，還是一位年輕的政治學者，他精通俄語，對俄國文學的知識極廣，造詣頗深；同時，他對於政治科學又富於教學經驗；他還參加過哈佛大學的一個學術計畫，與許多俄國難民訪談過。在此基礎上，熱希達對蘇俄動向作分析的時候，是從多個路徑著手，即從俄國的歷史、文化、意識形態等方面進入。共產主義意識形態固然有其核心內容，比如暴力革命、

階級鬥爭等，但每個國家的共產黨政權的統治方式又有所不同，並從各自的歷史文化傳統中吸取養分，最後形成所謂的「有俄國特色的社會主義」、「有中國特色的社會主義」等。而蘇俄成為共產主義的濫觴，並非歷史的偶然，俄羅斯歷史學家弗・祖博克和康・普列沙科夫在《克里姆林宮秘史》一書中指出：「蘇聯人的世界觀，是在完全有別於西方的歷史中形成的。無論是沙俄歷史遺產、布爾什維克革命、國內戰爭，還是第二次世界大戰的經歷，都對蘇聯形成獨特的視角產生了影響。同時，俄羅斯不僅是一個民族，而且還是一個獨一無二的帝國文明，這一點也對蘇聯形成其看法產生了深遠的影響。」因此，熱希達認為，僅僅從馬列主義這個角度來理解蘇俄是不夠的，如果說馬列主義是一張皮，它不足以涵蓋蘇俄這個龐大的軀體。比如，他從俄國的東正教傳統中發掘俄國人對集體主義的迷信，從俄國人在嬰孩時期被布緊緊裹住的狀態來分析俄國人對權威既屈從又反叛的心態是如何形成的，這些角度都是此前的學者很少論及的。

《怎樣研究蘇俄》一書，也對蘇俄的統治術作了許多獨到的分析。比如，蘇俄的統治階層即便在和平時期也大肆渲染外敵入侵、帝國主義顛覆的危險，「蘇俄領袖有一種精神病態，他們總是唯恐有人攻擊蘇俄，破壞蘇俄」。而這種「精神病態」實際上是史達林的一種鬥爭策略，他要給大家造成一種印象，以為蘇聯內部的危機是由外部的壓力所引起的。他將所有的反對派都定義為西方的奸細和走狗，讓許多受人尊重的開國元勳，被冠以此種惡名之後，一夜之間便成為人人喊打的過街老鼠，而他自己在黨內的獨裁地位卻得以鞏固。殷海光在註釋中引申說：「靠宣傳技術擴大外部敵人之影像來做對內統治的手段者，並不止蘇俄一地。凡靠恐怖與緊急事態之類的藉口而出現或延續的統治，無不

如此。這是二十世紀最大的人為災害。這一人為的災害，緊扼著人類自由之咽喉。」這是借他人之酒杯，澆自己之塊壘。海峽兩個的兩個政權，一為極權主義，一為威權主義，其統治術的共同點之一便是，以外敵壓境作為內部清洗的理由。這顯然是從蘇俄學習而來的。

思想破產之後的武力控制與利益收買

在〈蘇俄潛力之估計〉一章，熱希達十分重視蘇俄的人口資源。其人口又分為不同的階層，蘇聯社會並非其表面上宣揚的「大同社會」，而存在嚴密的等級制度。他粗略地劃分出這樣幾個階層：共產黨官僚、知識分子、警察和格別烏、軍人、技術工人及體力工人、農民、古拉格群島中的囚犯。其中，每一個階層還可以進一步細分：比如，在共產黨員當中，有掌握權力的死硬的「信徒」，有被迫參加者，還有的只是為了「飯碗」，他們彼此之間存在分歧和衝突；再比如，索忍尼辛有一部長篇小說名為《第一圈》，所謂「第一圈」，就是古拉格群島這個人間地獄中的第一層，就是集中那些有技術的囚徒的、無償利用其技術的工廠，這裡的待遇比普通的勞改營好得多。熱希達通過這些分析，得出的結論是，蘇俄的黨國體制並不能像民主國家的政府那樣得到大部分民眾的認同和擁護，最多只是眼前的利益讓人們不得不接受現狀。一旦外部環境有所變動，一旦民眾有了選擇的可能與自由，這套體制便再也無法維持下去。殷海光在註釋中進一步發揮說，凡屬極權統治，一開始必在「思想建構」和「觀念統治」方面攫取人心，但隨著其統治走向僵化和腐敗，這套「穿上哲學禮服的神話」便破產了，「在這一方面維持不住，極權統治的鐵

幕就垮了一面，所剩下的只有特工恐怖、軍事暴力和腸胃控制。到了這個地步，掩飾的面具盡除，極權統治的猙獰狀貌就裸露于陽光之下」。這一描述，與今日中國的現狀居然如此吻合！研究今日之中國，比研究昔日蘇俄還要困難，需要從中國紛繁複雜、自相矛盾的現實中提煉出一套行之有效的方法和模式來。可惜，這樣的工作幾乎沒有人去做。

　　蘇俄政權不是一個鐵桶的江山，而是一個紙紮的房子。今天，每個人都承認這個卑之無甚高論的看法，但在上個世紀五、六○年代，蘇俄在全球張牙舞爪，赤禍波及亞非拉各個角落，此種先知式的預言當然被人們認為是癡人說夢。殷海光指出，一切專制制度都不會長壽，但由人的罪性帶來的權力欲望卻永無休止，「嗜權力如狂者，則把人間造成活地獄，把生人弄成怨鬼」。一輩子反抗極權政治並尋求真理的殷海光，在晚年得出這樣的結論：「反極權暴政，除了在政治上從民主著眼外，在人生意義上，必須從一種人生哲學的反省開始。」他不是一個政治人物，他深知僅僅在政治的層面上反對專制，並不足以發展出一套可以安頓生命的價值來。雖然他沒有親眼看到若干當年黨外運動中的人權鬥士，進入權力體系以後，腐敗之迅速，並不亞於昔日他們反對的對象，但他早已料到此種結果。所以，民主只是一種「最不壞」的制度安排和權力分配，而不是生命的目標；民主可以讓人類免受奴役，卻不能讓人們內心有幸福感。殷海光曾經相信理性的力量，但當他看到蘇聯的體制正是理性膨脹的結果的時候，便轉而尋求更高的價值。他從史達林與耶穌的強烈對比中發現了這種最高價值：「史達林仁兄一輩子聲勢顯赫，一言天下令，死後一坯之土未乾，『史達林主義』竟成了大家不歡迎的名詞，豈彼始料所及耶？耶穌生前受盡迫害，但死後二千年還活在

成千上萬的人心中。耶穌的『統治』不是建立在槍桿子上的。兩相對照，何其顯明！」這大概正是他在生命的最後時刻皈依基督教的根本原因吧。

二〇〇九年五月十一日

第七章

雕欄玉砌應猶在，
只是朱顏改
. . .

7.1 聖彼得堡：一座向歐洲致敬的城市

　　有人說，莫斯科和聖彼得堡就是俄羅斯的雙子星座。莫斯科是現實之城，是秩序之城，是東方專制主義的象徵，從赫魯雪夫時代火柴盒式的建築群中，正在破土而出新的摩天大廈，蘇維埃時代的冷酷僵硬與商業時代的奢華奢靡在這裡交錯生長；聖彼得堡則是記憶之城，是自由之城，用普希金的說法，它是「向歐洲敞開的門戶」，在十八、十九世紀興建的巴洛克古典樣式的街區裡，彌漫著小資產階級不可救藥的浪漫。如果說莫斯科是男兒，那麼彼得堡就是美女；如果說莫斯科屬「土」，那麼彼得堡就屬「水」——它們運行在各自的軌道裡。而我更喜歡彼得堡。

這是一座納博科夫和作家們的城市

　　聖彼得堡像巴黎，像羅馬，像威尼斯，是一座與歐洲的都市競技的城市。所以，史達林一直都不喜歡它——來自聖彼得堡的領袖們，托洛茨基和基洛夫，先後都被史達林殺害了；聖彼得堡的文學大師們，阿赫瑪托娃和曼德爾斯塔姆，統統被史達林辱罵為「娼妓」和「寄生蟲」。有人說過，這座城市始終是現代重要的電影背景、殺戮之地和文化實驗室，它被革命所征服——阿芙樂爾巡洋艦首先在這裡開炮，卻沒有被革命所徹底改造，它的浪

漫深入骨髓之中；它被戰爭所蹂躪——德軍在這裡圍城長達九百天之久，但它卻沒有被戰爭所摧毀，血像海水一樣洗過這裡，又什麼也沒有留下。

我們從莫斯科乘坐火車去聖彼得堡，當地的華人朋友告訴我們，要自己準備好飲用水，一定不要喝火車上的水。據說火車上曾經發生過這樣的案件：一些列車員與竊賊勾結起來，在火車上供應熱水的鐵鍋中放下蒙汗藥，整整一車的乘客都被蒙倒之後洗劫一空。這讓我們一上火車就有些上梁山的感覺。當我進入火車包廂之後，才發現在車站買的一大瓶水，居然不是礦泉水而是發礆的蘇打水。半夜裡，不得不出去接一杯水——恰好遇到一位金髮碧眼、美麗非凡的女列車員正在給水罐加水。我目不轉睛地注視著她——千萬不能讓她加入蒙汗藥啊。她卻回過頭來衝著我嫣然一笑。我們的笑容有不同的內涵。不過，水我倒是喝了一大杯，一覺睡到聖彼得堡的黎明，下火車的時候發現身上分文未少。有過在中國坐火車的經驗，還有什麼可害怕的呢？

當我踏上聖彼得堡的土地時，隨身帶著一本納博科夫的回憶錄《說吧，記憶》。十八歲的時候，少年納博科夫告別深陷於革命的殺戮之中的聖彼得堡，此後帶著手提箱和對彼得堡的記憶輾轉於歐美各國。直到一九七七年去世，他再也沒有回到過位於冷戰另一極的故鄉。而克里姆林宮中那些刻板如化石的共產黨領袖們，自然也不會歡迎這個迷戀貴族生活、又寫過《洛麗塔》這樣傷風敗俗

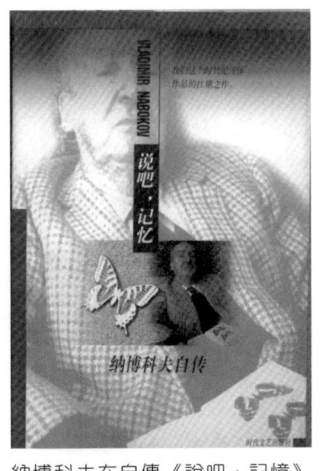

納博科夫在自傳《說吧，記憶》中描述了童年時代在聖彼得堡如詩如畫的生活

作品的「老流氓」榮歸故里。在納博科夫筆下，存在著一個永恆的彼得堡：「對於夜間的麻煩，聖彼得堡那些令人振奮的早晨是如此的截然不同啊，那刺痛而溫和、濕潤而絢爛的北極之春帶走了碎冰，帶進了海一般明亮的涅瓦河！它使屋頂閃閃發亮。它給街上半融的雪塗了一層濃濃的藍紫色調，往後我在哪兒都再沒有見到過。在那些光榮的白晝，人們乘車出去散步。……我們馳過法貝爾熱的櫥窗，教堂的鐘聲在敲響，第一隻硫磺蝶在阿奇宮上飛起。」

　　這是一座貴族的城市，一座有產者的城市，更是一座作家的城市，正如經歷了革命之後仍然風情萬種的巴黎一樣，無論怎樣也不可能平民化。葉卡捷琳娜大帝（即凱薩琳二世）是一位充滿熱情的建設者，彼得堡便是她的建築熱情的最好的紀念碑。沙皇們從歐洲請來最優秀的建築師，比如義大利建築師拉斯特雷利伯爵，他為彼得堡設計了冬宮、斯莫爾尼學院、皇村的宮殿等等。這些建築也是少年納博科夫常常留下腳蹤的地方。孩子總是喜歡四處張望，少年納博科夫在閣樓上向外張望，看到了些什麼景象呢？「當我仰望，我看得見，從一棟房子到另一棟房子，高高地攔在街道上空，巨大的，光滑而繃緊的，半透明的旗幟在飄揚，它們的三道寬色帶──淡紅、淡藍、和單純的蒼白──被陽光和飛逝的雲影剝奪了與一個國慶日的任何過於直截了當的聯繫，但此刻，在這記憶的城市裡，它們無疑在慶祝著那春日的芳香。」如今，聖彼得堡幾度更名後又回到起點，革命領袖的名字被拋棄，紅色的鐮刀斧頭旗幟重新回歸納博科夫記憶中的三色旗。歷史這樣喜歡開殘酷的玩笑，而聖彼得堡依然不變：那麼多的宮殿，那麼多的廣場，那麼多的運河，那麼多的角落和縫隙……

　　在彼得堡，我們要去的第一站是位於涅瓦河最寬的河口三角

洲地帶的彼得保羅要塞。這座紅色要塞從一七○三年開始修建，這也成為聖彼得堡誕生的日子。就如同「先有潭柘寺，後有幽州城」一樣，彼得堡人也認同「先有彼得保羅要塞，後有彼得堡」。最初，這裡只是一片黑熊出沒的沼澤地，根本不是修建要塞的理想處所。但是，剛剛戰勝瑞典軍隊的彼得大帝斷然決定，只有在這裡修建一座龐大的軍事要塞，才能保住這個寶貴的出海口。於是，這個要塞整整花了三十五年才完成，在要塞完成的時候，彼得堡作為一座年輕的城市和帝國的新首都，已經初具規模——它不是一座古城，你能相信嗎，它像紐約一樣年輕，只有三百年歷史。

有意思的是，納博科夫的祖先曾經是彼得保羅要塞的司令官。那時，要塞已經失去了軍事作用，而被改造成專門關押重要政治犯的監獄。杜思妥耶夫斯基被關押在這裡，難怪他怨憤地說：「雖然我在聖彼得堡生活了八年，卻連一個熟人也沒有。」納博科夫的祖父，一位愛好文學、性情溫和的貴族將軍，不僅沒有為難杜思妥耶夫斯基，還專門找來一批私人藏書，供這名還沒有出名的年輕作家閱讀，並像父親一樣關照這個懷有異端思想的罪犯——難道他在那個時候已經看出，這名憂鬱的青年今後會成為俄羅斯最偉大的作家和先知？或者，他又預見到，自己會有一個被迫流亡海外的後人，並因為其夢幻般的創作，讓「納博科夫」這個家族的徽號為全世界所知？俄羅斯本來就是一個熱愛文學、尊重作家的國度，聖彼得堡更是如此——她的臂彎裡，曾經呵護過普希金、果戈里和阿赫瑪托娃們。普希金離開這裡，迎上他命運的決鬥；在這裡，阿赫瑪托娃寫下驚心動魄的《安魂曲》；而別雷的小說《聖彼得堡》的主人翁阿波諾維奇，乘坐馬車疾馳而去，並感歎說：「過了聖彼得堡，就什麼都沒有了。」

詩人在這裡不怕找不到歌詠的素材，如果在這個城市裡，你仍然寫不出美麗的詩歌來，那麼你到世界上任何一個城市都不可能成為詩人。

這是一座布爾什維克征服不了的城市

波蘭作家卡普欽斯基在《帝國》一書中追問說：「在這資本家、私人產業和富裕的要塞，布爾什維克黨怎麼會取得勝利？這些建築畢竟是一個強大的社會力、主要財力、金融和組織的儲藏庫！在列寧取得權力的過程中，這些人在哪裡，在想什麼、在做什麼？」

卡普欽斯基發現，美國歷史學家皮爾斯在《俄國大革命》中給出了答案，正如義大利作家瑪拉帕爾泰所說，義大利法西斯上臺幾乎是一場不流血的革命，是「運用訓練有素的小分隊沉默地佔領戰略要點，用一種外科手術般精確的手法進行攻擊，以致於大多數民眾毫無覺察」；俄國的革命者也使用了同樣的策略：「他們依賴在軍隊建制下的軍人及工人小分隊，偽裝成軍隊革命委員會，佔領彼得堡主要傳播及運輸中心、公用事業和印刷廠，也就是現在都會的神經中心，只需要將政府和參謀本部的電話線切斷，讓他們無法安排反擊，整個行動執行得好平順，好有效率，甚至連咖啡館、餐廳，及劇院和電影院都開門做生意，人群和大眾繼續尋求娛樂。」

然而，布爾什維克對聖彼得堡的佔領，只是肉體上的，而非靈魂上的。布爾什維克通過歷次政治運動，也未能改變聖彼得堡作為一座記憶之城、夢幻之城、浪漫之城的事實。聖彼得堡的涅瓦大街始終比莫斯科的阿爾巴特大街更加美麗與優雅，從十八世

紀早期的巴洛克風格和該世紀晚期的新古典主義風格的建築，像史詩一樣陳列於此。似乎全俄羅斯的美女都集中在這條街道上，她們的時裝與巴黎的女郎一樣時尚，身材更為高挑與婀娜。誰能將她們與那些擁有水桶腰的大媽們聯繫起來呢？一定是乳酪、巧克力和黃油惹的禍。所有西方著名的品牌都可以在此找到，但別雷筆下那個撲朔迷離的《彼得堡》究竟到哪裡去了呢？那個每天都有舞會、沙龍、詩歌朗誦會、話劇表演和芭蕾舞表演的聖彼得堡還在嗎？

聖彼得堡位於俄羅斯的邊緣，是所有俄羅斯城市中最大的異類——在俄羅斯，再沒有比它更像歐洲的城市了。歐洲意味著什麼呢？歐洲意味著古老的王室、文學、音樂、電影、性和享樂。彼得堡早已沒有王室了，沙皇家族徹底消失在遠方葉卡捷琳娜堡那個冰冷的房間裡，那是一次面對面的殺戮。如今，沙皇們都筆挺地站立在宮殿的肖像畫裡。他們很少逃脫死於非命的結局。而革命家的肖像是不配懸掛在宮殿和博物館中的，他們一個接一個地被送上自己設計的絞刑架。他們來了，又走了，什麼也沒有留下。於是，我們只好去探望彼得大帝騎著高頭大馬的塑像，這尊塑像的聞名，不是因為它塑造的人物是彼得大帝，而是因為詩人普希金寫過一首〈青銅騎士〉的詩歌。詩人是這座城市一半的靈魂——另一半的靈魂在教堂裡——這是帝王和蘇維埃的領袖們都無法改變的事實。任憑史達林怎麼詛咒阿赫瑪托娃，她的詩歌還是在人們的嘴唇和眼睛之間流傳。

聖彼得堡也是愛森斯坦和蕭斯塔科維奇的城市，正是靠著愛森斯坦的電影和蕭斯塔科維奇的音樂，希特勒未能將它從地球上抹去，史達林也未能讓它變得像莫斯科一樣索然無味。革命已經成為往事，文學家們則成了傳奇，海水淡淡的腥氣依舊。七十年

前，聖彼得堡被槍炮綁架，被迫與西方分離，然後以革命導師列寧的名字來命名；七十年後，它又重新擁抱西方，並回到杜思妥耶夫斯基的預言之中。這裡的市民明顯要比莫斯科人悠閒，雖然他們的收入遠遠比不上莫斯科人。街頭的年輕男女往往提著酒瓶，邊走邊喝，就連在廣場上舉行婚禮的新郎新娘以及他們的親友們，也都一人一瓶烈酒，大口大口地狂飲。難怪有人說，戈巴契夫失去民心的根本原因是他頒佈了禁酒令。對於俄羅斯人來說，酒就是生命，誰不讓喝酒，就讓誰下臺！這本來就是一座水做的城市，酒讓它更加迷離與放蕩。

這是一座頭枕海洋入睡的城市

聖彼得堡見證了俄羅斯成長為海上大國的歷史——這片土地本來就是彼得大帝從別國奪取的戰利品。在瓦西里島的岬角的交易所廣場上，南北呼應地矗立著外形醜陋的羅斯特拉燈塔。燈塔上綴滿了青銅船頭，更顯得猙獰可怕。這是來自古羅馬的風俗：把敵軍的船頭砍下來，裝飾在柱子上，以示慶祝。彼得一世用這種方式來存留這個民族野蠻兇狠的一面。這些景點也見證了俄國海軍的興起：在彼得一世親政的時候，俄國海軍只有一艘過時的軍艦；而他留給繼任者的，則是四十八艘主力艦和近八百艘小型船隻以及兩萬八千名海軍官兵。俄羅斯有那麼廣袤的內陸，一望無際的土地封閉而寧靜；唯有聖彼得堡，以海洋為枕頭，哪能不春心蕩漾呢？

穿過大橋，我發現河邊停泊著一艘深褐色的古老巨船，原以為是一處古蹟，走近了才發現船上是一家超級豪華的餐廳。碼頭上停著清一色的豪華汽車，附近閃動著一群西裝革履且戴墨鏡的

彪形大漢，一定是有什麼高官顯貴在此用餐吧。這裡的黑幫卻絲毫不比莫斯科的黑幫溫柔，雖然黑手黨的教父們也都去聽音樂會。一夜之間如同雨後春筍般地出現了許多開著賓士寶馬的富豪，誰也不知道他們的錢是從哪裡來的。散步的老人們早已見怪不怪了，他們保持著緩慢的速度漫步在飛翔的海鷗之中。

豪華府邸的主人們走馬燈似的變幻著，而小偷們還是以他們亙古不變的方式維持生活——當我們來到聞名遐邇的阿芙樂爾巡洋艦的時候，導遊再三叮囑說，一定要小心各自的口袋，這裡是彼得堡小偷最多的地方。果然，同行的王東成教授的背包立即就被小偷光顧，幸好信封裡裝的不是現金而是機票，小偷還算「盜亦有盜」，迅速將機票扔在他腳下。正在聚精會神觀察炮臺的王教授還渾然不覺，直到旁邊的旅客提醒他，才恍然大悟地將機票撿起來。正在我們慶幸逃過一劫的時候，同行的一位帶著孩子的母親卻驚呼起來，原來她的錢包被偷走了，數千盧布的現金和信用卡全都無影無蹤。阿芙樂爾號的官兵們，也許做夢也沒有想到，他們的艦艇居然成為一處中國旅遊者最多的地方，又居然成為竊賊們施展各自神偷技巧的天堂。革命就像是一次漲潮，退潮之後，四處肆虐的小偷們就像是海灘上遺留下來的貝殼。轟轟烈烈的革命就以這樣一種喜劇的方式謝幕。而聖彼得堡，如此冷靜地注視著身邊發生的一切。

這座城市對詩人和藝術家懷有深深的敬意。在經歷了戰爭與革命的風暴之後，納博科夫的故居竟然完好無損。一層被建成了他的博物館，這大概是他怎麼也沒有想到的結局吧。納博科夫如是說：「我們現在搬到了我們在城裡的宅邸，一座漂亮的，義大利式的芬蘭花崗岩建築，於一八八五年前後由我祖父建成，第三層上方有花卉壁畫，第二層有個凸窗，坐落於彼得堡摩斯卡雅街

四十七號。」是的，難道就是從這扇窗戶，在革命爆發時，十七歲的納博科夫「生平第一次看見死人，他被人用擔架抬走，另外一個穿著破爛鞋子的同志，試圖從死人腳上拔下靴子，完全不顧擔架員的推搡和老拳。」難道就是在這個餐廳，「沙俄警察安置的一個肥胖間諜，在身分曝光之後費勁地在我們的圖書館員面前跪了下來？」在彼得堡，差不多每一幢大樓都有一段令人驚心動魄的掌故，至於有沒有經過文學家的想像與加工，誰也不知道。即便是列賓美術學院的教授們，又怎能定格這座城市光與影的變遷呢？

二〇〇五年十一月二十五日初稿
二〇〇九年七月二十八日定稿

7.2 從夏宮到冬宮：帝國興衰的縮影

在我去過的歐洲古都中，唯有聖彼得堡擁有兩座迥然不同的宮殿，那就是夏宮和冬宮。而在中國，紫禁城在北京的中心，避暑山莊卻在遙遠的承德。與中國的皇帝相比，俄國的沙皇不必舟車勞頓奔波於兩處地方，在一個城市裡便可以完成不同季節的轉換。我在感歎於夏宮和冬宮的宏大與精美之餘，不禁要追問：沙皇們為何要耗費巨大的人力和物力修建如此宏偉的宮殿，難道僅僅是為了滿足個人的居住和享樂？這種道德的指責並不符合歷史的真相。在專制王權時代，宮殿不僅是用來住宿的，花園也不僅是用來漫步的。皇家建築乃是一種必需的意識形態和文化符號，沙皇們試圖讓夏宮和冬宮等宮殿以其美輪美奐的建築、園林、內部裝飾以及繁複的皇家禮儀，來彰顯沙皇制度的穩固、威嚴與崇高。這才是他們的最終目標。專制制度必然需要一整套文學、藝術、建築和儀式來為之鋪陳，從這個意義上來說，夏宮和冬宮就是沙皇制度的象徵和支點。

夏宮美，還是冬宮更美？

凡爾賽宮體現了歐洲啓蒙時代科學和理性的力量，但其佈局過於嚴密和規則；紫禁城幾乎沒有泥土與草木，被隔絕於大自然

之外，隱喻著東方專制主義的陰冷與殘暴。而夏宮則是自然與人文的完美結合，是所有沙皇的宮殿和花園當中最舒適也最具藝術情調的地方。

從一七〇四年開始，彼得一世便著手修建這座夏季宅邸，他謙虛地名之曰「沙皇菜園」，私心裡卻希望它超過法國國王的凡爾賽宮。宮殿的風格近似於十八世紀初荷蘭貴族的住宅，這大概與彼得一世微服訪問荷蘭的經歷有關。彼得一世喜歡海洋，雄心勃勃地將俄國由內陸國擴展為海洋國，並建立了俄國第一支龐大的艦隊。因此，他的宮殿大都建築在水邊。在夏宮的第一、第二層樓的窗戶之間裝飾著精美的浮雕，其內容是古希臘古羅馬的神話故事，用意在於讚美俄國海軍的威力。彼得一世居住在一樓，皇后凱薩琳和孩子們居住在二樓。如今，房內的裝飾依然是三百年前的原樣──古典的家具、珍貴的布料、玻璃器皿、色彩絢爛的壁毯、巨大的油畫……一切都在炫耀著皇家不受制約的奢華。

在我看來，夏宮之美不在宮殿而在花園。在彼得一世時代，花園不准普通人遊覽，直到十八世紀末，也只有少數沙皇的親信大臣才能進入。後來，花園對彼得堡的上流社會開放，這裡也成為俄羅斯的詩人、畫家、音樂家們約會的最佳地點。一八三四年，普希金選擇居住在附近，就是為了每天都能來觀察夏宮花園的美景。花園裡處處是設計精巧的噴泉，因此夏宮花園也被譽為「噴泉之都」。花園裡遍佈古希臘和古羅馬的神像、皇帝和英雄們的雕像，以及伊索寓言的主人翁等等。

彼得一世不僅將這些雕像當作花園的裝飾，而且賦予它們以深刻的教育意義──夏宮花園成了一所立體的「學校」：古代統帥和皇帝們的塑像是為了讚譽今天沙皇的權力，古希臘和古羅馬眾神的白色大理石雕像則是為了宣傳俄羅斯需要啟蒙主義。彼得

一世專門從義大利訂購古希臘建築女神的塑像，其實是象徵著他本人建設聖彼得堡的豐功偉績。我們在夏宮花園參觀的時候，遇到一場盛大的仿古表演：在最大的噴泉之下，數百名身穿宮廷服裝的各色人等登場表演，有龐大的宮廷樂隊，有翩翩的舞者，有蝴蝶般穿梭的侍者，冠蓋雲集，宛如《戰爭與和平》中的場景。

　　如果說夏宮是皇家在大自然中享樂的場所，那麼冬宮則是皇家在城市中的樂園。在彼得一世時代初具雛形、而在葉卡捷琳娜二世時代蔚為大觀的冬宮及其附屬建築，在兩百年間形成了一組極其龐大的建築群，是「城市中的小城市」。波蘭作家卡普欽斯基在《帝國》一書中描述說，當翠綠、蔚藍和雪白的冬宮，淡黃色的參謀部大樓，以及寬闊而空曠的廣場一起出現的時候，宛如某人突然拉起窗簾一樣。「這個廣場的全景，它的概念、計畫和氣質，擁有一種深刻的象徵主義，比起無數的論文和手冊所能呈現的，還要訴說著更多關於這個國家的種種，因為這個廣場作為力量的性格與架構的實例，冬宮代表的是最高形式，是統治者的座位，而它的右翼惟一且最重要的建築，卻既非精神上的力量（這裡一間教堂也看不見），也不是立法力量（極目所及，不見議會），而是參謀部裡的軍隊、部隊和武器。」

冬宮裏最奢華的御座大廳，沙皇在這裏接見大臣和外國使節

　　冬宮與整個城市一起生長，先後共有八個沙皇在居住在此，處理龐大帝國的政事。從冬宮發佈的命令，通過驛車送往帝國各個角落。冬宮就像是一雙無形的巨手，控制著帝國的每一寸土地。如今，冬宮是世界四大博物館之一的國立埃爾米塔日博物館，不過要想知曉當年沙皇的生活狀貌也不難，冬宮內原來用來舉行盛大宮廷儀式的各個大廳，依然保留了昔日富麗堂皇的陳設。大金鑾殿（喬治大廳）、小金鑾殿（彼得大廳）、尼古拉大

戎裝的沙皇尼古拉二世在冬宮中

廳、徽章大廳和孔雀石大廳，均是帝國時代宮廷內飾的傑作，黃金寶石、浮雕油畫，無不讓人眼花繚亂。而沙皇的餐廳、休息室、臥室、書房、小會議室等，也都按照原貌展出。各個沙皇性格不同，喜歡的大廳也不同，但熱愛和顯示奢靡鋪張則是沙皇們的共性。

　　長期以來，冬宮被當作俄羅斯帝國的驕傲，它也見證了蘇俄風雲激蕩的近現代歷史。末代沙皇尼古拉二世在普斯科夫被迫退位之後，再也沒能回到這座祖先的宮殿。後來，這裡被當作臨時政府的所在地，新主人們還沒有把椅子坐熱便被推翻。阿芙樂爾號巡洋艦在涅瓦河上對著冬宮象徵性地開炮，成為布爾什維克黨人發動十月革命的標誌。緊接著，起義的士兵和工人衝進冬宮，逮捕了正在其中開會的臨時政府的部長們。俄國歷史由此進入新的一頁。冬宮一直是沉默的見證者。

長在深宮中的沙皇拯救不了帝國的崩解

從夏宮到冬宮，沙皇制度經歷了其最輝煌的鼎盛時期，也走到其衰敗朽壞的末日。宮殿的華美和宏大，並不能挽救帝國制度的敗壞。恰恰相反，宮殿越是壯麗，皇家儀式越是典雅，老百姓們就越是離心離德、怨聲載道。因為皇宮內外是兩個截然不同的世界，宛如天堂與地獄之差別。對這種民間日益滋生的不信任感乃至仇恨，末代沙皇尼古拉二世居然懵懵懂懂，毫無所知。在尼古拉的印象裡，人民的某些形象特別生動，直到他生命的最後一天也沒有改變——儘管槍殺他的布爾什維克士兵也是來自於「人民」。一九○二年的秋天，尼古拉在給皇后亞歷山卓的信中，寫到他穿過一個普通的村莊時的情景：「我們穿過一些很大的村莊，善良的農民們捧著簡單的麵包和鹽，所有的人都跪在地上，流露出動人的孩子般的快樂。」尼古拉深信普通百姓對他是忠誠的，他認為自己同樣忠誠於他們。這不是一種虛偽和誇張的感情。然而，大批有文化的俄國人和其他持不同政見的組織，卻離沙皇和他的宮廷越來越遠。在此背景下，尼古拉更加固執而堅定地相信，存在著那種直接聯繫著他和普通俄羅斯人的神聖紐帶，只有這些紐帶才代表著俄羅斯國家。正是尼古拉所信奉的這種信念，構成了在俄國進行管理和立憲改革的主要障礙。

在金碧輝煌的宮殿中，尼古拉自我想像的「子民」，其實根本不是真正的「人民」。他將民眾當作無知的孩子來看待，他本人則自作主張地充當慈父的角色，用中國的古話來說，就是「民可使由之，不可使知之」。與中國古代的皇帝一樣，沙皇喜歡以「君父」自居，這是兩種專制文化傳統之間最大的相似之處。然而，托爾斯泰一針見血地揭示出這種想法的內在矛盾性，沙皇既

然如此自信，為什麼還要壟斷教育和文化出版呢？為什麼還要宣揚對他的絕對忠誠呢？沙皇最喜歡的臣民，是那些沒有受過教育的、沒有知識的、「像孩子一樣傻樂」的臣民。「任何政權都發現，它的存在依靠人民的無知，因此本能而正確地懼怕教育，憎恨教育，但是，在一些條件下，不管政府願意與不願意都應當向教育做出讓步，這時候，政府就做出一副姿態，把教育掌握在自己手中，使它變質，但是，也有這樣的情況——政府的力量這樣巨大，以致在政府控制下無需這樣做。尼古拉就處在這樣的條件下——他明白這一點並這樣去做。」這也正是為什麼沙皇們願意投入鉅資修建宮殿，卻不願意將賦稅花在公民教育上的根本原因。對於統治者來說，老百姓當然是越愚昧越好。

尼古拉的這些根深蒂固的觀念是在深宮中養成的——一座又一座的宮殿成為他最初的啟蒙老師。他離不開宮殿，沒有他的存在，宮殿便像鐘擺一樣不能指示時間。他厭惡議會制度，非但不願在政府與社會精英之間架設橋樑，反而頑固地堅持相信自己是所謂「溫馴農民大軍的總司令、慈父般的沙皇」。當然，尼古拉並不是沙皇中最奢侈的一個，比起葉卡捷琳娜二世來，他可以算是一個吝嗇鬼了，這種比較就像路易十六與路易十四的對照一樣。尼古拉沒有專門修建一座新的宮殿，但他深信自己的義務就是維護俄國的獨裁專制制度。在一九○四年就立憲改革舉行的一次高級會談中，尼古拉對內務部長米爾斯基公爵說：「我不是出於我個人的意願堅持專制制度。我堅持這樣做只是因為我確信俄國需要專制制度。如果只是為了我自己，那我很樂意放棄這一切。」這句話並非故意說謊，確實是真誠的。尼古拉經常斷言，保留專制制度不是為了他個人，而是為了俄國，為了上帝，為了他的祖先和他的繼承人。正像他喜歡提醒士兵們那樣，他們是在

繼承他們「祖先」所付出的「服務」。所以，他也經常說，他的義務是繼續沿著他父親曾走過的道路前進，即保留傳統的專制制度。他相信，不能保持國家的傳統，會成為國家衰敗的根本原因。他深深陷入迷宮一樣房間星羅棋佈的宮殿中，深深地陷入自己臆造出來的虛幻世界裡——突然有一天，當士兵們在他的豪華專列外高喊「打倒吸血鬼尼古拉」的時候，他簡直無法相信自己的耳朵。

人民是那些任勞任怨修築宮殿的人嗎？

「防民之口甚於防川」，地底的火山已經在湧動，傳統的愚民政策此時此刻再也無法奏效。儘管沙皇政權嚴密控制著媒體，拼命打壓任何批評專制制度的聲音——有人僅僅因為郵寄沒有通過新聞檢查的托爾斯泰的作品，就被送往西伯利亞服苦役。但是，民間出現了越來越多對沙皇家族的嘲諷，乃至與各式各樣的「黃色笑話」，老百姓也不再以崇敬的眼光張望宮殿及沙皇的出巡儀式。德國思想家雅斯貝爾斯在《時代的精神狀況》中指出：「沒有人把節日慶典當作一回事，甚至慶典的參與者都是如此。」而居住在深宮中的尼古拉對這些變化仍然一無所知。有關皇后與宮廷中深受信任的「聖愚」或「顛僧」拉斯普廷之間有曖昧關係的說法，在社會各個階層中廣泛流傳，甚至還有人說皇太子也是一個「野種」。昔日神聖無比的沙皇制度，今天卻遭到無情的褻瀆。與法國大革命前人們肆無忌憚地傳播乃至誇大路易十六宮廷中的淫亂新聞相似，統治階層失去民心的第一步、也是不可挽回的一步，乃是人們開始在私下裡或半公開的場合嘲諷和咒罵自詡為「國父國母」、「君權神授」的王室。皇家的神聖性

至此不復存在，堂皇的宮廷成為藏污納詬之處。此種「黃色笑話」一旦氾濫，君主制度要想轉變為「君主立憲」，甚至全身而退，便不再可能。

有意思的是，在「婦德」方面其實沒有多少值得指責之處的法國王后瑪格麗特、俄國皇后亞歷山卓以及大清王朝的實際統治者、皇太后慈禧，均被民間不約而同地描述成為極度淫亂的蕩婦。在葉卡特琳堡那間沙皇一家最後被監禁和被殺害的屋子裡，極度仇恨沙皇的衛兵們塗寫了大量描寫皇后與拉斯普廷之間的性關係的打油詩，有些句子甚至直接描寫尼古拉一邊坐著喝酒，一邊觀察拉斯普廷的生殖器，還有大量描繪拉斯普廷與亞歷山卓各種姿勢性交的淫穢圖畫──這些「人民」是尼古拉心目中忠心耿耿的人民嗎？是那些曾經向他獻麵包和鹽、向他下跪、向他歡呼的人民嗎？毫無疑問，一個連匹夫小民也敢於津津有味地述說或編造其醜聞的權力系統及其代表者，其存在的根基已經被蛀空了。即便統治者繼續大興土木，興建無數宮殿、祭壇、歌劇院、博物館等彰顯其權力的威力的巨大建築，仍然不足以收回和聚集飛速流失的人心。一種統治制度決不可能穩固地維繫於宮殿之上──宮殿是死的，人是活的。因此，革命其實是從第一個有關宮廷的黃色笑話的傳播開始的。齒輪從此啟動，即便是再偉大的君主也制止不了它的運作。

從夏宮到冬宮，短短的一段路程，便走過了俄羅斯三百年治亂興衰的歷史。正如歷史學家所指出的那樣：「羅曼諾夫王朝的覆滅是道德衝突的必然結果。對一種早已失去生命力和其合理性的思想體系的盲目信仰已被人們踩在腳下，而他們宣稱他們所追求的是一種新的信仰。」也許，從修建夏宮和冬宮的第一塊地基開始，專制制度便同時在為自己營造墳墓了──當雪崩的那一天

降臨的時候，有哪一座宮殿會是安全的呢？昔日「普天之下，莫非王土；率土之濱，莫非王臣」的沙皇，最後在其龐大的帝國之內居然找不到一寸容身之地。

在冬宮的一面黯淡的鏡子中，無言地折射出一道寒光，當年珠光寶氣的沙皇一家，是否就在這面鏡子前妝點打扮、自我欣賞？

二〇〇五年十二月十四日初稿
二〇〇九年七月二十九日定稿

7.3 普丁：還沒有做完的沙皇夢

普丁是一個謎。當千禧年到來，葉爾欽突然宣佈退休，推出普丁為接班人的時候，誰也不知道這個不苟言笑、臉色陰沉的新人有沒有讓俄羅斯重振雄風的本領。當普丁任滿兩屆總統八年任期的時候，俄羅斯憑藉能源方面的優勢，經濟出現了復興態勢，普丁在國內的聲望如日中天，而他威權主義的統治方式也招致西方社會和國內民主派人士的批評。年富力強的普丁當然不甘心就此退出政壇，囿於憲法的限制，他不能第三次連任總統，便使出一個聰明的招數：自己轉任總理，並安排心腹梅德維傑夫出任總統。這樣，待梅氏完成一屆任期，他還有機會「回鍋」當總統。儘管這種做法讓西方國家跌破眼鏡，但比起悍然通過修憲的方式擔任「終身總統」的委內瑞拉獨裁者查維斯來，至少在法理上無可挑剔。

那麼，普丁究竟是一個什麼樣的人？是左派還是右派？是新沙皇還是史達林的變種？俄羅斯著名記者奧列格‧布洛茨基所著之《通往權力之路》，以大量面對面的訪談為背景資料，講述

普丁訪華時，在北京大學發表演講

了普丁從一名神秘的格別烏官員成為總統的傳奇歷程，也從一個側面展示了最近二十年間蘇聯蛻變為俄羅斯之後的劇變。這是一本刨根問底地考察普丁「家譜」的傳記，我最感興趣的部分，乃是普丁作為格別烏的情報官員派駐東德的那段特殊歲月。迄今為止，我還沒有看到有任何一個分析家充分評估這段經歷對普丁的思想和價值觀所產生的影響。

出使東德讓他看到更多的真相

一九八五年夏天，作為蘇聯格別烏駐東德安全部代表處成員，普丁開始在東德將近五年的工作和生活。普丁夫婦的兩個孩子都在東德出生，他本人則邁出了職業生涯中關鍵的一步。他的同事尤里‧列謝夫上校描述說：「在民主德國不到五年的工作時間裡，普丁的職位升了三級，初來時還只是一個高級業務人員，離開時已經是處長高級助埋。這在當時已經是相當顯赫的職位了。除了他，好像還沒有別人在短短的四年裡升得如此神速，這已經很直觀地說明了他的業績。」他的上司馬特維耶夫上校評價說：「普丁不僅在歐洲有自己的代理人，在世界其餘一些地區也有。普丁與世界上好多國家的聯繫管道是暢通的。」顯然，以格別烏的人才選拔標準而言，普丁的工作能力、工作態度和工作成就都無可挑剔，他是格別烏年輕一代中的精英分子。

然而，普丁所做的一切都是在維護一套僵化與停滯的制度——東德及其「母體」蘇聯的專制制度。雖然他後來多次表示，他不會對早年的格別烏生涯感到後悔，但其內心深處無疑充滿矛盾與掙扎。他在東德所做的最後一項工作就是，幫助東德的秘密警察燒毀若干可能會牽扯到格別烏的檔案材料。然後，他全

身而退，歸國述職。此時，國內的形勢已經如同一鍋沸水。普丁的思想偏向改革派。一個頗為弔詭的事實是：蘇聯內部的改革派，最早是從格別烏系統中誕生的，因為這種特殊的工作可以接觸到最多的社會真相，這些情報促使他們反思制度的弊端。在改革年代，格別烏內部也發生了深刻變化，第五局的中校亞歷山大・基齊欣說：「我認為，百分之六十至七十的格別烏工作人員期待和希望發生重大變化。……許多工作人員在工作過程中重新考慮了對所發生事件以及對過去被認為是敵人的那些人的態度。」普丁便屬於這百分之六十至七十的「思變」的格別烏成員。

這段雲遮霧罩的職業生涯，給普丁帶來既包含負面因素也充滿正面因素的影響，讓他具備了某種「變臉術」。負面因素在於：他深諳幕後的權力運作技術，並相當迷戀強力原則。長期處於秘密狀態，使他傾向於奉行黑白二元論的價值觀以及成王敗寇的生存準則，而不願意以民主與公開的方式處理國家事務。這一點在普丁處理別斯蘭恐怖分子劫持孩童事件中表現得尤為明顯：作為最高決策者，為了捍衛他本人以及「大國」的「面子」，全然不顧被劫持的孩童的人身安全，斷然下令特種部隊展開正面強攻，結果造成重大人員傷亡。歐美民主國家的任何一位領袖，都不會亦不敢用這種冒險的方法來應對之。倘若他們如此而行，必將導致政治生涯的終結。而普丁這樣做了，卻未受到民眾和輿論的批評，這表明生命的價值在俄羅斯仍然不受重視，人們內心深處渴望魅力型領袖出面「主持大局」。普丁的強勢作風正好迎合了這種心態，成為給予民眾的一顆「定心丸」。

這段格別烏生涯帶給普丁的正面因素在於：在東德工作期間，他比國內的人更多地接觸到西方的一切。他對東德的制度產

生了置疑——當然，他不會不知道東德的制度乃是蘇聯的制度的衍生物。在成為俄羅斯聯邦總統之後，在一次接受記者採訪時，他說了一段肺腑之言：「民主德國的滅亡是不可避免的。我到民主德國開始同德國人交談，同時開始思考周圍發生的一切，我內心裡甚至開始有些厭惡，感覺這種生活有些不太符合常態。現在，在歐洲是不可能再出現一個以一九三五年的蘇聯為樣板的如此沒有生氣的國家了。」普丁本人並不喜歡東德這個「國家對所有人民進行著全面的監視」的國家（對此，電影《竊聽風暴》中有淋漓盡致的揭示），儘管他本人就是「監視者」背後的「監視者」——有意思的是，東德秘密警察對全民監視的技術是從蘇聯學過來的，普丁所供職的格別烏所幹的正是此類卑鄙勾當。

一個並不忠誠的共產黨員和格別烏

普丁結束在東德的使命回國的時候，蘇聯已經處於風雨飄搖之中。社會變革日新月異，民主派人士公開挑戰舊體制，參與競選並奪取了若干重要職務。此時此刻，何去何從？聰明的普丁以新的職業選擇來彰顯其立場——他積極投身於彼得格勒激進民主派市長索布恰克的陣營，並成為其競選中的得力助手，而索布恰克正是蘇共保守派的「眼中釘」。普丁遂面臨一個尷尬而嚴峻的處境：他既是民選市長索布恰克的外事助理，又是格別烏的秘密情報人員。《通往權力之路》一書分析說，這兩種身分的對立，隨時有可能凸現出來：一旦發生緊急情況，普丁究竟應該執行格別烏的命令，還是執行索布恰克市長的命令？究竟應該履行入伍時候的誓言，還是去承擔市政府公務員的道德和義務？

普丁毅然選擇服從民選政府，並自動脫離格別烏體系——雖

然他還有一年時間便可以領取豐厚的退休金，他還是毫不留戀地放棄了。這種決然的選擇，與他在東德的特殊體驗密切相關，亦表明他對舊制度完全失望。曾在強力部門擔任要職的普丁，在經歷了戈巴契夫和葉爾欽兩個時代之後，深知這樣一個真理：一個社會的發展和穩定，不可能依靠計劃經濟、黨對權力的壟斷、秘密警察的恐嚇以及剝奪公民的自由而實現。在一九九一年蘇聯和蘇共的大崩潰中，普丁沒有像格別烏最高官員克留齊科夫那樣因站在時代潮流的對立面而遭致千夫所指，相反，他的職業規劃是：寧願利用在東德省吃儉用而購買的小轎車來開計程車，也不願繼續為企圖將俄羅斯捆綁在舊時代的格別烏集團效力。

在蘇共晚期，普丁雖然沒有公開聲明退黨，但他確實成了一名「無黨派人士」。後來，他成為葉爾欽政府的要員乃至登上總統的寶座之後，對重組後仍然奉行「走回頭路」政綱的俄共保持警惕，從來不把這一勢力當作政治盟友。他對持守「共產主義原教旨主義」的俄共領袖久加諾夫相當排斥，通過權力運作以及俄羅斯社會變遷的合力，使俄共的影響力日漸降低，普丁當權的時代，俄共的勢力在其傳統地盤——國家杜馬中也日漸萎縮。

有人因為普丁當年「不見天日」的格別烏生涯，而擔心他會將俄羅斯拉回到專制時代。但在內政問題上，普丁對史達林主義具有一定的免疫力。普丁偶爾說過史達林的幾句好話，但他對史達林主義並不感興趣，也沒有重新在俄羅斯打造一套新的史達林主義的企圖。儘管普丁名望甚高，報刊上亦經常見到關於他的政治漫畫和批評意見，這在蘇共時代是不可想像的。他本人清楚地知道，恢復停滯的舊體制、效仿史達林那樣的獨裁者，是愚不可及的、自我毀滅的做法。他的權力再鞏固，也不可能就像史達林和布里茲涅夫那樣一直「為人民服務」至死。

威權主義與大國夢幻

　　當然，普丁本人並不是徹底的民主派人士，與前捷克共和國總統哈威爾那樣的具有知識分子氣質和道義感召力的政治家更是相差甚遠。哈威爾是作為政治反對派積累巨大的道義資源而登上總統職位的，他始終對權力沒有欲望，即便在總統任上，通常也採取無為而治的辦法，仍然保持著一名羞怯的知識分子的氣質；但在俄羅斯卻不一樣，從戈巴契夫、葉爾欽到普丁這三屆蘇俄總統，都是從原統治集團中蛻變出來的強勢人物，他們原本就在政治的「鱷魚潭」之中。這一差異是由不同的國情和政治傳統決定的，這也是俄羅斯的民主化進程滯後於捷克、波蘭等東歐國家的原因之一。

　　普丁拒絕列寧主義和史達林主義，卻頗有俄羅斯大國沙文主義的心態。普丁不會成為史達林第二，卻對沙皇的迷夢念念不忘。奧列格・布洛茨基認為，普丁受制於俄羅斯漫長的專制主義傳統以及他本人任職格別烏的職業背景，心中頗為崇拜彼得大帝的豐功偉績，一直夢想重振俄國的雄風。普丁的外交政策中，不可避免地有蘇俄傳統的帝國主義的色彩。他在某些問題上對西方持強硬態度，明知國力不足以抗衡美國，亦硬要挑戰美國一國獨大的局面。普丁無法阻止歐盟和北約東擴的步伐，只好竭力對獨聯體及周邊國家發揮影響力。比如，俄國不顧西方的警告，悍然出兵格魯吉亞，向全世界顯示其在高加索地區的話語權。

　　普丁以鐵腕手段鎮壓車臣的獨立運動，體現出他迎合俄羅斯高漲的民族主義的一面；但他又及時制止某些媒體對他「個人崇拜」式的讚美，說明他對蘇聯時代的「個人迷信」有一定的免疫力。普丁領導俄羅斯爭奪大國交椅的野心不會收斂，但他亦不會

帶領俄羅斯重新「蘇維埃化」。他受制於俄羅斯民主制度已深入人心的現實：儘管俄羅斯民間依然存在對「沙皇」的心理需求、儘管普丁本人身邊存在一個與原格別烏集團藕斷絲連的親信圈子、儘管普丁內心深處確實存在成為偉大領袖的欲望、儘管普丁所擁有的實際權力四倍於美國總統，但他要當獨裁者恐怕不那麼容易。在一個全球化的時代，再建立一個被鐵絲網封鎖的帝國，即便彼得一世和史達林重生，也做不到了。所以，沙皇夢無論如何美妙，也只是一個夢而已，正如俄國學者麗莉婭‧謝夫索娃在美國《對外政策》月刊上發表的題為〈重新審視普丁〉一文中所指出的那樣：「普丁雖然建立了個人獨裁政權，但他不會走得太遠。因為，有百分之七十的俄羅斯國民希望達到像西方那樣的生活水準並希望生活在民主主義體制下。」這就是「形勢比人強」的歷史規律。

二○○九年四月二十三日定稿

7.4 缺乏轉型正義的偽民主國家

　　近年來，東歐和中亞各國在民主化進程中第二輪的「顏色革命」，對俄羅斯形成了一定的衝擊波。這不僅是一個地緣政治的問題，更是政治制度優劣的競爭。雖然普丁和梅德維傑夫等俄國領導人嚴厲批評美國藉口推廣民主自由價值實則擠壓俄國的傳統勢力範圍，但他們無法迴避的一個事實是：民主和自由乃是當今世界不可阻擋的潮流，那些國家之所以發生「顏色革命」，並非他國的煽動，而是民眾從心底裡的選擇，俄羅斯亦無法逆此潮流而重新成為「孤島」。如今，俄羅斯已經具有民主的雛形，正如一位分析家所指出的那樣：「一黨專政已讓位給了普選民主。曾經權力巨大的俄羅斯共產黨人不再控制社會生活的所有方面，也不再將異見者送進勞動集中營。」但是，由於轉型正義的缺乏，由於強力部門和商人寡頭的聯盟，由於俄羅斯文化傳統中對威權主義的習慣，非民主乃至反民主的力量仍然十分強大，用俄羅斯經濟學家、曾經擔任幾任總理的顧問的米哈伊爾・傑里亞金的話來說，是「從國家頭腦中開始的『獨裁主義痙攣』讓整個國家抽筋」。所以，他在《後普丁時代》一書中提出這樣的追問：俄羅斯能夠避免橙色革命嗎？

反對派為何無所作為？

與所有的東歐國家都不同，俄羅斯的反對派在國家轉型過程中幾乎無所作為。蘇聯的解體，並非因為反對派的強大壓力，而是因為蘇聯極權制度自身的失效，以及共產黨內部派系的爭鬥，即以蘇聯總統、蘇共中央總書記戈巴契夫為代表的社會民主主義派、以俄羅斯聯邦總統、前蘇共政治局委員葉爾欽為代表的資本主義派和以格別烏頭子克留奇科夫為代表的史達林主義派之間的決裂，最後是葉爾欽這一派奪取了權力，並由普丁到梅德維傑夫一直掌權至今。

蘇聯不是沒有出現過偉大的異議分子，比如諾貝爾和平獎得主薩哈羅夫、諾貝爾文學獎得主索忍尼辛等人，他們在蘇聯境內和在全球範圍內都享有極高的聲譽，他們是道義、良心和理想主義的象徵。但是，薩哈羅夫在蘇聯解體之前便去世了，索忍尼辛回國內之後亦被迅速邊緣化。因此，俄羅斯沒有出現自己的哈威爾，其社會轉型也沒能圍繞「正義」的價值而展開。

在東歐國家中，反對派力量最強大的是波蘭，華勒沙領導的團結工聯在當局決定分享權力之前，就已經擁有了執政的實力；而反對派最孱弱的是羅馬尼亞，齊奧賽斯庫政權的垮臺差不多就是一場軍事政變，救國陣線的領導層基本來自原來的統治階層。而蘇聯反對派的狀況，非同波蘭而近似羅馬尼亞。如果再將視野放廣，我們會發現，在成功完成民主轉型的南非、南韓、臺灣，都有一個相當長期的「反對運動」或「黨外運動」的歷史。在與當局對抗的過程中，反對派在道義、人脈、輿論和組織等方面都積累了豐富的經驗與資源。這一點是蘇聯所無法比擬的，蘇聯反對派的致命缺點便是：批判有餘，建設不足；重於精神號召，疏

於轉型研究，更缺乏如何執政的訓練。對此，傑里亞金指出：
「蘇聯的持不同政見者在廚房裡度過了四分之一世紀，他們在指責共產黨和布里茲涅夫，他們的東歐同行也是聚集在同樣的廚房裡互相指責，同時闡述著當『佔領』結束政權回到自己手中時，他們將會做什麼。」

　　蘇聯反對派無所作為，還有一個重要原因便是，誰也沒有料到蘇聯的崩潰來得如此之快，大家都以為這個老大帝國會如同百足之蟲一樣，死而不僵。誰知史達林主義者們錯誤地發動自掘墳墓的「八一九」政變，導致蘇共成為眾矢之的，很快被宣佈為非法組織而遭到解散。原有那些統治層中的精英，則紛紛變臉成為民主派，立即攫取唾手可得的權力和資源。就好像當年蔣介石政權認為中日戰爭將長期僵持，所以國家建設包括政治改革的計畫可以從長計議。誰知美國投下的原子彈讓日本天皇魂飛魄散，匆匆宣佈投降。日軍撤走之後留下的巨大的權力真空，遂被中共填補。中共力量迅速膨脹，終至顛覆國民政府，蔣介石悔之晚矣。

　　歷史通常不以人的意願為轉移。歷史沒有留給蘇聯的反對派們以充足的時間做接收政權的準備工作，正如傑里亞金所分析的那樣：「當社會主義的瓦解給前蘇聯的持不同政見者一個措手不及，並使他們還未來得及掌權就把權力匆忙拱手讓於『改革的騙子們』的時候，東歐的同行們已經開始實行相對考慮成熟而目標明確的政策了。」所以，蘇聯解體之後，俄羅斯及大部分新獨立的國家，由於反對派的缺席，都接受了從舊制度中蛻變出來的人物的威權主義的統治模式。

土匪亞文化的復辟

早在蘇聯解體前後，改革派的思想家雅科夫列夫便敏銳地指出：「不能不看到：幾千年來俄國歷史上佔統治地位的暴力模式還能重新產生瘋狂的獨裁者和覬覦王位的人。」結果，此後近二十年俄國發展的軌跡被他不幸而言中：普丁便是這樣一名應運而生的「新沙皇」。

拜國際石油價格飆升所賜，普丁政權一度顯得財力充足，大部分民眾的生活也有所改善，普丁因而獲得極高的民望。但是，傑里亞金認為，普丁式的繁榮是「肺癆性潮紅」，經過普丁八年的任期，俄羅斯社會既沒有建立起公正的政治經濟體系，也沒有真正的文化思想和科技的創新能力。

普丁政權所依賴的支柱，仍然來自於舊體制。波蘭作家卡普欽斯基在《帝國》一書中分析說，所謂「舊體制」，包括以下幾個部分：舊的官僚體系，總人數約一千八百萬人，由於反對黨從未形成一個有組織的力量，所以這個體系仍然無他物可替代；龐大的軍隊，共數百萬人；權力很大的國家安全委員會和國民兵；中型和重型的國營的工業企業，包括高度發展的軍事工業集團，僅後者就擁有一千六百萬名雇員；集體和國營的大農場；幾十年灌輸給人民以蒙昧觀點的意識形態領域。其中，普丁最器重的又是強力部門，因為他本人便曾是一名格別烏官員。如今，格別烏雖然更改了名稱，但昔日為非作歹的成員們基本沒有受到觸動。轉型正義自然就無從談起。

俄羅斯有句諺語說：「權力的強大是靠智慧，而不是靴子。」而普丁的治國方式恰恰相反，他迷信靴子的功效。傑里亞金認為，普丁政權的實質是一個「軍事－警察官僚集團」。他發

現，在國家財政預算中，強力部門的開支（國防、維護穩定和國家安全）超過所有社會性開支（社會政策、教育、保健、文化與傳媒等）的一倍還多。他更發現，整個國家的暴力化愈演愈烈，獄中一半的囚犯都受到過虐待，警察普遍蔑視法律、喜歡用暴力解決問題。當國家政權像一個匪幫那樣行事，即用納稅人的錢來進一步掠奪納稅人的時候，大部分社會成員也不得不接受土匪的原則、學習土匪的習性，「習慣暴力的實現方式很容易並不易覺察地發展到訴諸暴力的傾向」。對此，傑里亞金並非杞人憂天地指出：「討好軍事—警察官僚集團，只會將其變成國家的實際主人，俄羅斯已經遠離美國和歐洲模式，更可能漂向尼日利亞和海地模式。」

另一方面，普丁時代繼續葉爾欽時代對商人寡頭利益的照顧。雖然普丁打擊了幾名著名的寡頭，但這並不是他有意要改變寡頭深切地嵌入俄羅斯社會的現狀，而僅僅是這幾名寡頭挑戰他的權威。普丁本人即是最大的寡頭之一，他個人擁有的財富已經是一個天文數字，他與大多數寡頭之間的關係乃是「一榮俱榮，一損俱損」。因此，這個政權雖然經過程式上的選舉，但已經失去了服務民眾的本質，正如傑里亞金所批評的那樣：「如果國家服從於商人利益，除了導致極其囂張的腐敗外，還會把國家變成實現商業利益的一個普通而粗暴的工具。僅僅由於商人利益與社會利益的客觀不一致，國家就失去了履行其社會職能的機會，那麼對於授權給它的社會而言，國家的存在也就變得完全沒有必要了。」今天中國的現狀，在這兩個方面都與俄羅斯有著驚人的相似之處，並且中國還維持著一黨獨裁的外殼，所以中國之疾更是「病入膏肓」。

一個「好的俄羅斯」是否可能？

在普丁執政後期，其聲望如日中天的時候，傑里亞金對普丁的批評被許多人認為是吹毛求疵。幾年以後，全球性經濟危機爆發，國際原油價格從高位跌落，俄國經濟遂遭受重創，普丁神話終告破滅，傑里亞金的前瞻性這才讓人信服。那麼，俄羅斯有沒有可能補上轉型正義這一課，在現代化和全球化的進程中，蛻變成一個真正的民主國家，實現一個「好的俄羅斯」的夢想呢？

傑里亞金認為：「俄羅斯的悲劇在於，當前的精英層是在偷盜和破壞自己國家的過程中產生的。」而改變此種格局的辦法是：「只有實現政治現代化，從而不僅促使大眾覺醒，而且還要對俄羅斯精英層進行整肅才能改變目前的局面，開闢俄羅斯經濟的現代化之路。」目前仍然在俄羅斯外交與國防委員會、國家投資委員會任職的傑里亞金，進而對「後普丁時代」的俄羅斯開出了一張全面治療的藥方：在國家制度方面，建立公正的司法是社會社會生活的基礎，恢復議會的立法權，聯邦關係的正常化等；在社會政策方面，醫療保健體系實現正常化，讓退休金改革服務於老百姓，制定有長遠目標的教育和科學政策等；在經濟現代化方面，保障所有權，限制濫用壟斷地位，解決大眾貧困化，振興落後地區等。這些建議，對政治轉型尚未開啓的中國來說，亦有相當之參考價值。

如果俄羅斯現任總統梅德維傑夫願意接受或部分接受這些建議，俄羅斯的重生不是沒有可能。二○○九年四月十五日，梅德韋傑夫在「公民社會和人權機構發展促進委員會會議」上指出，非政府組織面臨著「不適當的」限制，「有很大一部分官員認為，非政府組織是政府的敵人，這些組織的活動應該受到限制。

這樣的想法是很危險的。許多官員認為非政府組織的活動會威脅到他們的長期執政，但俄羅斯需要更多的政治競爭」。他批評的對象便是普丁。此前，受格魯吉亞和烏克蘭顏色革命的影響，普丁對非政府組織採取嚴密管制，以避免其受外國「敵對勢力」的操控。而梅德維傑夫並不認可普丁打壓公民社會的政策，並試圖更改之，他並不願意成為普丁的傀儡。由此可見，俄羅斯「告別普丁」不是沒有可能，俄羅斯醫治寡頭政治的絕症、實現社會的公正性和責任感也不是沒有可能。從「貧乏的專制」走向「充滿活力的民主與自由」，是實現一個「好的俄羅斯」的必由之路。

二〇〇九年七月三十日

第八章

中國與蘇俄的恩怨糾葛

● ● ●

8.1 如此肆無忌憚的顛覆者： 蘇聯情報機關在中國

　　梁啓超是最早洞悉蘇俄禍害中國的近代思想家之一。在二十世紀二○年代中期，在為《北京晨報》所撰寫的一篇文章中，他便直截了當地指出：「蘇俄是帝國主義的結晶，是帝國主義的大魔王⋯⋯俄國人玩的政治，對內只是專制，對外只是侵略。他們非如此不能過癮。」二十世紀二○年代，是蘇聯情報機關在中國活動最為猖獗的年代。蘇聯與北洋政府建交之後，仍然公開或秘密地支持中國境內的許多武裝叛亂集團（如南方的孫中山集團、北方的馮玉祥集團等），並對這些地方割據勢力提供政治和軍事方面的訓練。他們運送武器和軍需物質到中國，派遣軍事顧問到中國，煽動和支持中國學生的反政府活動。這些做法都是對中國內政的粗暴干涉，是對有外交關係的合法政府肆無忌憚的顛覆。俄羅斯歷史學家維克托・烏索夫所著的《二十世紀二十年代蘇聯情報機關在中國》一書，便是對這段歷史的解密之作。這本書中許多檔案和材料，是首次取自俄國秘密檔案並用於學術研究，從中可以看到蘇聯駐中國的情報機關是如何形成的、莫斯科怎樣和通過誰領導在中國的情報網，當時建立了哪些中心，這些中心又是如何工作的。這段歷史表明，中國之赤化，蘇俄是始作俑者。以此而論，近代以來，蘇俄對中國之危害，甚至超過日本。

他們將中國當作遠東的殖民地

　　在二○年代前期，蘇俄情報機關在中國的活動，主要還是採取「守勢」，即主要為了爭取與中國建交，打擊流亡在中國的反共的白俄群體，搜集日本方面的情報等。到了二○年代後期，隨著中國政局的變化，其工作重點也發生轉移，逐漸變成「攻勢」。以維克托・烏索夫的統計，一九二六年駐中國「合法」的諜報機關有五個，秘密諜報機關有十多個；三年之後，「合法」諜報機關已經增加到十三個。在北方，蘇聯使領館和情報機關積極挑動中國的左翼知識分子和學生的反政府活動，支持親蘇的軍閥馮玉祥大肆擴張勢力。張作霖搜查蘇聯駐北京全權代表處等機關，逮捕十五名蘇聯工作人員和六十名中國公民（包括中共創建人李大釗），並查獲大量秘密文件，這些秘密文件顯示蘇聯當局直接插手各種顛覆中國政府的暴力活動。當時，蘇聯外交部副部長李維諾夫發表聲明否認這些文件的真實性，辯解說這些文件是偽造的。但維克托・烏索夫在書中引用歷史學家恩德魯的結論，承認這些文件屬實，是蘇聯軍事情報機關而非國家政治保衛總局的「傑作」。

中共創始人之一李大釗被張作霖的軍警自蘇聯使館中逮捕並處死，當時的報紙公布了李大釗等人與蘇聯之間的若干秘密通信

　　在南方，蘇聯的情報機關幫助中國共產黨完成建黨和初期發展的工作。由於當時的中國共產黨過於弱小，他們又將目光瞄準了困居廣州的

孫中山。他們的意圖是，在與國民黨實現聯合的幌子下，用共產黨來控制國民黨。於是，他們不惜血本地幫助國民黨建立新式軍隊，並為即將開始的北伐提供軍事和財政方面的資助。他們的如意算盤是，一旦北伐成功、中國統一，蘇聯便成為新政權的太上皇，中國便淪為蘇聯的殖民地。只是由於蘇聯顧問團和中共急於求成，過早暴露出狼子野心，導致蔣介石反戈一擊，率先展開清共行動，才讓蘇聯的這一夢想暫時破滅。

　　一九二六年三月二十日，蔣介石下令驅逐蘇聯顧問和軍隊內的共產黨員，並對媒體發表聲明說：「只須看看蘇俄駐華各處領事館，它們實為第三國際之分部，同時亦為中共陰謀之溫床。為了自身安全，亦為了中國革命與遠東和平，國民黨採取了此一果斷行動。」在蘇聯及中共的歷史著作和歷史教科書上，均把蔣介石的此次行動定義為「三‧二〇反革命政變」。今天中國大陸的中學生，人人都認為中山艦事件是蔣介石背叛革命的陰謀，因為教科書上就是這樣寫的。但在《蘇聯情報機關在中國》一書中，作者首次承認：當時，蘇聯顧問團和中共方面確實試圖凌駕於蔣介石之上，當蔣介石稍稍表現一點不順服的態度來，他們便計畫罷黜之、幽禁之，甚至暗殺之。史達林發出命令，要通過共產國際將國民黨共產主義化。這一方針變成蘇聯顧問和中國共產黨人幾乎毫不掩飾的以下企求──控制國民黨中央執行委員會和國民黨政府整個機關。俄羅斯歷史學家潘佐夫相對公正地認為，這些做法理所當然地導致蔣介石的反共政變。

是居心叵測的布柳赫爾元帥，還是「老朋友」加倫將軍？

　　蘇聯派遣到廣州革命政府擔任軍事顧問的最高級將領是布柳

赫爾元帥，他有另一個更為中國人熟知的名字——加倫將軍。他一到中國，便提出組建蔣介石師和廣州軍隊核心所需的武器彈藥和其他軍事技術裝備及資金的清單。一向吝嗇的蘇俄當局，居然慷慨大方地拿出大量的武器和大筆的金錢。維克托・烏索夫指出：「蘇聯提供的武器裝備符合當時的最高標準，具備優異的技術性能，在許多方面超過了軍閥部隊的同類武器。」這也正是南方黨軍摧枯拉朽地打敗北方軍閥的基礎。除了幫助建立著名的黃埔軍校之外，蘇聯顧問還計畫在廣州設立反間諜工作與情報工作學校，其短期速成訓練班有數百人畢業，甚至還組建了書報檢查處。「這樣就提出了建立一個類似蘇聯國家政治保安局的組織的任務，該組織能夠執行保衛國家的任務，同反革命活動、間諜活動、盜匪活動、重大瀆職罪行、走私活動作鬥爭。」而舉辦這種訓練班的全部組織工作均由蘇聯提供資金，每月開支為五千美元至兩萬美元。由此可見，蘇聯方面一開始便將奪取的兩大法寶「槍桿子」和「筆桿子」抓到手中，後來果然被毛澤東「活學活用」來奪取天下。

《蘇聯情報機關在中國》一書指出，布柳赫爾與蔣介石之間一直保持著親密的個人友誼。即便在國民黨與蘇聯的關係破裂之後，蔣介石也對布柳赫爾禮遇有加。布柳赫爾在蘇聯內戰期間戰功赫赫，對國民黨組建新式黨軍功不可沒。蘇聯歷史學家弗拉基米爾・卡爾夫在《被槍決的蘇聯元帥》一書中，甚至將國民革命軍北伐的所有勝利都歸功於加倫將軍，同時大大貶低包括蔣介石在內的中國將領的作用。他寫道，在漢口的激戰中，「蔣介石對自己軍隊的作戰能力完全喪失了信心。布柳赫爾既不能對這個意志薄弱的總司令吆喝，又不能自己單獨下命令，他作為顧問一切決定都必須通過這個窩囊的總司令執行」。這些看法顯然是蘇俄

大國沙文主義的產物。毫無疑問，布柳赫爾到中國來，並不是為了「幫助中國的革命、解放被軍閥壓榨的中國人民」，這些大公無私的宣傳術語是不能當真的。布柳赫爾的中國之行是為了實現史達林控制中國的企圖。在赤裸裸的國家利益的面前，所謂「純潔的階級友誼」和「無私的國際主義」是不存在的。蘇聯政權對中國的野心一點也不比昔日的沙俄小，維克托·烏索夫承認：「那些年我們蘇維埃情報機關和任何國家工具一樣，不可能不是為意識形態服務的組織。」

　　這一點，從不久之後的中東鐵路事件中布柳赫爾的表現便可以看得一清二楚。蘇聯企圖獨霸中東鐵路，引發中蘇衝突。當時東北的統治者張學良拒絕蘇聯的無理要求、決定收回鐵路權益並驅逐蘇方人員。維克托·烏索夫不惜歪曲歷史事實，將事件的起因歸咎於「一系列小型的挑釁事件」。卡爾夫卻在其著作中承認，那不是一場小小的誤會，而是一次「大規模的軍事行動」。當時擔任遠東特別集團軍司令的布柳赫爾正是「松花江戰役」的策劃者和指揮者。經過激烈的戰鬥，「共俘獲八千多名士兵和兩百五十多名軍官，其中包括中國西北護路司令梁忠甲及其司令部」。從中方軍隊的名稱就可以看出，中國軍隊的目的僅僅是「護路」，中國捍衛國家主權的行動卻招致蘇聯殘酷的軍事打擊。「中國人民的老朋友」布柳赫爾充當戰爭的急先鋒。以蘇軍的戰鬥力和精良的裝備，以及布柳赫爾一流的軍事才能，中國軍隊哪裡是對手呢？蘇軍僅僅以陣亡一百二十三人的微小代價就取得完全的勝利，並逼迫國民政府簽訂屈辱的協議。布柳赫爾本人也因此獲得第一號紅星勳章。

將中國捲進這架赤色的絞肉機

蘇聯的情報機關除了在中國活動，還招募左翼青年到莫斯科「中山大學」學習。對於此類學校的性質，維克托·烏索夫寫道：「蘇聯關於通過各國革命人民在外部（即蘇維埃俄國）直接支援下以武力推翻統治政權，實現世界革命的學說，必然要求在蘇聯境內為這些國家的人民培養幹部。」當時，應中國共產黨人（特別是周恩來）的要求，蘇聯舉辦專門的軍事培訓班，

顏惠慶在處理公務

對通過共產國際和其他系統來到莫斯科的中國革命者進行軍事訓練。蔣介石的兒子蔣經國也是赴蘇聯學習的青年人之一，後來成為史達林手上要脅蔣介石的人質。當時，北洋政府駐蘇聯的大使顏惠慶發現：「中國共產主義者在蘇聯很受優待，我們遇到過一些，他們不僅與蘇聯人一樣可以在各地工人療養院休假療養，而且與蘇聯黨的領導人一起坐在劇院包廂裡看戲。在公共場所，他們遇到我們時就裝作蒙古人，不和我們打招呼，這是他們的規定。」雖然顏惠慶是中國合法政府派駐蘇聯的大使，但由於中國的國力弱小，他對於這樣的情況只能忍氣吞聲。顏惠慶意識到，俄國方面正在策劃利用中國共產黨來顛覆中國政府的大陰謀，此陰謀一旦實現，中國將淪為蘇俄的殖民地。所以，對中國最大的威脅，不是當時咄咄逼人東洋倭寇，而是這頭陰險狡詐的「北極熊」。

具有諷刺意義的是，維克托‧烏索夫在本書的結束語中「沉痛」地指出，在中國和其他東方國家工作的大部分情報員、情報站長、共產國際工作人員，不是犧牲於敵人之手，而是犧牲於蘇聯「大恐怖」時期的蘇聯審判和懲罰機關的假指控。如聲名顯赫的「加倫將軍」布柳赫爾元帥、曾經擔任過駐北京武官的葉戈羅夫元帥、孫中山的總政治顧問鮑羅廷、莫斯科中山大學的校長拉狄克、廣州公社三人小組成員之一的佩佩爾等人，都是在殘酷折磨之後被槍殺的。史達林赤化中國的野心暫時受挫，便將這些得力幹將當成了替罪羊。這些人的所作所為，也只配有這樣的下場。維克托‧烏索夫對這些人從事的顛覆其他國家合法政府的活動並無深層次的反省，他雖然並不信奉共產主義意識形態，但其國家主義立場仍然左右著他的學術研究。這也正是本書最大的局限之處。

維克托‧烏索夫認為自己的責任是「緬懷他們和敘述他們的活動」，卻不願揭示這些情報人員的悲劇命運的根源──正如戈巴契夫所指出的那樣：「不管標榜有多麼偉大的目的，但犯罪總歸是犯罪，再有多麼冠冕堂皇的理由和目的，也不能將困苦轉嫁給那些無辜的人們以求其正當性。而且，剝奪了人的幸福這個惟一的生命之意，即使成績再輝煌的所謂『進步』，我們也應該拒諸千里，予以唾棄。」在逝去的二十世紀，暴力革命和共產主義實踐，給蘇聯和東歐以及其他國家人民帶來深重的苦難。曾經參與「輸出革命」的事業的蘇聯情報機關的領導和工作人員，便是這架龐大的絞肉機上的一個齒輪，當齒輪磨損的時候，他們自然就遭到無情的拋棄。

二〇〇九年四月二十七日

8.2 北洋外交家顏惠慶眼中的 「非正常國家」

對民國歷史有興趣的讀者，不應該忽略《顏惠慶自傳——一個民國元老的歷史記憶》。顏惠慶出生於一個上海基督教牧師家庭，後赴美留學，歸國之後受賜滿清進士，進入外務部，從此開始其漫長的外交生涯。入民國後，顏惠慶先後出任北洋政府外交總長、國務總理等要職，也曾擔任過中國駐國聯代表團首席代表，以及中國駐德國、美國公使和駐蘇聯大使等職務。他還參與創建和主持近代中國一些著名的文化教育、慈善機構和

East-West Kaleidoscope 1877-1944

顏惠慶自傳
——一位民國元老的歷史記憶

顏惠庆 著

吳建雍 李寶臣 叶凤美 译

商務印書館

顏惠慶自傳《一位民國元老的歷史記憶》：顏氏是傳統中國與現代中國之間的過渡人物

社團，如清華大學、國立北平圖書館、中國紅十字會、歐美同學會等。

顏惠慶的一生，主要的成就還是在外交領域，他以出色的外交能力為當時貧弱的祖國爭取到若干權益。他曾參與中英禁菸問題談判，使英國政府承認了禁菸原則；他在國聯大會上痛斥日本

併吞滿洲的陰謀，促使國聯通過譴責日本的聲明；他還在日內瓦與蘇聯外交人員秘密接觸，在二十四小時內辦妥兩國復交手續。閱讀顏惠慶的這本回憶錄，使我們對長期被妖魔化的民國政治家們有了深切的「同情的理解」，我們發現顏惠慶和他的同事們在學識、人品、見解、外交手段和愛國心等諸多方面都堪稱一流人才，此後國共兩黨在外交領域都罕有如此傑出的人才。北洋政府並非完全由一批昏聵平庸、腐化墮落的官僚所組成，也不能以「賣國政府」這一不負責任的說法而一概否定之。

一個自我封鎖的國家

　　一九三三年一月，顏惠慶被國民政府任命為駐蘇聯大使，直到一九三六年三月辭職回國參與上海難民救濟工作，他在蘇聯居住了三年多時間，親歷了中蘇關係中的若干重大事件，也對蘇聯社會有著獨到的觀察和思考。區別於信奉共產主義的中國革命者對蘇聯的大聲歌頌和國民黨右翼人士對蘇聯的敵視與謾罵，顏惠慶的蘇聯觀察全面而理性，這與他在美國所受的良好教育有關，也與他本人並未置身於國共兩黨激烈的鬥爭有關。他是一個典型的技術官僚，是在傳統教育和西方文化的薰陶下成長起來的外交家，他沒有多少意識形態的固執，因此其蘇聯觀察反倒能「識得廬山真面目，只緣不在此山中」。顏惠慶本人性格溫和，從不故作高論，他認為：「現今的明智之士，處事為人，不會採取過分讚美或竭力反對的態度，常常以開闊的胸懷、容忍的心態對待之，能夠相當客觀地講述自己的經歷。他們雖然發自內心地認為他們自己國家的思想和制度是最好的，但他們絕不堅持把這種思想和制度強加給其他國家，反過來，他們也希望其他國家採取同

樣的態度，不要把他們自己國家的思想和制度強加給別國。」這段論述闡明了其論述問題的基本立場，也委婉地對蘇聯政府當時奉行「輸出革命」的外交政策作了批評——而中國正是蘇聯輸出革命的外交政策的最大的受害者，只是那時顏惠慶還沒有意識到這種危害究竟有多大。

在蘇聯擔任大使期間，顏惠慶注意到，蘇聯政權比沙皇俄國更為排外、更加懼怕西方思想的進入，「奇怪的是，沙皇時代的俄國人以擅長各種語言聞名，而在布爾什維克掌權後，除了俄語之外，沒有什麼人能說其他語言。無論是在大賓館、大商店，還是在大街上，幾乎碰不到一個會講任何一種外語的人。」顯然，對西方語言的排斥，也就意味著對語言背後的文化和政治體系的排斥；為了讓人民免於受到資本主義的毒害，限制民眾學習外語也是官方有意為之的策略。蘇聯不像美國那樣善意地對待外國訪客，包括中國僑民在內的許多外國人在此很少受到歡迎，「這些人的生活痛苦不堪，常會遭到莫名其妙的迫害，甚至被以令人無法相信的罪名流放到遙遠的地方去。」中國人在蘇聯的處境不佳，時常受到虐待：「這裡還經常發生有人失蹤的事情，儘管使館或領事館努力尋找，但仍弄不清楚他們的去處。當被秘密警察逮捕後，被捕人就由特別法庭審訊，在拘留階段，不允許領事去探視。審訊時，領事也不允許到庭。」這些做法既不符合現代人權觀念，也有悖於國際法準則。但蘇聯官方根本就不依法行事，顏惠慶基本上無能為力。到了今天，雖然中國自稱「大國崛起」，而俄羅斯當局任意欺凌中國僑民和留學生的做法仍然層出不窮。

一個軍事管制的國家

　　二十世紀三○年代中期的蘇聯，史達林主義正在迅速向社會的各個方面滲透。重要的政敵基本已被掃除，史達林唯我獨尊的統治格局也逐漸成形。不過，大規模的整肅仍未停止，恐懼依然彌漫在每一個家庭之中。今天讀來，顏惠慶的感覺是那樣的真切：「我們的所見所聞無不帶有革命性質，例如，領導幹部的類型，他們的思想、方法和行動，他們的動機、觀念，和對他們的激勵機制，所有這一切都表明一個事實，即革命雖不再像過去那樣激烈，但還遠未進行到底。整個國家仍然在為重建社會政治秩序而奮鬥，也可以說在捍衛社會政治秩序的再建設。還有，蘇聯仍在軍事管制之下。」史達林統治的帝國是一個警察國家，也是一個大軍營。史達林需要不斷地展開政治鬥爭，肅清黨內外的異議人士；最後連那些沒有異議的人士也要殘酷打擊。因為，如果沒有鬥爭的話，這個社會便無法存在下去。顏惠慶指出，蘇聯帝國的社會生活的方方面面都軍事化了。軍事化所造成的結果，自然是社會關係的單調和統一。同時，又因為食品和日用品的短缺，人們的閒暇時間和娛樂活動大量減少，城市也變得索然無味。他對革命前後的莫斯科有一番比較：「一九一三年我在莫斯科小住過。一九三三年再到莫斯科後，眼前所見的情形與過去確實不同了，這裡不如以前那樣繁華燦爛與充滿樂趣。」

　　顏惠慶還發現，蘇聯是一個沒有言論自由和新聞自由的社會：「不像其他歐洲城市那樣，莫斯科本身沒有獨立的新聞報導，我們也買不到外國的書籍、雜誌和日報，這使我們難以獲得資訊，無法知道蘇聯或整個世界正在發生著什麼。」這是一個資訊匱乏到極點的國家，史達林認為，人民所獲得的資訊越少，

就越容易被控制。而作為外交官，如果無法獲得多元化的資訊，則不足以形成正確的判斷。為了改變此種狀況，顏惠慶作了多方面的努力：「曾在廣東任過我國顧問的鮑羅廷辦有一份英文的《莫斯科每日新聞》，我貪婪地閱讀這份報紙。後來又有了兩種刊物，一種是德文的，一種是法文的，分別是雙週刊和旬刊。這些報紙刊物對於身在莫斯科的外國人來說，猶如在茫茫黑暗中看到了一絲光亮。」他曾留學美國，也曾經周遊歐洲，深知歐美社會的生機和活力就在於資訊的自由傳播，民眾享有思想和創造的自由，這恰恰是蘇聯所缺少的──「所有的出版物都是官方出版物，並且嚴格封鎖，即便想撩起文件的一角偷看一眼也是根本不可能的，可以說，他們絕不讓外人看到任何東西。在蘇聯生活時，想得到任何有關的資訊，都會使人感到從來沒有過的無助與無奈。」在其擔任駐德國和美國的外交官期間，並未經歷過這種「無助與無奈」，這就是道道地地的「蘇聯特色」。

一個沒有原則的國家

蘇聯社會是一個與波普所說的「開放社會」相對立的「封閉社會」。這種「封閉社會」的「封閉性」，遠遠超過此前任何形態的專制社會。顏惠慶指出：「蘇聯當局不贊成外國人與蘇聯人交朋友，如果外國人堅持與某蘇聯人交朋友，那麼，它的這個蘇聯朋友就會受到警察的監視。在蘇聯，外交官生活在與外界完全隔絕的環境中，這種隔絕比起過去的北京來有過之而無不及。每一個使館門前，都有警察站崗，崗亭內配備有專用電話。帝國主義國家的大使每次外出，都有警車跟隨『保護』。」顏惠慶在這裡所說的「過去的北京」是指晚清時代的北京，那時駐北京的外

交使團被劃定在東交民巷這一狹小區域之內，外交官們很難與普通的中國人有深入交往。但是，滿清王朝還只是一個奉行皇權至上的專制帝國，它根本沒有能力創建一支現代意義上的秘密警察系統，也沒有辦法控制西方新聞記者和傳教士的活動，因此當時的西方觀察家們反倒享有相當程度的自由，並創造出了一個屬於他們自己的「公共空間」。其中最典型的個案就是當時在北京極其活躍的新聞記者、澳大利亞人莫里遜，後來他居然能成為袁世凱的顧問。這種情形在三〇年代史達林的莫斯科絕對不可能出現。格別烏組織已經建立了一套精確而有效的監控系統，各國外交人員只能生活在一個「真空」環境之中。顏惠慶根本不知道蘇聯境內存在著龐大的「古拉格群島」，也根本不知道史達林的戰友們究竟是怎樣消失的。

雖然顏惠慶對蘇聯發生的一切懷有一定的「同情」，但他仍然對蘇聯官方毫無原則的外交政策感到吃驚。有一次，他詢問蘇聯的一名高層官員，指導蘇聯外交政策的總體原則是什麼？對方回答說：「原則？搞外交沒有原則可言，只有利益。」顏惠慶是一名老式的外交家，還是一名虔誠的基督徒，講究道義原則，維護個人尊嚴，他無法接受這種「好話說盡、壞事做絕」的外交方法，不禁感歎說：「此人坦承蘇聯政府為了自己的利益可以不擇手段，聯繫到蘇聯關於布爾什維克政權的崇高原則和理想的大量聲明，感到太出乎意外了。」確實，這個政府言行脫節的程度堪稱世界第一，它居然能先後同法西斯德國和日本簽訂和平條約，還美其名曰「為世界和平作貢獻」。在其任內，顏惠慶遇到過中蘇外交中的一起重大糾紛：蘇聯單方面將中東鐵路的權利轉讓給日本，當中方批評這種破壞兩國政府間莊嚴協定的不正當行為的時候，蘇方卻強詞奪理地對已受傷害的中國進行侮辱，說日本人

不可能將鐵路搬回日本去，如果中國收復了滿洲，也就能收回鐵路了。他在回憶錄中尖銳批評蘇聯方面趁火打劫的無恥行徑。

　　莫斯科寒冷陰翳的氣候讓顏惠慶的身體狀況惡化，加之他不滿國民政府對蘇聯過於軟弱的外交立場，遂辭職回國。在國內，等待他的是即將爆發的日本侵華戰爭。他總結了三年間對蘇聯的觀察，作出這樣一番論述：「從客觀情況來說，莫斯科乃至整個蘇聯，令人感到新奇而有意思，因為它與歐洲其他國家太不同了，它正在嘗試一種全新的社會制度；但從主觀感受來說，這裡的氣氛和環境如此壓抑，令人感到像是在夜幕中摸索，對所有聽到的甚至見到的都有點不敢信以為真。」是的，在大多數時候，「感覺」都比「理論」更加可靠。顏惠慶是夜幕中的摸索者之一，經過長期摸索之後，他獲得了大致的真相。今天，作為一個政治實體的蘇聯已經不復存在，顏惠慶充滿歷史洞見的蘇聯觀察卻仍然歷久彌新。

二〇〇五年十二月七日

8.3 軍閥馮玉祥為何「以俄為師」？

在民國諸多軍閥當中，馮玉祥堪稱第一「偽人」。其人一生善變，叛段祺瑞、叛吳佩孚、叛汪精衛、叛共產黨、叛蔣介石……每次倒戈，皆以「革命」為名，而行攫取私利之實，連他本人都知道國人對其看法不佳——「忽而是革命，忽而又不像革命」。馮氏在第二次直奉戰爭中陣前倒戈，自號「首都革命」，稱其目的是「為中國人爭人格」、「開遠東民族解放之局面」，其實陣前倒戈是收取了奉系的兩百萬大洋。政變之後，他一方面邀請孫中山北上共商國是，一方面與親日的段祺瑞及張作霖暗送秋波。蘇聯中國問題專家尤里耶夫分析說：「這種自相矛盾的行為，在某種程度上可以這樣解釋，儘管馮玉祥踏上了促使其參加國民革命運動的道路，但他實際上依然是一個軍閥。」後來，馮氏與北伐軍結盟攻擊奉軍，也是投機之舉。北伐成功之後，他聲明願意接受蔣介石的領導，並盛讚蔣為民族領袖，「籲請大家都交出兵權，使成真正直屬國家的人民的武力，不可再有私人的軍隊存在」。然而，當南京國民政府開始裁軍之時，他立即與閻錫山和桂系軍閥聯合，起兵反對中央，挑起民國以來最大規模的內戰「中原大戰」。

馮玉祥的左傾思想是從哪裡來的？

馮玉祥是民國時代軍閥中的「長青樹」，也是一個極其複雜的人物。歷史學家唐德剛評論說：「馮玉祥從滿清的管帶，做到洪憲王朝的『男爵』；再作直系軍閥；又是倒直、排皖、反奉的一無所屬的國民軍總司令；受基督徒洗禮而受西方傳教士支持的『基督將軍』；又做了受布爾什維克洗禮的『北赤』；又做屠殺共黨的國民黨右派；再做受少數黨支持的抗日同盟軍總司令；又重作

在民國時期的軍閥中，馮玉祥是最為親蘇的一位，其經營西北需要得到蘇聯的支援

馮婦當了國民政府軍事委員會副委員長；戰後遊美又作了資本主義的宣傳員；中共政權登場，煥公又打算立刻回國投效，終至喪生黑海。試問這樣一位變來變去多彩多姿的人物，他究竟代表那個階級，那一種社會力量？」可見，馮玉祥是不能用階級分析法來認識的「泥鰍」式的人物，正是民國時代如同「爛泥潭」的政局，才催生出此難以捉摸的人物。

馮玉祥自稱基督徒，但骨子裡還是儒家的那一套。他是儒家文化薰陶出來的「偽君子」。他在回憶錄《我的生活》中寫道，他思考民國以來軍閥官僚政治的主要弊病，「就是秉政者盡力排除異己，不能開誠佈公，袁世凱、段祺瑞、吳佩孚都是這個作風，結果貽誤國家，禍害人民。」馮氏一生的作為，卻與這段話相反，他使用最多的是兩種意識形態，一是基督信仰，二是共產思想。他號稱「基督將軍」，曾以高壓水龍頭為數萬官兵實行「洗禮」。即便耶穌在世，恐怕也會為此做法感到瞠目結舌。他

對基督精神的理解近乎洪秀全，他本人並非真基督徒，而只是將基督信仰作為其鞏固權力之手段。另一方面，馮氏一直左傾，標榜簡樸生活和親民作風，亦是民國各派軍閥中與蘇俄和中共的關係最深之人。

馮玉祥的「左傾」思想尤其值得探討。他認同「共產」，與其說出於價值認同，不如說出於利益誘惑。因為蘇聯能給他經費和軍火，中共能給他組織和宣傳上的幫助。他在西安仿照黃埔軍校的模式建立西安中山軍事學校，校長是中共黨員史可軒，副校長是從蘇聯歸國的李林，校政治處處長和黨組書記是鄧小平。他的回憶錄有點像「革命史」的寫法，處處將自己描寫成勤政愛民之「聖人」，以至於後人認為「全書語言樸實，思想先進，且充滿愛國愛民的高尚情懷」。但中共早期工運領導人羅章龍，則以切身經歷指出：「馮玉祥是現在軍閥中最奸猾的一個。因為他最奸猾，所以他在一切戰爭中總是滑頭滑腦，騖虛名而兼重實利。他更有一種欺騙民眾的手腕，遇事花言巧語，不知道他底細的人，一時竟容易為他所欺騙，把他奉為『革命左派』。」就「謊言製造者」這一身分而言，馮氏堪稱民國第一人。他譴責首鼠兩端的軍閥張聯升說：「這等人不明是非，不知道義，一心一意只要謀富貴，保妻子，那邊失勢，就打擊那邊；那邊成功，就傾向那邊。我覺得中國人大半就是壞在這等人身上。」與其說這是在形容張聯升，不如說這是馮氏本人的「匹夫獨白」。不惟馮氏如此，即便其部將，也多為卑鄙無恥之小人，如石友三、韓復渠、龐炳勳等，或為土匪，或為漢奸，為禍中國者大矣。

馮玉祥如此羨慕這個「警察國家」

　　一九二五年秋，馮部與奉系軍閥因爭奪地盤發生戰爭，馮軍敗北。馮玉祥通電下野，卻還在為自己塗脂抹粉說：「這種莫名其妙的戰爭，循環無窮，要打到那天才算了局？這樣的退而自思，一切的痛心難過，都使我歸結到自己學識不足，辦法不夠的一點上，我必得跳出國內的漩渦，出國去好好考察學習一番。」那麼，他選擇去哪個國家學習考察呢？他選擇的不是英美而是蘇聯。而蘇聯當局早就重視他了，對於他的訪問作了精心之安排。馮玉祥在回憶錄詳細描述在蘇聯訪問的經歷。此時的蘇聯，史達林已攫取最高職位，史達林主義亦即將成形，馮玉祥回憶錄中的諸多細節，顯示其政權的實質堪稱「警察國家」。

　　細節之一：剛到莫斯科的時候，馮氏一行坐著汽車往蘇聯政府預備的歐羅巴旅館去。汽車是敞篷車，蓬子並沒放下來。馮氏和徐季龍同坐一車，風馳電掣在平坦的街上急馳。走到半途，徐先生的帽子忽然被風吹掉。車走得太快，來不及停車拾取，滿以為這頂帽子是失了，要買一頂新的了，孰知他們到了旅館裡，沒過十分鐘，警察就把那頂丟失的帽子送了來。對此，馮氏感歎說：「這樣優良的警政，很使我們羨慕。」

　　細節之二：蘇聯政府派四位上校階級的「朋友」作為馮氏的「名譽保護人」。其中有一位，每日跟著馮在外面到處跑，實在辛苦，另有一個大個兒，向馮訴說他的苦處。馮按照國內的習慣，送他五十元。過了兩天，此人即被撤換，打聽之後，知道因為受了馮氏的錢，被人告發，捕去坐黑房子去了。馮氏感慨說：「為此事使我心裡非常不安。可見人家一面教育，一面更有考績與賞罰之制。」不久，馮氏搬到查理村鄉間居住，四位保護人亦

同住一處。他們穿著便衣，白天站在不讓別人看見的地方；夜間爬在樹上，蹲在屋頂上。果然有一天抓到了小偷。馮氏認為，這種執勤的辦法，比國內軍閥設置盛裝的衛兵站在門口更有實際功效。

細節之三：馮氏住的屋中雇傭一女工，每天上工，她都把地板擦得潔淨無塵。馮氏問女工何以如此賣力。女工回答說，因為警察每星期要來檢查一次，擦得不乾淨，將受處罰。馮氏聽了就笑了，亦感歎說：「這是很重要的事，我國警察哪能管到這種事？」

細節之四：訪蘇完畢，馮氏歸國指揮對奉系的戰爭，由蘇聯方面派遣專列送他回國。此情節有點像一戰中德國將列寧送回俄國一樣。蘇俄用心至為險惡，除了扶植中共之外，還拉攏諸多中國軍界強人，鼓勵他們發起內戰。一旦中國發生內戰，蘇俄則可從中漁利。歸途中，有一天車停在烏拉山西的一個大站上，馮氏正在野地閒步時，護衛他的四個格別烏催其趕緊上車。馮氏不知發生了什麼事情。回頭即看見特務們都拔出手槍，迫令一個人上車。原來，他們發覺那人身帶手槍，形跡可疑，便弄他上車盤問。

他們問那人道：「你是做什麼的？」

「我是政治局格別烏！」那人回答道。

「你既是格別烏，為什麼把手槍露在外面呢？」

那人回答不出理由來，於是將那格別烏的隊長找來，當即把他送回莫斯科，加以處分並重新訓練。這樁疑案總算了結。

經過這件事，馮氏才知道蘇俄於每個站上、每列車上，都派有很多密探。他們和普通乘客完全一樣，穿著便服，買票坐車，嚴密地偵緝各種情事，尤注意軍人行動，若是越規行為，立刻逮

捕嚴辦。對此，馮氏評論說：「這種嚴密的辦法，是蘇聯的政治精神與黨的紀律的表現。我在莫斯科時曾聽說他們清黨之事，每一黨員都經嚴密的考察，凡言語行動有不合，即被洗刷，結果被洗刷者佔全數四分之一至三分之一。被洗刷的黨員有由岸上跳河自殺者。」

馮玉祥對蘇聯以警察（包括公開警察和秘密警察）治國的方式多表示贊同和羨慕，並希望此一制度能在國內得以實施。如果說歐威爾看到了蘇聯社會「一九八四」的黑暗面，那麼馮玉祥則注目於蘇聯社會因專制而帶來的效率和力量。與馮玉祥差不多同時抵達蘇聯訪問的德國學者班雅明，希望此行不僅能夠汲取關於蘇聯社會的第一手知識，而且還要決定此後是否加入共產黨。但通過對蘇聯社會的觀察，他放棄了這種想法。一個沒有固定的價值皈依的中國軍閥與一個深懷人文修養和堅持獨立思考的歐洲知識分子之間，對蘇聯社會的判斷自然是差之千里。

在二十世紀上半葉，蘇聯的社會政治制度一直對旁觀者具有某種「催眠」效果。直到赫魯雪夫的秘密報告出臺，「蘇聯神話」才破滅。此前，就連英法美諸國飽學深思的知識分子對蘇俄也頗多讚美之辭，更不用說在政治上相當幼稚的中國人了。以馮玉祥的知識背景和文化教養，他只能看出作為「警察國家」的蘇俄「好」的一面，如社會秩序良好、政府效率較高、軍隊戰鬥力強、宣傳機器能量巨大等等；而看不出「警察國家」的根本弊端：一種壓抑人的創造力和想像力、阻撓資訊的自由流通、以一種思想來統一全體國民思想的社會制度，在短期內可能達成國家的強大，但長期而言，必將導致社會活力的喪失和文化科學的枯萎。一個以警察來維持的社會需要極大的成本，一個以恐懼來控制的社會必然陷入停滯。

一名三心二意的「革命軍人」

　　馮玉祥並非正牌的國民黨人，其嫡系部隊和控制區域有限，部下對其忠誠亦有限，故一時之間難以將蘇俄的政治制度全盤照搬過來，是「心有餘而力不足」也。如其參觀列寧墓時發現，「門內門外各有軍士站崗，極其肅靜。棺材是玻璃製的，可以看見列寧遺體；其屍經過防腐手續，故栩栩如生。」馮氏大受啓發：「蘇聯真有宣傳功夫，連一個屍骸也不放鬆，用作了宣傳的工具。試想每日這許多人來參觀，所收宣傳的功效有多大？」馮氏雖然努力學習蘇俄的宣傳術，確實也收到了一定效果，但終久還是局限在西北之窮鄉僻壤，未能影響全國。

　　馮玉祥努力讀了一些馬列著作，但並未正式皈依為馬列主義者。在實用主義這一點上，馮氏與蘇俄乃是「一丘之貉」。他們之間既有臭味相投的一面，也有互相出賣與拆臺的一面。蘇俄在莫斯科為中國、臺灣、朝鮮、東歐諸多國家的「革命青年」開辦學校，向其傳授政治、軍事、宣傳手段，學成之後派遣其回國動盪其社會、顛覆其政權。其實質如同今日幫助基地組織訓練恐怖分子的阿富汗塔利班政權。蘇俄當局口口聲聲「世界革命」，支持受列強壓迫的弱國，在處理遠東關係時，史達林卻完全不顧中國受日本侵略的悲慘處境，悍然宣稱蘇聯與日本是友好的盟邦。當與馮氏同行的徐季先為此質問中山大學校長拉狄克時，拉氏居然恬不知恥地回答說：「主義與政策不能混為一談。政策與外交手段又有不同。主義是一回事，政策是一回事，外交手腕又是一回事。」蘇俄對中國傷害不亞於日本，卻對中國說了最多的甜言蜜語，可謂口蜜腹劍也。

　　馮氏對蘇俄三心二意，能利用則利用，不能利用則拋棄。他

從蘇俄獲得大量武器和現金資助，在訪問蘇俄時享受到差不多是國家元首的待遇，加里寧、托洛茨基、伏羅希洛夫、列寧夫人（史達林當時在黑海養病而未能與之會面）等領袖均親自與之會談，一時間似乎成為蘇俄在中國的代言人。據俄國歷史學家維克托‧烏索夫在《蘇聯情報機關在中國》一書的記載，馮玉祥訪問蘇聯歸國之後，他的軍隊與蘇聯的關係更加密切。當鮑羅廷、季山嘉和其他蘇聯顧問在中國南方國民黨的中心開展工作時，具有豐富作戰經驗的一些蘇聯軍事首長也被派到北方。「莫斯科對馮玉祥元帥寄予厚望，認為他是可與蔣介石抗衡的惟一的中國軍事首長。」即便如此，馮氏仍奉行「有奶便是娘」之生存準則。在蔣介石發動清黨之役時，由於此時他與蔣之間有了更大的共同利益，便立即驅趕轄區內的蘇聯顧問和中共黨員，蘇聯方面的熱情款待和物質支援頓時被拋到九霄雲外，其翻雲覆雨的功夫也算是蘇俄的嫡傳弟子。

一九四八年九月，共產黨在大陸勝利在即，在海外漂泊不定的馮玉祥立即「響應」新政權之「號召」，動身回國參加「新政治協商會議」，途中在黑海因輪船失火遇難。如果不是死於此次意外，馮氏回國之後將經歷從反右到文革諸多政治運動，那時他將作何感慨呢？以馮氏之聰明，能夠在這些政治運動中成為不倒翁而倖免遇難嗎？

二〇〇五年二月初稿
二〇〇九年三月定稿

8.4 蔣經國在蘇俄「蘇武牧羊」的歲月

蔣經國是在北京發生北京「天安門屠殺」和東歐劇變之前一年和蘇聯解體之前三年去世的，他沒有親眼看到冷戰的結束和與他糾纏一生的共產主義意識形態的退潮。但在其生命的最後日子裡，看到了蘇聯在戈巴契夫上臺之後馬不停蹄的政治改革，「動物農莊」的冰層出現了解凍跡象。在某種程度上，戈巴契夫的改革，啓發了晚年的蔣經國毅然開放報禁和黨禁，打開了臺灣民主化的大門。

接受蘇俄的洗腦教育

在國共兩黨領導人當中，真正的「知俄派」，不是曾經留蘇的鄧小平、李鵬等人，而是蔣經國。那些留學於蘇聯東歐的中共高級官員，通常生活在一個狹小的封閉的圈子裡，對蘇聯東歐社會的瞭解十分有限，更不可能有深入反思。而蔣經國在十六歲至二十八歲之間，在蘇俄留學和工作了十二年時間，從中山大學到中央軍政學院，從集體農場到國有工廠，對蘇聯社會的各個層面都有真切的體驗。蔣經國與俄羅斯姑娘芳娜（即蔣方良女士）戀愛並結婚，長子蔣孝文也在蘇聯出生。二十世紀沒有任何一名海峽兩岸的領導人像蔣經國那樣瞭解蘇聯的各種面向，在蘇聯的經歷在他身上打下難以磨滅的烙印，其正面和負面的影響都不容忽

視。

美國學者陶涵在《蔣經國傳》中用整整兩個章節來描述傳主在蘇聯的經歷。一九二五年，正是國共合作的蜜月期，訪蘇歸來的蔣介石對蘇聯讚不絕口，出任在蘇聯資助下建立的黃埔軍校的校長。僅僅有一所黃埔軍校是不夠的，蘇聯主動提出接納一批優秀的中國青年赴莫斯科學習。青年是一個國家的未來，俘獲青年的心，也就擁有這個國家的未來，這是蘇聯當局的如意算盤。於是，年僅十六歲的蔣經國與九十多名少年才俊一起遠赴蘇聯。那是一艘曾經裝載牲口的骯髒的破船，惡劣的條件讓蔣經國差點動了逃跑回家的念頭，只是作為黃埔軍校校長之子的自尊心，才讓他咬牙堅持下來。否則，蔣經國將不再是後來的蔣經國，而現代中國的歷史也將因此而改寫。

蘇聯當局當然要對這批年輕人實行洗腦教育。在中山大學學習期間，第一優先的課程是俄語和討論共產主義及帝國主義的入門課程。這所學校還教授一些實務技能，如何滲透到政府機關和軍隊組織，如何製造農民運動和勞工運動等。蔣經國如饑似渴地學習這些課程，這些知識在他後來的政治生涯中十分有用，儘管他是運用這些知識來對付他的老師在中國的代理人──中國共產黨。愛因斯坦說過，青年時代不信奉共產主義，說明此人沒有良心；而中年之後仍然相信共產主義，則表明此人沒有大腦。與當時大部分對中國混亂而動盪的狀況深懷不滿的中國年輕人一樣，急於找到一個拯救祖國的藥方的蔣經國，如醉如癡地信奉共產主義，認為共產主義是救國良方。當時，學校的每個學生都要寫日記，記下自己的政治和思想，包括自我批判和批判其他學生，並且在會議中公開朗讀日記內容。蔣經國非常積極參加學校所有的政治活動，在這些批判與自我批判活動中也都不落人後。

那時候，擔任中山大學校長的拉狄克十分器重蔣經國，充當了他的半個父親的角色。拉狄克是一個老資格的革命家，是托洛茨基親信。托派失勢後，他被貶到中山大學校長這個微不足道的職位上，後來在三○年代初的大清洗中被處死。而對於俄國內部的政治鬥爭不甚了了的蔣經國，出於年輕人偏激而熱情的天性，自然選擇了激進的托洛茨基主義，後來才不得不改旗易幟。不久，蔣經國進入培養紅軍幹部的中央軍政學院深造，研修軍事戰術、行政管理、交通運輸、地形學和火炮原理等課程，紅軍的傳奇人物、圖哈切夫元帥親自講授軍事戰略課程。畢業之後，蔣經國申請加入紅軍，史達林沒有批准，史達林的決定自有他的考量在──「史達林本人可能認為蔣經國不應出任蘇聯紅軍軍官，因為這將有損他是中國民族主義者的聲譽，有礙他在未來的用處。」在日後的國共內戰中，蔣經國未能進入國民黨軍方決策層，在蘇聯學到的軍事知識也無從發揮作用。但這段經歷為他日後在臺灣實現對軍方的控制打下了堅實基礎。

「歷史上，很少有像我這麼苦的人！」

一九二七年蔣介石發動清黨之後，蔣經國在蘇聯經歷了一場生死考驗。作為中國「頭號反革命」蔣介石的兒子，他的處境甚為尷尬。他立即公開發表譴責蔣介石的聲明，這一做法究竟有幾分是出於自我保護的本能，有幾分是出於當時對共產主義的熱忱，他此後諱言莫深。總之，蔣經國再次獲得蘇聯的信任，一九三○年奉派到莫斯科的一個重要工業設施──狄那莫電廠當見習生。每天八小時以上繁重的體力勞動，月薪只有四十五盧布，共產國際要他「親身體驗無產階級的生活」。這個十八歲的

青年，每天清晨七時起床，夜裡還要到列寧國際學院研修工程科學至深夜十一時。一九三一年，日軍佔領東北之後，史達林親自接見蔣經國，詢問國共兩黨是否可能成立抗日聯合陣線，他有朝一日是否願意回到父親身邊，致力此一抗日救國聯合陣線工作。此後，蔣經國被派到莫斯科郊外的一個「模倣集體農場」工作。他在回憶錄中只是一筆帶過農村集體化的過程，而沒有談及富農的命運和糧食短缺的現象。農場方面給他的評價是：「堪為領導之才，甚至足資在地區黨部供職。」不過，蘇聯農業集體化造成的人間慘劇，定然在蔣經國心中留下深刻記憶，使得國民黨敗退臺灣之後，他力主實行真正「耕者有其田」的土地私有化政策。

　　不久，由於受到旅蘇中共領袖王明等人的猜忌和排擠，蘇聯當局將蔣經國派到烏拉爾山區斯維德洛夫斯克的一家大型機械工廠工作。在這裡他認識了十七歲的芳娜，兩人一見鍾情，於一九三五年登記結婚。當時，作為工廠管理階層的蔣經國，「由於境遇比蘇聯人好，不吝以高加索舞蹈、蘇聯歌曲和客人同歡。」同時，他還抽出時間為工廠撰寫廠史，就國際問題發表演講。一九三六年十一月十六日，蔣經國申請加入蘇聯共產黨。正當工廠黨委準備批准其入黨的時候，西安事變爆發，共產國際發出緊急電報，指示暫緩批准其入黨，並訓令蔣經國到莫斯科報到。史達林在關鍵時刻總是扭曲「革命理想」而謀求國家利益的最大化──為促成國共合作抗日，讓中國牽制日本以解蘇聯的後顧之憂，他答應放蔣經國回國，以換取蔣介石對蘇聯的好感，至於蔣經國回國之後，是否繼續忠於蘇聯、忠於共產主義，則不是他考慮的重點。不過，史達林萬萬沒有想到，這個他接見過的表面上忠厚老實的年輕的中國人，日後果然成了蔣介石的接班人，當國民黨敗退臺灣之後，他幫助蔣介石穩住了局勢，並於二十年

後帶領臺灣實現現代化，昂首步入了亞洲四小龍的行列。

蔣經國晚年曾對心腹王昇説：「歷史上，很少有像我這麼苦的人！」這裡所説的「苦」，便是他滯留蘇聯十二年的「蘇武牧羊」般的歲月。尤其是在國共決裂、蔣經國尚未得到蘇聯高層信任的那幾年，他被懲罰性地派去做苦工，做翻砂工，用鐵錘把鐵板錘平。他還做過衛生管理員，專門負責打掃廁所。在吃不飽飯的時候，甚至偷偷將餐館外邊水溝裡漂浮的油水撈起來，帶回家裡炒菜吃。這段經歷鍛造了蔣經國堅忍不拔的個性，而這恰恰是領袖人物必須的品質。更為重要的是，旅蘇的歲月讓他透徹地瞭解到蘇聯集權制度的優劣，他被格別烏頭子亞戈達接見過，也目睹過古拉格群島的真相。以秘密警察管制人民、黨政軍官僚階層的統治術，在國民黨敗退臺灣初期，被他嫻熟地拿來為我所用，整肅CC系統和孫立人將軍，便是其「代表作」。但是，隨著時間的推移，蔣經國也意識到這套「術」的有限性，這套「術」並不能達成國家之長治久安。另一方面，蔣經國看到嚴格管制的計劃經濟讓蘇聯的重工業迅速崛起，也讓他在臺灣實行打上了計劃經濟烙印的「十大工程」。但臺灣經濟的騰飛，並非國有經濟的成功，而得力於民間私有經濟的活力，這一點大約是蔣經國始料未及的吧。

半推半就地看到民主大潮來臨

冷戰時代，臺灣理所當然地站在美國一邊，反蘇反共成為臺灣意識形態的核心。作為臺灣領導人的蔣經國，竭力掩蓋自己曾經是一名共產主義者的身分。而用什麼價值來反蘇反共呢？僅僅依靠半死不活中國的傳統文化是不夠的。於是，歐美國家的民主

自由價值便無法迴避了。這也正是蔣經國晚年面對時代變革的原因所在。美國學者丹尼·羅伊在《臺灣政治史》一書中指出，七十年代中後期，「國共之間的軍事對抗演變成政治競賽」。臺灣必須成為真正的「自由中國」。於此，正如蔣經國所說：「海峽兩岸必須有更清楚的對照：一邊是基於三民主義實施憲政的體制，另一邊則否。」他將終止戒嚴法視為臺灣的一項重大責任：「讓臺灣的民主成為大陸十億人民希望的曙光，進而效法我們的政治制度。」那時，蔣經國不得不承認，反攻大陸的可能性已經微乎其微，僅能期待大陸人民的大規模反抗共產黨。「他對長期戒嚴統治非常不滿，也不願死後被認定是一個獨裁者。因此，蔣經國致力於塑造一個不同於對岸的中華民國。」

一九八六年十月五日，面對民進黨宣佈組黨的挑戰，蔣經國放棄了軍事鎮壓的選擇，告誡國民黨保守派說：「時代在變，事情在變，潮流也在變。要適應這些變局，執政黨必須採取新的方法來迎接這場民主革命，也才能與歷史潮流接軌。」正是因為蔣經國推動地方選舉、選拔本省精英加入政府、開放新聞媒體，才使得臺灣進一步的民主化成為可能，也使得國民黨具有了向一個民主政黨轉變的柔性，從而在未來的民主社會裡有了參政甚至執政的可能。

由此，蔣經國與戈巴契夫一樣，成了創造歷史的偉人──而蔣經國當年在莫斯科中山大學的同學、在大陸執掌最高權力的鄧小平，卻在蔣經國逝世一年之後，悍然動用軍隊屠殺追求民主的學生和市民，從而成為千古罪人。早年的留蘇經歷，造就了兩人迥然不同的人生，讓人不禁感喟萬千。

二〇〇九年六月八日

國家圖書館出版品預行編目(CIP)資料

泥足巨人：從蘇聯解體看中國的未來
/余傑著.——
初版.——臺北市：允晨文化,2010.11
面；公分——(當代叢書；32)

ISBN 978-986-6274-27-5

1.政治　2.中俄關係　3.俄國

574.48　　　　　　　　　　99019996

當代叢書 ㉜

泥足巨人
——從蘇聯解體看中國的未來

作　　者：余　杰
發 行 人：廖志峰
責任編輯：楊家興
美術編輯：劉寶榮
法律顧問：蔡欽源、邱賢德律師
出　　版：允晨文化實業股份有限公司
地　　址：台北市南京東路三段21號6樓
網　　址：http://www.asianculture.com.tw
e - mail：asian.culture@msa.hinet.net
服務電話：(02)2507-2606
傳真專線：(02)2507-4260
劃撥帳號：0554566-1
登 記 證：行政院新聞局局版臺字第2523號
印　　刷：欣佑彩色製版印刷股份有限公司
裝　　訂：聿成裝訂股份有限公司
初版日期：2010年11月

版 權 所 有 · 翻 印 必 究

定價：新台幣300元
ISBN：978-986-6274-27-5
本書如有缺頁、破損、倒裝，請寄回更換